财会类核心课程教学案例丛书

# 审计案例
## 解析与训练

鲍新中　丛书主编
李俊林　徐　静　编著

电子工业出版社
Publishing House of Electronics Industry
北京·BEIJING

## 内 容 简 介

本书包含案例解析和案例训练两篇。案例解析按照案例背景、案例提示、案例分析、案例小结依次展开，旨在全方位提高学生对审计案例的分析能力；案例训练包括背景介绍、思考与分析、知识点提示，着力于在更高层次上训练学生的审计实践能力。本书所选案例涉及审计产生与发展、审计执业规范与法律责任、承接审计业务和风险评估、计划审计工作和风险应对、销售与收款循环审计、购货与付款循环审计、生产与存货循环审计、筹资与投资循环审计、货币资金审计、完成审计工作与审计报告等，涵盖上市公司财务报表审计实际工作的诸多环节，具有较强的可读性和指导性。

未经许可，不得以任何方式复制或抄袭本书之部分或全部内容。
版权所有，侵权必究。

图书在版编目（CIP）数据

审计案例：解析与训练 / 李俊林，徐静编著. —北京：电子工业出版社，2020.4
ISBN 978-7-121-38282-6

Ⅰ. ①审… Ⅱ. ①李… ②徐… Ⅲ. ①审计学－案例－高等学校－教学参考资料 Ⅳ. ①F239.0

中国版本图书馆 CIP 数据核字（2020）第 021609 号

责任编辑：石会敏　　　文字编辑：苏颖杰
印　　刷：北京盛通商印快线网络科技有限公司
装　　订：北京盛通商印快线网络科技有限公司
出版发行：电子工业出版社
　　　　　北京市海淀区万寿路 173 信箱　　邮编：100036
开　　本：787×1092　1/16　印张：11.5　字数：288 千字
版　　次：2020 年 4 月第 1 版
印　　次：2023 年 3 月第 5 次印刷
定　　价：39.00 元

凡所购买电子工业出版社图书有缺损问题，请向购买书店调换。若书店售缺，请与本社发行部联系，联系及邮购电话：（010）88254888，88258888。
质量投诉请发邮件至 zlts@phei.com.cn，盗版侵权举报请发邮件至 dbqq@phei.com.cn。
本书咨询联系方式：（010）88254537。

# 丛书主编简介

鲍新中，北京联合大学管理学院教授，会计学科带头人，创新企业财务管理研究中心主任，博士，北京市高校教学名师，北京市长城学者，北京市师德先锋称号获得者，中国注册会计师协会会员，《国际会计前沿》杂志编委。主持国家社科基金、省部级课题、北京市教委教改课题，以及企业委托课题数十项。在 SCI、EI 国际期刊及《中国管理科学》《系统管理学报》《科学学研究》《管理学报》等国内专业学术期刊发表论文一百余篇，主编或参编著作及译著十余本，2005 年和 2011 年作为高级访问学者两次在美国得克萨斯大学阿灵顿分校（University of Texas at Alington，UTA）进修并从事研究工作。主要研究方向为知识产权融资、供应链融资、财务风险管理等。

# 作者简介

李俊林，北京联合大学管理学院副教授，北京大学光华管理学院高级访问学者（2012—2013 年度），会计专硕研究生导师，学校双师型素质教师，系党支部书记，北京市经济和信息化委员会财税评审专家，中国注册会计师协会非执业会员，美国注册管理会计师。主要从事审计学课程的教学工作，研究方向是审计与内部控制、数据挖掘与审计技术等。曾在《北京大学学报》等期刊发表学术论文 20 余篇，主持企业委托课题 10 余项，主编教材 3 部。现兼任北京某大型会计师事务所高级顾问，主要从事上市公司年度财务报表审计的复核工作。

徐静，北京联合大学管理学院财务与会计系副教授，北京大学博士后（2012—2014 年度），会计专硕研究生导师，双师素质教师，美国注册管理会计师。多年从事审计相关课程的教学和研究工作，主持和参与北京市社科基金项目、北京市科委和教委委托项目及横向项目 30 余个，在国内外专业期刊公开发表学术论文 20 余篇。主要研究方向为审计与内部控制、财务风险管理等。

# 总　　序

随着我国高等教育从精英教育向大众化教育的快速过渡，通识教育受到了我国高等教育界的广泛重视。实际上，通识教育的理念在我国由来已久，孔子曰"君子不器"，庄子曰"后世之学者，不幸不见天地之纯，古人之大体，道术将为天下裂"，这些都是明证。现代教育之父威廉·冯·洪堡也明确指出："大学应实施通识教育，而不应涉足职业教育。"而哈佛大学的"自由教育"——在自由探究精神指导下的不预设目标、不与职业挂钩的教育，也是在近 400 年的历史中一直坚持的一个理想，"尽管在越来越世俗化和功利化的今天，这种坚持已经变得越来越艰难"。

在大学教育中加强通识教育已经越来越多地成为研究型大学的共识，而以培养应用型人才为主的地方本科院校，以及以培养高层次应用型专门人才为目标的专业硕士教育，由于专业教育事关学生的就业更受重视，因此可能出现"专业教育为主，通识教育为辅"的主次关系。事实上，专业教育和通识教育是共生的，是相互补充、交融的。哈佛通识教育委员会主席 J.哈里斯指出："自由教育的特点是又宽又深。所谓宽，是指教给学生的整个知识范围'宽'；所谓深，则意味着要深入各个专业，每门课都讲究深度。"专业教育致力于培养学生对某一学科的深入理解，这是专业化时代的要求。只有当一个人深入钻研某一复杂学科之后，才能学会分析问题，才能合理地解决问题，才能明白真正的智力探究与探索是什么意思。即使一个人在学生时代选择的专业与他未来的事业之间毫无关联，或者 20 年后将所学的专业知识全部忘光，但是他至少懂得精通一门专业是怎么回事。从这个角度来说，专业教育也可以看成是广义通识教育的组成部分，专业教育与通识教育并不是相互对立的，而是相互融合的。

秉承"知行思创"的教学理念，北京联合大学创新企业财务管理研究中心在财会类本科和硕士层面的人才培养过程中，在通识教育和专业教育的相互融合方面做出了有益的尝试。"知"即掌握专业知识，获取一张有分量的专业证书；"行"即注重专业实习和社会实践，拥有一段有收获的实践经历；"思"即在专业知识基础上的拓展，拥有一段深入的科学研究体验；"创"即培养创新思维、创新能力和兴趣爱好，获得一张有含金量的竞赛获奖证书，继而拥有一份美好的职业和生活前景。

案例教学是贯彻"知行思创"教学理念的重要手段。在"知"方面，通过案例将多门课程的内容融合，促进专业知识的融会贯通；在"行"方面，案例来源于教师的专业实践工作，使学生的学习更加贴近实际；在"思"方面，学生通过案例分析，写出具有专业水准的研究报告；在"创"方面，鼓励学生参加专业案例大赛，全面提升实践能力。

经过多年的探索，北京联合大学创新企业财务管理研究中心在高层次应用型人才培养方面取得了一定的成绩，特别是在案例教学方面积累了一定的经验。在2018年《中国大学分专业竞争力排行榜》中，北京联合大学财务管理专业在全国505所开设此专业的高校中，名列第29位，被评为五星专业，会计学专业名列第57位，被评为四星专业。会计学学术硕士和会计专业硕士的人才培养成绩突出，培养的研究生大都继续攻读博士学位或进入知名企业工作。研究中心的教师也获得北京高校教学名师奖、北京市优秀教师、北京市长城学者、北京市师德先锋、北京市青年岗位能手标兵、全国高校微课教学比赛二等奖、北京市青年教师教学基本功比赛一等奖等称号或奖项。

以前期的教学成果和研究成果为基础，北京联合大学创新企业财务管理研究中心此次将陆续整理出版"财会类核心课程教学案例丛书"，此套丛书包括五门核心课程的配套案例，即《成本管理会计案例：解析与训练》《财务管理案例：解析与训练》《财务会计案例：解析与训练》《财务分析案例：解析与训练》《审计案例：解析与训练》。本套丛书可作为高等学校会计学专业、财务管理专业、审计学专业等本科生，以及会计学学术硕士、会计专业硕士、MBA、EMBA等研究生的教学参考书，也可作为工商企业财会人员和企业经营管理人员的自学手册，还可作为企业培训高级财会人才和经营管理人才的培训参考教材。

案例的编写和运用是高层次应用型人才培养中贯彻通识教育和专业教育相融合的一条有效途径，但是原创案例的编写是一项艰巨而费时的工作。鉴于能力所限，北京联合大学创新企业财务管理研究中心所编写的此套案例丛书难免存在一些疏漏和不足，希望各位专家和广大读者给予批评指正，使之日臻完善。

# 前　言

随着我国资本市场的不断完善,审计在社会监督中的作用越来越重要,急需大量具备一定职业判断能力和丰富经验的高水平审计专门人才。审计学是一门实践性极强的学科,如果只学习审计的基本理论和方法,可能审计道理都清楚了,但还是不能很好地完成审计。如何解决这个问题呢?阅读、分析大量的国内外审计案例是一个很好的途径。审计案例往往以某一具体的事件或实务操作为依托,具体直观地展现审计人员的工作过程,这不仅可以帮助我们提高进行审计实务的操作能力,而且能够进一步加深我们对审计理论和方法的理解,从而提高我们运用知识分析和解决审计问题的能力。基于此,我们在总结以往审计经验和实践的基础上,借鉴已有的审计案例资料,大胆尝试,编写了这本《审计案例:解析与训练》。

本书以具体审计工作过程为主线,以大量的审计实际案例为依托,针对审计理论的某一知识点进行了案例裁剪与编写,不仅保持了案例本身具有的故事性,而且理论知识点的针对性比较强,这使得本书既有实际可操作性又不失理论说服力。全书共分为两大部分,第一部分为案例解析,主要以具体案例的形式展现了审计实际操作过程;第二部分为案例训练,对应第一部分内容,主要列示了与第一部分相似的案例资料,读者可以进行模仿分析与训练,进一步加深和巩固对知识点的理解和实际操作能力的训练。

本书同以往的一般审计案例书籍相比具有以下鲜明特色:

首先,在内容的编排方面,本书以上市公司财务报表审计为例,紧紧围绕审计实际工作过程,分两大部分进行了编写,每一部分的内容都包括审计的产生与发展、审计执业规范与法律责任、承接审计业务和风险评估、计划审计工作和风险应对、销售与收款循环审计、购货与付款循环审计、生产与存货循环审计、投资与筹资循环审计、货币资金审计和完成审计工作与审计报告,共10章,两部分共20章,既有审计基本理论案例的解析与训练,又有上市公司财务报表审计实务的解析与训练,既包括会计师事务所项目经理的工作,又包括审计一般助理人员的工作,内容基本涵盖了审计理论和实务的大部分知识点,涉及上市公司财务报表审计实际工作的诸多环节。

其次,在结构、体例方面,针对案例编写的特点,在案例解析部分,每一案例都从背景、提示、分析和小结四个方面进行编写,其中案例背景是对整个事件的整理描述,展现出了审计的现实场景;案例提示是针对讲解知识点需要挖掘出的具体问题,起到了分析的引导作用;案例分析是运用审计基本理论结合案例本身进行的详细阐述,是审计理论和方法在具体工作的实际应用;案例小结是在分析的基础上进行的理论总结,提炼出审计理论的具体知识点。在案例训练部分,每一案例都从背景、思考和分析,以及知识点提示三个方面进行了编写,主要提供了对实际案例进行分析训练的基本素材,以期达到进一步巩固审计理论基本知识的目的。

最后，本书所编写的大部分案例摒弃以往案例大而全的特点，根据知识点的需要进行了裁剪，短小精悍、针对性较强，特别适合在会计、审计专业本科生理论课堂中开展案例教学使用，每一章的所有小案例串起来又是一个完整的大案例，可供相关学科研究生（特别是会计专业硕士 MPAcc）以小组形式进行审计案例研讨。部分案例的分析中呈现了大量的审计工作底稿，大部分为实务中真实采用的，具有高度的仿真性，可供会计师事务所等专门从事审计工作的人员参考使用，有益于其获得实现目标所需要的职业能力。

本书属于北京联合大学会计学科带头人、创新企业财务管理研究中心主任鲍新中教授主编系列丛书，由北京联合大学管理学院财务与会计系教师李俊林和徐静博士后共同编著，鲍新中教授主审。在案例的编写和整理过程中，北京联合大学在校研究生牛文静、田然、刘晓雨、谢文静和王慧等都做了很多工作，同学们对本书的成稿付出了努力，同时也收获了知识。

本书在编写过程中得到了北京注册会计师协会领导和会计师事务所同仁的大力协助，北京联合大学研究生经费的资助和电子工业出版社的大力支持。值此出版之际，谨向对本书的编写和出版给予关心、支持与帮助的朋友们致以诚挚的谢意。限于学识水平和实践经验，书中不足之处在所难免，恳请读者批评指正。

李俊林

2019 年 10 月 8 日

# 目 录

## 第一部分 案例解析篇

### 第1章 审计的产生与发展 ·········· 3
1.1 英国南海股份有限公司破产审计案 ·········· 3
1.2 小玻璃厂的大能耐 ·········· 7

### 第2章 审计执业规范与法律责任 ·········· 12
2.1 安达信与安然事件 ·········· 12
2.2 琼民源公司审计案 ·········· 17

### 第3章 承接审计业务和风险评估 ·········· 21
3.1 立承会计师事务所承接审计业务案例 ·········· 21
3.2 诚信会计师事务所承接审计业务案例 ·········· 27

### 第4章 计划审计工作和风险应对 ·········· 32
4.1 诚信会计师事务所计划审计工作案例 ·········· 32
4.2 联合公司审计风险识别及应对案例 ·········· 39

### 第5章 销售与收款循环审计 ·········· 48
5.1 联合集团销售收入审计案例 ·········· 48
5.2 联合股份有限公司收款审计案例 ·········· 53

### 第6章 购货与付款循环审计 ·········· 64
6.1 联合乳品股份有限公司购货审计案例 ·········· 64
6.2 联合乳品股份有限公司付款审计案例 ·········· 71

### 第7章 生产与存货循环审计 ·········· 77
7.1 联合实业股份有限公司存货审计案例 ·········· 77
7.2 北京新材料环保股份有限公司存货审计案例 ·········· 81

## 第 8 章　投资与筹资循环审计 ........................................... 83
### 8.1　联大实业股份有限公司的投资审计案例 ........................... 83
### 8.2　猴王股份有限公司股票筹资审计案例 ............................. 85

## 第 9 章　货币资金审计 ................................................. 91
### 9.1　联大实业股份有限公司货币资金控制测试审计案例 ................. 91
### 9.2　联大实业股份有限公司银行存款审计案例 ......................... 93

## 第 10 章　完成审计工作与审计报告 ..................................... 99
### 10.1　北京联合创意股份有限公司审计调整案例 ........................ 99
### 10.2　华清股份有限公司审计意见类型案例 ........................... 101

# 第二部分　案例训练篇

## 第 11 章　审计的产生与发展 .......................................... 107
### 11.1　审计的产生案例 ............................................. 107
### 11.2　审计的发展案例 ............................................. 108

## 第 12 章　审计执业规范与法律责任 .................................... 112
### 12.1　审计执业规范案例 ........................................... 112
### 12.2　审计法律责任案例 ........................................... 117

## 第 13 章　承接审计业务和风险评估 .................................... 118
### 13.1　承接审计业务案例 ........................................... 118
### 13.2　审计风险评估案例 ........................................... 121

## 第 14 章　计划审计工作和风险应对 .................................... 129
### 14.1　计划审计工作案例 ........................................... 129
### 14.2　风险应对案例 ............................................... 133

## 第 15 章　销售与收款循环审计 ........................................ 138
### 15.1　销售审计案例 ............................................... 138
### 15.2　收款审计案例 ............................................... 143

## 第 16 章　购货与付款循环审计 · · · · · · 148
### 16.1　购货审计案例 · · · · · · 148
### 16.2　付款审计案例 · · · · · · 151

## 第 17 章　生产与存货循环审计 · · · · · · 155
### 17.1　生产环节审计案例 · · · · · · 155
### 17.2　存货审计案例 · · · · · · 157

## 第 18 章　投资与筹资循环审计 · · · · · · 158
### 18.1　投资审计案例 · · · · · · 158
### 18.2　筹资审计案例 · · · · · · 160

## 第 19 章　货币资金审计 · · · · · · 164
### 19.1　货币资金测试案例 · · · · · · 164
### 19.2　库存现金监盘案例 · · · · · · 165

## 第 20 章　完成审计工作与审计报告 · · · · · · 167
### 20.1　审计沟通案例 · · · · · · 167
### 20.2　审计意见类型案例 · · · · · · 168

# 第一部分 案例解析篇

第1章 审计的产生与发展
第2章 审计执业规范与法律责任
第3章 承接审计业务和风险评估
第4章 计划审计工作和风险应对
第5章 销售与收款循环审计
第6章 购货与付款循环审计
第7章 生产与存货循环审计
第8章 投资与筹资循环审计
第9章 货币资金审计
第10章 完成审计工作与审计报告

# 第1章

# 审计的产生与发展

## 1.1 英国南海股份有限公司破产审计案

### 案例背景

18世纪初，随着大英帝国殖民主义的扩张，海外贸易有了很大的发展。英国政府发行中奖债券，并用发行债券所募集到的资金，于1710年创立了南海公司。该公司以发展南大西洋贸易为目的，获得了专卖非洲黑奴给西班牙等国家的30年垄断权，其中最大的特权是可以自由地从事海外贸易活动。经过近10年的经营，南海公司依然业绩平平。1719年，英国政府允许债券持有人将中奖债券总额的70%，约1 000万英镑，与南海公司的股票进行转换。该年年底，一方面，当时英国政府扫除了殖民地贸易的障碍；另一方面，公司的董事们开始对外散布各种所谓的好消息，即南海公司在年底将有大量利润可以实现，并煞有其事地预计，在1720年的圣诞节，公司可能要按股票面值的60%支付股利。这一消息的宣布，加上公众对股价上扬的预期，促进了债券转换，进而带动了股价上升。1719年年中，南海公司的股价为114英镑，到了1720年3月，股价劲升至300英镑以上。而自1720年4月起，南海公司的股价更是节节攀高，到了1720年7月，股价已高达1 050英镑。此时，南海公司的老板布伦特又想出了新主意：以数倍于股票面额的价格，发行可分期付款的新股。同时，南海公司将获取的现金转贷给购买股票的公众。这样，随着南海公司股价的扶摇直上，一场投机浪潮席卷全国。由此，170多家新成立的股份有限公司（也简称"股份公司"）股票及原有的公司股票，都成了投机对象，股价暴涨51倍，从事各种职业的人，包括军人和家庭妇女都被卷入了这场漩涡。美国经济学家加尔布雷斯在其《大恐慌》一书中这样描绘当时人们购买股票的情形："政治家忘记了政治，律师放弃了法律，医生丢弃了病人，店主关闭了铺子，教父离开了圣坛，甚至连高贵的夫人也忘了高傲和虚荣。"

1720年6月，为了制止各类"泡沫公司"的膨胀，英国国会通过了《泡沫公司取缔法》。自此，许多公司被解散，公众也开始清醒过来，对一些公司的怀疑逐渐扩展到南海公司身上。从1720年7月开始，外国投资者首先抛出南海公司的股票，撤回资金。随着投机热潮的冷却，南海公司的股价一落千丈，从1720年8月25日到9月28日，南海公司的股价从900英镑下跌到190英镑，到12月仅为124英镑。当年年底，政府对南海公司的资产进行清理，发现其实际资本已所剩无几。那些高价买进南海公司股票的投资者遭受了巨大损失，政府逮捕了南海公司董事之一的雅各希·布伦特等人，另有一些董事自杀。"南海泡沫"事件使许多地主、商人失去了资产。此后较长一段时间，民众对参股新兴股份公司闻之色变，对股票交易心存疑虑。

**对南海公司舞弊案的查处**

1720年8月，名噪一时的南海公司倒闭的消息传来，犹如晴天霹雳，惊呆了正陶醉在黄金美梦中的债权人和投资者。当这些"利害关系者"证实了数百万英镑的损失将由自己承担的时候，他们一致向英国议会发出了严惩欺诈者并赔偿损失的呼声。迫于舆论的压力，1720年9月，英国议会组织了一个由13人组成的特别委员会，对"南海泡沫"事件进行秘密调查。在调查过程中，特别委员会发现该公司的会计记录严重失实，明显存在蓄意篡改数据的舞弊行为，于是特邀了一位名叫查尔斯·斯奈尔(Charles Snell)的资深会计师，对南海公司的分公司索布里奇商社的会计账目进行审计。查尔斯·斯奈尔作为伦敦市彻斯特·莱恩学校的书法大师兼会计师，其商业审计实践经验丰富，理论基础扎实，在伦敦地区享有盛誉。

查尔斯·斯奈尔通过对南海公司账目的查询、审核，于1721年提交了一份名为《伦敦市彻斯特·莱恩学校的书法大师兼会计师对索布里奇商社的会计账簿进行审计的意见》。在这份报告中，查尔斯·斯奈尔指出了南海公司存在的舞弊行为和会计记录严重不实等问题。但没有对南海公司为何编制这种虚假的会计记录表明自己的看法。

英国议会根据这份查账报告，将南海公司董事之一的雅各希·布伦特以及他的合伙人的不动产全部予以没收。其中一位叫乔治·卡斯韦尔的爵士被关进了著名的伦敦塔监狱。

同时英国政府颁布的《泡沫公司取缔法》对股份公司的成立进行了严格的限制，即只有取得国王的御批才能得到公司的营业执照。事实上，股份公司的形式基本上已名存实亡。

直到1828年，英国政府在充分认识到股份有限公司利弊的基础上，通过设立民间审计的方式，将股份公司中因所有权与经营权分离所产生的不足予以制约，才完善了这一现代化的企业制度。据此，英国政府撤销了《泡沫公司取缔法》，重新恢复了股份公司这一现代企业制度的形式。

## 案例提示

（1）英国南海公司能够进行舞弊的根本原因是什么？
（2）结合英国南海公司破产审计案，谈谈民间审计产生的历史必然性。

## 案例分析

（1）英国南海公司能够进行舞弊的根本原因是什么？

从经济学理论的角度分析，英国南海公司能够进行舞弊是企业所有权和经营权分离的结果，是市场经济发展到一定阶段的产物。从证券市场的角度具体分析主要有以下三方面的原因。

① 南海公司的信息披露不真实。股份公司作为公众性公司，披露信息是其与公众进行交流的最基本形式。股票价格的形成是建立在真实信息的基础上的。如果股份公司披露虚假信息，故意夸大公司的业绩或者经营状况，就会造成投资者盲目投资，使股票价格发生异常波动，以致不能真实地反映公司的盈利能力。"南海泡沫"事件就是南海公司为了达到圈钱

的目的，故意编造公司的虚假信息，给投资者描绘了一幅金灿灿的通往"黄金宝殿"之图。其实这幅承载着投资者狂热希冀的致富之图不过如水中月、镜中花般虚无缥缈，最终只能随着公司骗局的揭穿而成为南柯一梦。许多效仿南海公司的其他股份公司，也没能逃出幻灭的结局。

② 证券市场缺乏有效的监管。虽然证券市场自身对股票价格的形成有一定的调节能力，但监管依然不可缺少。英国政府对待"南海泡沫"事件的态度并不理智，从事件发生前"过度放纵"到事件发生后"一下管死"，从一个极端走向另一个极端。

"南海泡沫"事件发生前，英国政府过度地纵容南海公司，使南海公司为日后高额发行股票的圈钱活动创造了"信誉"，也给公众投资者留下了南海公司是"宠儿"的印象，此其一。南海公司在成立之初就认购了高达1 000万英镑的债券，从而取得了英国在南美洲海岸的贸易垄断权，此时，英国政府应当监督像南海公司这样渐有影响力的股份公司真实地对外公告其经营信息，否则，一旦公司形成气候，股票发行规模扩大，虚假的信息给投资者造成的损害将不堪设想。但是，英国政府并没有尽到这样的监管职责，而是任由南海公司对外吹嘘，吊足了投资者的胃口。而且，当南海公司以300%甚至400%的溢价发行股票时，英国政府并没有根据南海公司的实际盈利能力及时地予以制止，反而让人瞠目的是议会的议员甚至连国王都争相购买了南海公司的股票，以致当南海公司的股票出现在短短10个月时间由100多英镑暴涨到1 000英镑又狂跌到100多英镑的动荡局面时，英国政府束手无策，只得通过"泡沫法案"对其进行强行压制。

"南海泡沫"事件发生后，英国通过了"泡沫法案"，这虽在一定程度上遏制了泡沫的再次出现，但对所有的股份公司实行封杀严重抑制了股份公司的发展，此其二。"泡沫法案"规定：任何未经合法授权而组建的公司，或擅自发行股票均属非法，股份公司一般不具有法人资格；严惩非法的证券交易，从而保护股东及社会利益。但实际通过的法案却故意使法人形式难以被采用，从而走上了另一个极端。该法案一直持续到1825年，在一百年的时间里，公众对股份公司闻之色变，对股票交易避而远之，"泡沫法案"对英国股份公司发展的消极影响由此可见一斑。

③ 公众对股票投资的极端不理性。在对巨大财富的憧憬中，公众的理性防线彻底崩溃，完全被股份公司发布的消息牵引，迷失了方向。当公众不再考察股份公司的盈利能力，不再辨别股份公司的经营范围，只为股价的一时上涨而买入股票时，他们的投资行为已经演变为一种投机性行为，无论股票的价格多高，无论它是否已经偏离了公司的基本价值，只要相信它还会继续上涨，公众就会不顾一切地买进。在这种欲望的支配下，公众已经谈不上对股市基本行情的认识，已经不能客观地预期投资所带来的后果。他们的行为只会使股价越来越高，泡沫越来越大，等待他们的也只能是非理性泡沫的破灭。

（2）结合英国南海公司破产审计案，谈谈民间审计产生的历史必然性。

英国南海公司破产审计案开创了民间审计的历史先河，对世界民间审计的发展具有里程碑的意义和影响。股份公司的发展孕育了现代民间审计的产生。英国南海公司破产审计案造就了世界上第一位民间审计师，同时也揭开了民间审计发展的序幕。英国南海公司破产审计案说明了以下两方面问题。

① 民间审计的产生是查错揭弊的需要。查尔斯·斯奈尔先生在报告中不仅说明了查账的情况，还指出了公司存在的舞弊行为。南海公司破产舞弊审计案至少说明：

第一，世界上第一次民间委托审计是舞弊审计；

第二，世界上第一位民间审计师的审计任务是审计舞弊；

第三，世界上第一位民间审计师的业务是舞弊审计业务；

第四，世界上第一位民间审计师所确定的审计目标是确认舞弊行为；

第五，世界上第一份民间审计报告是关于舞弊的审计报告。

由此可见，舞弊需要审计，舞弊是审计的原因；审计的产生是由于舞弊的存在，审计是建立在舞弊存在的基础上的，舞弊的存在是产生审计的直接动因。

1720年出现了南海公司舞弊案，这也是历史发展的必然，即或当时南海公司没有舞弊，也会有其他公司舞弊，这是由当时英国泡沫经济发展所决定的。

② 股份公司的发展对民间审计的客观需要。英国南海公司破产审计案的发生，说明建立在所有权与经营权分离基础上的股份公司其经营具有委托性质。

由于受种种原因和条件的限制，投资者即公司股东和债权人不可能直接接触公司经营的各个方面，要了解公司经营的详细情况必须借助公司的会计报告。

但是股东和债权人要得到公司真实、准确、客观的会计信息绝非易事，这在客观上要求与公司无利益关系的熟悉会计语言的第三方就公司会计报告的真实性和准确性提出证明，以便将客观、可信的会计信息提供给公司股东及债权人。这样，一方面可防范经营者为所欲为，损害投资者利益；另一方面有利于股东及债权人做出正确决策。否则，投资者与经营者的经济责任关系难以维系，股份公司也将难以存在和发展。

**案例小结**

审计是一种社会经济现象。随着社会生产力的提高和社会经济的发展，社会财富日益增多，剩余的生产资料逐渐集中到少数人手中，当财产所有者不能直接经营和管理其所拥有的财产时，就需要委托他人代为经营和管理，于是财产所有者与经营管理者出现了分离，形成了委托和受托的经济责任关系。财产所有者为了保护其财产的安全、完整并有所增值，就需要定期或不定期地了解受托管理者是否忠于职守、尽职尽责地从事管理和经营，有无徇私舞弊和提供虚假财务报告等行为。为了达到这一目的，财产所有者只有要求与责任双方不存在任何经济利益关系的独立的第三方对财产管理者的经济责任进行审查和评价，才能维护自己的正当权益和解除财产管理者的经济责任。如果不这样，而是财产所有者自身对财产管理者进行监督，由于彼此之间存在着直接的经济利益关系，那么这种监督难免会带有一定的主观性和片面性。因此，对财产管理者的监督检查，客观上要求由与财产所有者和财产管理者都无利害关系的第三方来进行。这种由第三方所进行的监督、检查就是审计工作。

## 1.2 小玻璃厂的大能耐

### 案例背景

2018年年末,某省审计局的小高参加了省委巡视组对某市某县的巡视工作。在对该县财政局进行巡视时,一份淘汰落后产能的专款补贴文件引起了小高的警觉。

一家民办玻璃厂淘汰落后产能,中央财政奖励资金两年金额高达2 600万元。根据小高自己多年的工作经验,一般民营企业为了拉订单都是对外宣传资产额很大,而实际规模却很小。这么一个小小的玻璃厂,国家怎么会补贴这么多钱呢?带着疑问,小高想一探究竟。

调阅的申报材料显示,该玻璃厂连续两年上报淘汰300吨/天平拉(格拉)生产线3条,淘汰落后产能260万重量箱和熔化量220吨/天平拉(格拉)生产线2条,淘汰落后产能310万重量箱生产线1条。一个小玻璃厂有这样的生产能力吗?是不是存在虚报产能的问题?同时,某会计师事务所出具的专项审计报告显示,该企业2015年4月至2017年2月缴纳增值税款50万元,电费124万元,固定资产原值3 086万元,净值342万元。会计师事务所出具的报告上的资产、费用是不是真实的呢?这些疑点更让小高对该企业的真实性产生了怀疑。

小高从企业2016年、2018年淘汰落后产能中央财政奖励资金申报材料中发现,在该玻璃厂近两年缴纳增值税发票的两次申报资料中,有两个年度发票号码的位置与正规发票相比存在位置距离不一致的问题,这显然是假发票。同时,缴纳的电费发票相邻两个月的发票号码均相差20多。按照常理,一个供电所的用电户至少达几千户以上,不可能两个月的发票号码相距那么近。一个个破绽,让小高更深信自己最初的判断了。

带着这些疑点,小高和同事专程到该县国税局、电力局调查取证,发现该玻璃厂提供的缴纳税款发票和电费发票全部为伪造票据。同时,他们从企业工商信息查询系统查到该企业于2004年成立,而企业提供的发票显示机械设备大部分在1998年至1999年购置,涉及金额达742万元。同时,购置机械设备的票据全部为供货方自购的普通收据而非税务发票,所购机械设备价值的真实性无法确认,这显然是为虚增资产而伪造的发票。

经实地查看和调查走访当地相关部门和群众了解到,该玻璃厂因经营不善,已在申报前停产多年,工厂的机械设备满目锈斑,已是一堆废铁。按照相关规定,申报前三年未经营的企业已不符合申报条件有关要求。

至此,该玻璃厂弄虚作假、虚构申报材料,重复申报2016年、2018年淘汰落后产能中央奖励资金的问题浮出了水面。巡视组将涉嫌骗取中央财政奖励资金的企业及有关负责审核申报材料的人员失职渎职问题及时移送有关部门处理。同时,对负责给该单位进行专项审计的会计师事务所出具虚假专项审计报告的问题,也建议有关部门进行处理。

### 案例提示

(1)某省审计局的小高参加省委巡视组对某市某县的巡视工作属于审计工作吗?

(2)从审计的主体分析,某省审计局的小高从事的审计工作与负责给该单位进行专项审计的会计师事务所从事的审计工作一样吗?为什么?

## 案例分析

（1）某省审计局的小高参加省委巡视组对某市某县的巡视工作属于审计工作吗？

某省审计局小高参加的省委巡视组对某市某县的巡视工作不属于审计工作。因为纪委巡视主要是纪律检查委员会围绕党风廉政建设和反腐败斗争为中心进行的巡视监督。而政府审计主要是国家审计机关依法独立行使审计监督权，对国务院各部门和地方人民政府、国家财政金融机构、国有企事业单位，以及其他有国有资产的单位的财政、财务收支及其经济效益进行的审计监督。所以，审计工作是一种体制内监督，而巡视工作属于党内监督。审计机关与纪检监察机关在职能上也存在重大差别。但是，虽然巡视工作不属于审计工作，但与审计工作在工作目标上具有相似性，两者都是查处违纪违法官员的重要力量，是有效惩治腐败的重要工具，是完善国家治理的重要手段，是深化改革的坚实护航者。实践证明，在纪委巡视的日常工作中，政府审计起到了重要作用，主要体现在以下几个方面：

① 审计机关能为纪委巡视工作提供基础性信息。

当前，审计机关全面依法履行审计监督的职责，在纪委巡视、服务惩治、发现线索、促进预防、协作办案等方面起到了积极有效的作用，促进了纪委巡视的深入开展。纪委巡视着力发现领导干部是否存在权钱交易、以权谋私、贪污贿赂、腐化堕落等违纪违法问题，着力发现是否存在形式主义、官僚主义、享乐主义和奢靡之风等违反中央八项规定之精神的问题，着力发现是否存在违反党的政治纪律问题，着力发现是否存在选人用人上的不正之风和腐败问题。而审计机关能及时给巡视组提供被巡视地区和被巡视单位近几年来的审计情况，如领导干部履行经济责任审计的情况、财政预算和决算审计的情况、其他财政财务收支审计的情况、重大投资项目审计的情况、其他专项审计或审计调查情况、巡视组需要深入了解的审计事项等。

② 审计人员能在巡视组发挥骨干作用。

近年来，各级纪委机关已开始从本级或下级审计机关抽调人员加入纪委巡视工作，以发挥审计人员梳理群众举报线索、明确举报问题的特长和优势，进而提高巡视成效。审计人员要保持审计公正性、审计权威性与审计独立性，应对可能发生的违法行为进行充分、重点关注；在检查违法行为时，应对被审计单位及人员违法行为性质、实施动机、违法构成、后果等进行评估。根据群众举报及相关部门线索、经济活动异常事项、非财务数据及财务数据中异常变化、媒体或公众报道、反映的其他情况，判断被审计单位及人员是否存在违法行为。

③ 审计成果能为纪委巡视工作提供助推力。

审计成果主要表现为审计机关向被审计单位或者报送的审计决定书、移送处理书、综合报告、专题调研报告和通过媒体对外发布的审计结果公告和反映审计事项的新闻信息等。审计成果是审计工作的核心，是评估审计工作成败优劣的主要依据，如果审计成果被纪委巡视工作充分利用，就实现了管理监督主体的信息共享，就能促使被审计单位高度重视审计结果，从而发挥出审计工作的最大成效。审计机关向巡视组提供审计情况必须遵循谨慎性原则、重要性原则、客观性原则和保密性原则。审计成果的可靠性与科学性是纪检工作顺利进行的重要保障。审计报告中公布的具体数据和暴露出的问题一直备受媒体和网民关注。审计监督承载着公众对反腐败的殷切期望，审计成果在反腐败工作中发挥着巨大作用。

（2）从审计的主体分析，某省审计局的小高从事的审计工作与负责给该单位进行专项审计的会计师事务所从事的审计工作一样吗？为什么？

从审计的主体分析，小高从事的审计工作与负责给该单位进行专项审计的会计师事务所从事的审计工作是不一样的。前者属于政府审计，而后者属于注册会计师审计。两者的共同点是都具有较强的独立性，相对于被审计单位而言，都是外部审计。但从我国的情况看两者存在以下几点不同。

① 两者的审计目标不同。政府审计是审计机关依法对被审计单位的财政收支或财务收支的真实、合法和效益进行的审计。注册会计师审计是注册会计师依法对被审计单位会计报表的合法性与公允性进行的审计。

② 两者的审计标准不同。政府审计是审计机关依据《审计法》和国家审计准则等进行的审计。注册会计师审计是注册会计师依据《注册会计师法》和执业准则进行的审计。

③ 两者的经费来源不同。政府审计所需经费列入财政预算，由本级人民政府予以保证。注册会计师审计的审计收入来源于审计客户，由会计师事务所与审计客户协商确定。

④ 两者的取证权限不同。政府审计有权就审计事项的有关问题向有关单位和个人进行调查，并取得有关证明材料；有关单位和个人应当支持、协助审计机关工作，如实向审计机关反映情况，提供有关证明材料。注册会计师在获取证据时在很大程度上要依靠被审计单位及相关单位的配合和协助，对被审计单位及相关单位没有强制力。

⑤ 两者对发现问题的处理方式不同。政府审计机关审定审计报告，对审计事项做出评价，出具审计意见书；对违反国家规定的财政收支、财务收支行为，依法予以处理、处罚。注册会计师对审计过程中发现的需要调整和披露的事项只能提请被审计单位调整和披露，如果被审计单位拒绝调整和披露，注册会计师视其重要性水平出具不同类型的审计报告。

**案例小结**

政府审计是由政府审计机关代表政府依法对各级政府及其部门的财政收支及公共资金的收支、运用情况进行的审计。新时代我国政府审计模式的特征体现在以下几个方面。

（1）始终坚持中国共产党的领导。始终坚持中国共产党的领导，是我国政府审计的基本政治原则。这是由我国社会主义制度的本质决定的。坚持党的领导是中国特色社会主义事业兴旺发达、依法治国、建设社会主义民主法治国家的根本保证。我国政府审计多年的发展实践也证明，坚持和加强党的领导，自觉将审计工作融入党和国家的大局中，维护人民群众的根本利益，是我国政府审计制度的基本要求，也是我国政府审计健康发展的根本。

（2）管理体制上属于我国行政系统内部监督的重要组成部分。根据宪法规定，人民代表大会制度是我国的根本政治制度和政权组织形式，中央和地方各级审计机关作为行政机关的组成部分都在本级人民代表大会的领导下，是行政系统内部监督的重要组成部分。行政系统内部履行行政监督职责的机构除审计机关外，还包括上级国家行政机关、政府法制机构、监察机关。审计机关与这些行政监督机构在行政行为监督的性质、内容、方式、程序等方面均有不同之处。实践证明，审计机关要与其他行政监督机构通力合作、加强协调配合，才能充分发挥审计的效能。

（3）功能定位上是保障我国经济社会健康运行的"免疫系统"。我国政府审计的功能定位可以表述为：作为国家政治制度不可缺少的组成部分，审计是民主法治的产物和推动民主法治的手段，是维护国家经济安全的重要工具，是保障国家经济社会健康运行的"免疫系统"。在这一功能定位前提下，引申出审计的根本目标是维护人民群众的根本利益，现阶段审计工作的出发点和落脚点就是推进法治、维护民生、推动改革、促进发展。

（4）工作对象和范围是以公有性为特征的政府各部门和下级政府、国家的财政金融机构和企业、事业组织。我国宪法对政府审计监督的对象做出了规定，即政府各部门和下级政府、国家的财政金融机构和国家的企业、事业组织。《审计法》进一步明确指出，政府审计是对这些单位的财政收支或者财务收支的真实、合法和效益进行审计。2010 年新的《审计法实施条例》又进一步对审计法中的财政收支和财务收支做出了明确规定。与西方大多数国家审计机关不同的是，我国政府审计的对象涵盖范围十分广泛，不仅包括了财政供养的政府部门、下级政府、国家事业单位，还包括国家的金融机构和企业。这些审计对象所具有的共同特征是公有性。这是由我国的社会主义初级阶段实行的坚持公有制为主体、多种所有制经济共同发展的基本经济制度决定的。

（5）以发现问题、纠正问题和解决问题为己任。我国政府审计采取了查处问题与健全机制并重的思路，既注重发现问题，也注重纠正问题，还注重解决问题。首先，审计机关通过开展大量审计和审计调查项目，查处了大量违法违规和损失浪费问题，发现并向司法、纪检监察机关提供经济犯罪案件线索，同时通过推行审计结果公告，对发现的问题加大力度进行公开披露，收到了很好的"惩处"效果，为反腐倡廉建设做出了贡献。其次，每个审计项目结束后，审计机关都针对审计发现的问题做出审计决定和提出审计建议，督促被审计单位进行整改。审计机关还建立了整改跟踪制度，促使审计发现的问题及时得到纠正和整改落实，收到了很好的"整改"效果。最后，在注重发现和纠正问题的同时，审计机关还加强了对产生的问题进行原因分析和汇总归纳，进而从制度、机制和体制层面提出解决问题的建议，避免风险或者问题的再度发生，收到了很好的"预防"效果，也促进了国家各项制度、机制和体制创新，推动了制度完善和改革深化。

（6）实行上下级既分工负责又联动配合的工作机制。依据《宪法》和《审计法》的规定，国务院设立审计署，在国务院总理的领导下主管全国审计工作，同时作为中央审计机关，直接开展审计工作。地方审计机关实行双重领导体制，在本级人民政府和上一级审计机关的领导下，负责本行政区域内的审计工作，其中审计业务以上级审计机关领导为主。这一审计机关领导体制，决定了我国上下级审计机关各司其职、各负其责，各自对本级人民政府负责，同时下级审计机关要接受上级审计机关的业务领导，有利于形成上下级审计机关既分工负责又联动配合的工作机制。"自上而下"和"自下而上"相互促动、整体推进。审计署的审计工作与各地审计机关的地方审计工作，上下结合、相互促动，共同构成了当前我国政府审计事业的统一整体。地方审计机关双重领导体制，为我国政府审计事业的整体发展提供了前提，使得中央能够直接对地方进行"自上而下"的指导，地方也能够源源不断地为中央提供"自下而上"的创新经验。中国特色政府审计模式正是在这"自上而下"和"自下而上"的共同探索、相互促动下形成的。

我国政府审计模式的上述六个特征的形成与发展有着深厚的政治、经济、历史和文化基础。实践证明，这一模式的构建和发展，基本符合我国现阶段的基本国情，吸收了世界上发达国家的先进审计理念，坚持了科学发展观，对丰富和发展现代政府审计制度做出了贡献。

从审计主体的角度分析，在我国审计监督体系中，除了政府审计，还有注册会计师审计和内部审计。它们既相互联系，又各自独立、各司其职，泾渭分明地在不同的领域实施审计，不存在主导和从属的关系。从发展的观点来看，随着政治的逐步民主化，以监督国家经济活动为主要特征的政府审计将会得到加强；随着企业规模的逐步扩大和内部管理的科学化，内部审计将得到更大的发展；随着经济的逐步市场化，注册会计师审计将在整个审计监督体系中占据日益重要的地位。这三种审计的具体区别如表1-1所示。

表1-1 政府审计、内部审计以及注册会计师审计的对比

| 种类 | 审计主体 | 审计对象 | 审计目标 | 监督的性质 | 方式 | 独立性 | 经费或收入来源 | 遵循的准则 |
|---|---|---|---|---|---|---|---|---|
| 政府审计 | 政府审计机关 | 政府及其部门的财政收支及公共资金的收支、运用情况 | 依法对单位的财政收支或者财务收支的真实、合法和效益进行审计 | 行政性监督 | 强制执行 | 单向 | 经费列入预算，由本级人民政府予以保证 | 《审计法》和审计署制定的国家审计准则 |
| 内部审计 | 各单位内设的审计部门 | 本单位的财务收支及经营管理活动 | 对组织内部的经营活动和内部控制的适当性、合法性和有效性进行审计 | 内部监督 | 自行安排 | 相对 | 无偿 | 审计署制定的内部审计准则 |
| 注册会计师审计 | 注册会计师 | 所有的营利性或非营利性企业 | 依法对财务报表的合法性和公允性进行审计 | 民间监督 | 受托 | 双向 | 审计收入来源于审计客户 | 《注册会计师法》和审计准则 |

# 第2章

# 审计执业规范与法律责任

## 2.1 安达信与安然事件

**案例背景**

安然有限公司（以下简称"安然公司"）的基本情况：世界最大的电力交易商，世界领先的能源批发做市商，世界最大的电子商务交易平台。2000年，安然公司被美国《财富》杂志评为美国500强第7名，世界500强第16名。

**安然事件发生的过程**

2001年10月16日，安然公司公布该年第三季度的财务报告，宣布公司亏损总计达6.18亿美元，引起投资者、媒体和管理层的广泛关注。

2001年10月31日，美国证券交易委员会（SEC）开始对安然公司进行正式调查。

2001年11月8日，安然公司向美国证监会递交文件，承认存在财务舞弊。

2001年11月30日，安然公司股价跌至0.26美元，市值由峰值时的800亿元美元跌至2亿美元。

2001年12月2日，安然公司正式向法院申请破产保护，破产清单所列资产达498亿美元，成为当时美国历史上最大的破产企业。

2002年1月15日，纽约证券交易所正式宣布，将安然公司股票从道·琼斯工业平均指数成分股中除名，并停止安然公司股票的相关交易。

**安达信在安然事件中扮演的角色**

自安然公司成立时起，安达信会计师事务所（以下简称"安达信"）就开始担任安然公司的外部审计工作。

20世纪90年代中期，安达信与安然公司签署了一项补充协议，安达信包揽安然公司的内部审计工作，安然公司的咨询业务也全部由安达信负责。

接着，由安达信的前合伙人主持安然公司财务部门的工作，安然公司的许多高级管理人员也有不少是来自安达信的。

从此，安达信与安然公司结成了牢不可破的关系。

安然公司假账问题也让其审计公司安达信面临着被诉讼的危险。位列世界第一的会计师事务所安达信作为安然公司财务报告的审计者，既没审计出安然公司虚报利润，也没发现其巨额债务。2001年6月，安达信曾因审计工作中出现欺诈行为被美国证券交易委员会罚了700万美元。

安然公司的核心业务是能源及其相关产品，但在安然公司，这种买卖被称作"能源交易"。

据介绍，该种生意是构建在信用基础上的，也就是能源供应者及消费者以安然公司为媒介建立合约，承诺在几个月或几年之后履行合约义务。在这种交易中，安然公司作为"中间人"可以在很短时间内提升业绩。由于这种生意以中间人的信用为基础，一旦安然公司出现任何丑闻，其信用必将大打折扣，其生意马上就有中止的危险。

此外，这种业务模式对于安然公司的现金流向也有着重大影响。安然公司的大多数业务是基于"未来市场"的合同，虽然签订的合同收入会被计入公司财务报表，但在合同履行之前并不能给安然公司带来任何现金。合同签订得越多账面数字和实际现金收入之间的差距就越大。

安然公司不愿意承认自己是贸易公司一个重要的原因就是为了抬升股价。作为贸易公司，由于天生面临着交易收入不稳定的风险，很难在股市中得到过高评价。安然公司鼎盛时期的市值曾达到其盈利的 70 倍甚至更高。

为了保住其自封的"世界领先公司"的地位，安然公司的业务不断扩张，不仅包括传统的天然气和电力业务，还包括风力、水力、投资、木材、广告等。2000 年，宽带业务盛极一时，安然公司又投资了宽带业务。

如此折腾，安然公司终于在 2001 年 10 月在资产负债平衡表上拉出了高达 6.18 亿美元的大口子。

**带来的损失**

安然公司股价从一年前的 85 美元跌至破产前的不到 1 美元，投资者的损失超过百亿美元，在公司两万多名员工中，很多人连他们的退休金都保不住。

在安然公司破产事件中，损失最惨重的无疑是那些投资者，尤其是仍然持有大量安然公司股票的普通投资者。

在此事件中受到影响的还有安然公司的交易对象和那些大的金融财团。据统计，在安然公司破产案中，杜克（Duke）集团损失了 1 亿美元，米伦特公司损失了 8000 万美元，迪诺基损失了 7500 万美元。在财团中，损失比较惨重的是 J.P 摩根和花旗集团。仅 J.P 摩根对安然公司的无担保贷款就高达 5 亿美元，据称花旗集团的损失也差不多与此相当。此外，安然公司的债主还包括德意志银行和日本的三家大银行等。

**案例提示**

（1）安达信在安然事件中有哪些不当的行为？
（2）安达信在安然事件中违反了哪些执业准则？
（3）在安达信与安然公司的关联关系中有哪些对审计的独立性有影响？
（4）安然事件有哪些启示？

**案例分析**

（1）安达信在安然事件中的不当行为主要有三点。

① 自安然公司成立时起，安达信就开始承接安然公司的外部审计工作。20 世纪 90 年代中期，安达信与安然公司签署了一项补充协议，安达信包揽安然公司的内部审计工作，安然公司的咨询业务也全部由安达信负责，因此安达信承接的安然公司的业务之间存在利

益冲突。

② 由于安达信的前合伙人主持安然公司财务部门的工作，安然公司的许多高级管理人员也有不少是来自安达信的，因此安然公司的财务主管人员与安达信存在利害关系。

③ 位列世界第一的会计师事务所安达信作为安然公司财务报告的审计者，既没审计出安然公司虚报利润，也没发现其巨额债务。安达信明知安然公司存在财务造假的情况而没有予以披露。

（2）安达信在安然事件中违反了会计师事务所质量控制准则中的独立性准则，违反了注册会计师职业道德准则中的诚实、独立、客观、公正准则及对同行负责的准则。

（3）自安然公司成立时起，安达信就开始负责安然公司的外部审计工作。

20世纪90年代中期，安达信与安然公司签署了一项补充协议，安达信包揽安然公司的内部审计工作，安然公司的咨询业务也全部由安达信负责，以及安达信的前合伙人主持安然公司财务部门的工作，安然公司的许多高级管理人员也有不少是来自安达信的。以上这些关联关系对审计的独立性都是有影响的。

（4）安然事件的启示。

诚信是确保市场经济健康发展的重要保证；独立性是注册会计师的安身立命之本；一些激励性的改革措施，如果没有相应的法律制度予以规范，那么这种改革就会不可避免地产生负面作用，法律制度的完善不是一蹴而就的，也不是一劳永逸的，需要在实践中不断发展和完善。

### 案例小结

注册会计师为实现执业目标，必须遵守一些基本原则，具体包括诚信、独立性、客观和公正、专业胜任能力和应有的关注、保密、良好的职业行为。

（1）诚信。

诚信，是指诚实、守信。也就是说，一个人言行与内心思想一致，不虚假；能够履行与别人的约定而取得对方的信任。诚信原则要求注册会计师应当在所有的职业关系和商业关系中保持正直和诚实，秉公处事、实事求是。

注册会计师如果认为业务报告、申报资料或其他信息存在下列问题，则不得与这些有问题的信息发生牵连：

① 含有严重虚假或误导性的陈述；
② 含有缺乏充分依据的陈述或信息；
③ 存在遗漏或含糊其词的信息。

比如，在审计、审阅或其他鉴证业务中，下列事项可能会导致上述问题的出现：

① 引起重大风险的事项，如舞弊行为；
② 财务信息存在重大错报而客户未对此做出调整或反映；
③ 导致在实施审计程序时出现重大困难的情况，如客户未能提供充分、适当的审计证据，注册会计师难以做出结论性的陈述；
④ 与会计准则或其他相关规定的选择、应用和一致性相关的重大发现和问题，而客户未对此在其报告或申报资料中反映；
⑤ 在出具审计报告时，未解决的重大审计差异。

注册会计师如果注意到已与有问题的信息发生牵连，应当采取措施消除牵连。在鉴证业务中，如果注册会计师依据执业准则出具了恰当的非标准业务报告，则不被视为违反上述要求。

（2）独立性。

独立性，是指不受外来力量控制、支配，按照一定之规行事。独立性原则通常是对注册会计师而非执业注册会计师提出的要求。在执行鉴证业务时，注册会计师必须保持独立性。在市场经济条件下，投资者主要依赖财务报表判断投资风险，在投资机会中做出选择。如果注册会计师不能保持独立性，而是与客户存在经济利益、关联关系，或屈从于外界压力，就很难取信于社会公众。

那么，什么是独立性呢？较早给出权威解释的是美国注册会计师协会。美国注册会计师协会在1947年发布的《审计暂行标准》中指出："独立性的含义相当于完全诚实、公正无私、无偏见、客观认识事实、不偏袒。"传统观点认为，注册会计师的独立性包括两个方面：实质上的独立和形式上的独立。美国注册会计师协会在职业行为守则中要求："在公共业务领域中的注册会计师（执业注册会计师），在提供审计和其他鉴证业务时应当保持实质上与形式上的独立。"国际会计师联合会发布的《职业会计师道德守则》也要求执行公共业务的职业会计师（执业注册会计师）保持实质上的独立和形式上的独立。

注册会计师执行审计和审阅业务以及其他鉴证业务时，应当从实质上和形式上保持独立，不得因任何利害关系影响其客观性。

会计师事务所在承办审计和审阅业务以及其他鉴证业务时，应当从整体层面和具体业务层面采取措施，以保持会计师事务所和项目组的独立性。

（3）客观和公正。

客观，是指按照事物的本来面目去考察，不添加个人的偏见。公正，是指公平、正直、不偏袒。客观和公正原则要求注册会计师应当公正处事、实事求是，不得由于偏见、利益冲突或他人的不当行为而影响自己的职业判断。如果存在导致职业判断出现偏差，或对职业判断产生不当影响的情形，则注册会计师不得提供相关专业服务。

（4）专业胜任能力和应有的关注。

专业胜任能力和应有的关注原则要求注册会计师通过教育、培训和职业实践获取和保持专业胜任能力。注册会计师应当持续了解并掌握当前法律、技术和实务的发展变化，将专业知识和技能始终保持在应有的水平，确保为客户提供具有专业水准的服务。

注册会计师作为专业人士，在许多方面都要履行相应的责任，保持和提高专业胜任能力就是其中的重要内容。专业胜任能力是指注册会计师具有专业知识、技能和经验，能够经济、有效地完成客户委托的业务。注册会计师如果不能保持和提高专业胜任能力，就难以完成客户委托的业务。事实上，如果注册会计师在缺乏足够的知识、技能和经验的情况下提供专业服务就构成了一种欺诈。一个合格的注册会计师，不仅要充分认识自己的能力，对自己充满信心，更重要的是必须清醒地认识到自己在专业胜任能力方面存在的不足。如果注册会计师不能认识到这一点，承接了难以胜任的业务，就可能给客户乃至社会公众带来危害。

注册会计师在应用专业知识和技能时应当合理运用职业判断。专业胜任能力可分为两个独立阶段：①专业胜任能力的获取；②专业胜任能力的保持。注册会计师应当持续掌握相关的专业技术、了解业务的发展，以保持专业胜任能力。持续职业发展能够使注册会计师发展和保持专业胜任能力，使其能够胜任特定业务环境中的工作。

应有的关注，要求注册会计师遵守执业准则和职业道德规范要求，勤勉尽责，认真、全面、及时地完成工作任务。在审计过程中，注册会计师应当保持职业怀疑态度，运用专业知识、技能和经验，获取和评价审计证据。同时，注册会计师应当采取措施以确保在其授权下工作的人员得到适当的培训和督导。在适当情况下，注册会计师应当使客户及报告的其他使用者了解专业服务的固有局限性。

（5）保密。

注册会计师能否与客户维持正常的关系，有赖于双方能否自愿而又充分地进行沟通和交流，不掩盖任何重要的事实和情况。只有这样，注册会计师才能有效地完成工作。注册会计师与客户的沟通必须建立在为客户信息保密的基础上。这里所说的客户信息通常是指涉密信息。一旦涉密信息被泄露或被利用，往往会给客户造成损失。因此，许多国家规定，在公众领域执业的注册会计师，在没有取得客户同意的情况下，不能泄露任何客户的涉密信息。

保密原则要求注册会计师对在职业活动中获知的涉密信息予以保密，不得有下列行为：

①未经客户授权或法律法规允许向会计师事务所以外的第三方披露其所获知的涉密信息；

②利用所获知的涉密信息为自己或第三方谋取利益。

注册会计师在社会交往中应当履行保密义务，应当警惕无意泄密的可能性，特别是警惕无意中向近亲属或关系密切的人员泄密的可能性。近亲属是指配偶、父母、子女、兄弟姐妹、祖父母、外祖父母、孙子女和外孙子女等。

另外，注册会计师应当对拟接受的客户或拟受雇的工作单位向其披露的涉密信息保密。在终止与客户或工作单位的关系之后，注册会计师仍然应当对职业关系或商业关系中获知的信息保密。如果变更工作单位或获得新客户，注册会计师可以利用以前的经验，但不得利用或披露以前职业活动中获知的涉密信息。注册会计师应当明确在会计师事务所内部保密的必要性，采取有效措施，确保其下级员工以及为其提供建议和帮助的人员履行保密义务。

注册会计师在下列情况下可以披露涉密信息：

① 法律法规允许披露，并且取得客户或工作单位的授权；

② 根据法律法规的要求，为法律诉讼、仲裁准备文件或提供证据，以及向有关监管机构报告发现的违法行为；

③ 在法律法规允许的情况下，在法律诉讼、仲裁中维护自己的合法权益；

④ 接受注册会计师协会或监管机构的执业质量检查，答复其询问和调查；

⑤ 法律法规、执业准则和职业道德规范规定的其他情形。

（6）良好的职业行为。

注册会计师应当遵守相关法律法规，避免发生任何损害职业声誉的行为。注册会计师在向公众传递信息以及推介自己和工作时，应当客观、真实、得体，不得损害职业形象。

注册会计师应当诚实、实事求是，不得有下列行为：

① 夸大宣传提供的服务、拥有的资质或获得的经验；

② 贬低或无根据地比较其他注册会计师的工作。

## 2.2 琼民源公司审计案

### 案例背景

**琼民源公司审计案的始末**

海南民源现代农业发展股份有限公司（以下简称"琼民源公司"），1988年7月在海口注册成立。1992年9月，在全国证券交易自动报价系统中募集法人股3 000万股，实收资本3 000万元人民币。自1993年4月该公司股票在深圳证券交易所（以下简称"深交所"）上市以来，股价表现平平，交投并不活跃。在1995年公司年报中琼民源股票每股收益不足1厘，年报公布日期股价仅为3.65元。从1996年7月1日起，琼民源股价以4.45元起步，在短短几个月内股价已蹿升至20元，翻了数倍，成了1996年中国股市神话中的一匹"大黑马"。1997年1月22日，琼民源公司率先公布1996年年报。年报赫然显示：琼民源公司1996年每股收益0.867元，净利润比1995年同比增长1 290.68倍，分配方案为每10股转送9.8股。年报一公布，琼民源股价便赫然飙升至26.18元，在股市掀起了一阵不小的波动，有人为买入琼民源股票而欢呼，有人为错失良机而顿足，还有些人则疑惑：短短一年内有如此骄人的业绩，琼民源公司的利润从何而来？

为了消除股民的疑惑，坚定投资者的信心，琼民源公司两次登报声明，进一步说明公司年报的正确性。对琼民源公司年报进行审计、发表无保留意见的海南中华会计师事务所竟公开站出来，在媒体上表示报表的真实性不容置疑。公司和事务所的"声明"使股市得到了暂时的平静。然而，经过1997年2月28日罕见的巨大的成交量之后，深交所突然宣布：琼民源公司于1997年3月1日起停牌。

**琼民源公司审计案的审计与查处**

在短短一年内有如此骄人的业绩，琼民源公司的利润从何而来？1996年下半年，民源海南公司（琼民源控股公司）与深圳有色金属财务公司（琼民源股东财务顾问）联手炒作琼民源股票，先大量买进琼民源股票，再以虚构的利润抛出"利好消息"使股价大幅上升，然后伺机大量抛出，牟取暴利。某些媒体对琼民源公司的业绩大加渲染，致使众多投资者在不明真相的情况下盲目跟进。在这次操纵股市的违法行为中，这两家公司分别非法获利6 651万元和6 630万元。

1995年，琼民源公司的利润为67万元，资本公积金为44 617万元，而到了1996年，琼民源公司利润为57 093万元，资本公积金为110 351万元。对于利润的这种超常增长，公司解释为"公司投资北京的战略决策获得巨大成功，开启和培育了公司获得高收益的新利润增长点，使公司今后稳健、持续地获得利润有了可靠的保证。"这种含糊其词的解释实在难以让人信服。至于"资本公积金增加的原因可参阅对本期数与上期数比较超过30%的解释"在第11项"对本期数与上期数比较变化"的解释中，却只字不提资本公积金。实际情况是，在1996年利润总额5.7亿元中有5.4亿元是虚构出来的，是琼民源公司在未取得土地使用权的情况下，通过与关联企业（香港冠联置业）及其他公司签订的在未经国家有关部门批准立项和确认的情况下对四个投资项目的资产进行评估而产生的。

1998年4月29日，中国证监会公布了以下处罚决定。

（1）将琼民源公司原董事长兼总经理马玉和等人移交司法机关，依法追究刑事责任，并对琼民源公司做出警告处分。

（2）建议由琼民源公司的控股股东民源海南公司的主管部门成立清理整顿小组，负责处理琼民源公司的日常工作，并依法召开琼民源公司临时股东大会，选举新的董事会。在新的董事会对已公布的虚假财务报表进行更正并披露后，依照有关规定向深交所申请复牌。

（3）建议有关主管部门撤销直接为琼民源公司进行审计的海南中华会计师事务所的营业执照，吊销其主要负责人的注册会计师资格证书。对签字注册会计师暂停其从事证券业务资格3年。对直接为琼民源公司进行资产评估的海南大正会计师事务所罚款30万元，暂停其从事证券相关资产评估业务资格6个月，对负有直接责任的注册会计师暂停其从事证券业务资格3年。

（4）对琼民源公司和深圳有色金属财务公司分别给予警告、没收非法所得6 651万元和6 630万元，并各罚款200万元的处分。建议有关部门对深圳有色金属财务公司的主要负责人和直接负责人给予行政处分。

1998年11月12日，北京市第一中级人民法院对琼民源公司审计案做出一审判决。法院判定琼民源公司原董事长兼总经理马玉和犯有提供虚假财务会计报告罪，判处有期徒刑3年；判定琼民源公司聘用的会计班文绍犯有提供虚假财务报告罪，判处有期徒刑2年，缓刑2年。

（参考资料：杨庆才. 审计案例分析. 北京：首都经济贸易大学出版社，2003）

## 案例提示

（1）案件对规范上市公司信息披露与审计、强化人们的法律意识有哪些作用？
（2）注册会计师应如何避免审计失败？
（3）防范审计法律责任风险的措施有哪些？

## 案例分析

（1）琼民源公司审计案涉及的会计师事务所不仅没有保持应有的职业谨慎，还为公司管理层的违法行为推波助澜，理应受重罚；而负有直接责任的注册会计师、公司经理和会计人员是我国实施《会计法》及新《刑法》以来第一批因为会计工作上的故意或过失而承担法律责任的人。琼民源公司审计案，使人们真正明白了什么是会计的法律责任，什么是审计的法律责任，这对规范上市公司信息披露与审计、强化人们的法律意识有重大的触动作用，意义深远。

（2）按照注册会计师职业准则的规定，对会计报表进行审计时，除了采用一般的检查、盘点、函证等取证方法，最常用的是分析性复核程序，即通过对被审计单位会计报表重要项目的各种数据进行比较分析，来检查报表项目中是否有异常现象。一旦出现异常变动情况，注册会计师必须追踪审核，并掌握异常变动的根本原因。在本案中，如果海南中华会计师事务所的注册会计师能遵守执业准则，或认真检查资本公积金增加的相关会计记录和原始凭证，审核资产评估是否经有关部门批准，估价方法是否合规，然后再发表有关声明，那么，就不会出现审计失败。

（3）防范审计法律责任风险的措施：①明确被审计单位的责任和审计组织的责任；②严

格遵循职业道德规范和执业准则；③聘请专家和法律顾问；④深入了解被审计单位的情况；⑤为审计人员提供充分的职业培训和职业咨询；⑥建立审计质量控制制度。

### 案例小结

（1）审计法律责任的种类。

① 行政责任。

行政责任是注册会计师或会计师事务所在提供专业服务时，由于违反了法律、职业规范或其他规章制度而由政府主管机关和职业协会等机构给予的行政处罚。行政处罚对注册会计师个人而言包括警告、暂停执业、吊销注册会计师证书；对会计师事务所而言包括警告、没收违法所得、罚款、暂停执业、撤销等。

② 民事责任。

民事责任是指注册会计师、会计师事务所对由于自己违反合同或民事侵权行为所引起的法律后果依法应承担的法律责任。责任形式主要表现为赔偿受害人经济损失。

③ 刑事责任。

刑事责任是指注册会计师由于重大过失或欺诈行为违反了刑法所应承担的法律责任。责任形式包括罚金、拘役、有期徒刑。

（2）避免法律诉讼的具体措施。

① 严格遵守职业道德和专业标准的要求。

我们不能苛求注册会计师对于会计报表中的所有错报事项都要承担法律责任，注册会计师是否应承担法律责任，关键在于注册会计师是否有过失或欺诈行为。而判别注册会计师是否具有过失的关键在于注册会计师是否遵守专业标准的要求执业。因此，保持良好的职业道德，严格遵守专业标准的要求执行业务、出具报告，对于避免法律诉讼或在提起的诉讼中保护注册会计师具有无比的重要性。

② 建立、健全会计师事务所质量控制制度。

会计师事务所不同于一般的公司、企业，质量管理是会计师事务所各项管理工作的核心和关键。如果一个会计师事务所质量管理不严，很有可能因某个人或某个部门的原因导致整个会计师事务所遭受灭顶之灾。因此，会计师事务所必须建立、健全一套严密、科学的内部质量控制制度，并把这套制度推行到每个人、每个部门和每项业务，保证注册会计师按照专业标准的要求执业，保证整个会计师事务所的质量。

③ 与委托人签订业务约定书。

审计业务约定书是指会计师事务所与委托人共同签署的、以此确定审计业务的委托与受托关系，明确委托目的、审计范围及双方应负责任等事项的书面文件。业务约定书具有法律效力，它是确定注册会计师和委托人责任的一个重要文件。注册会计师在执行审计业务之前必须由会计师事务所与委托人签订审计业务约定书，这样才能在发生法律诉讼时将一切口舌争辩减少到最低限度。

④ 审慎选择被审计单位。

注册会计师如欲避免法律诉讼，就必须慎重地选择被审计单位。一是要选择正直的被审计单位。如果被审计单位对其顾客、职工、政府部门或其他方面没有正直的品格，也必然会蒙骗注册会计师，使注册会计师落入他们设定的圈套。会计师事务所在接受一个新客户前应对其各个方面进行认真的评价；对于老客户应定期进行再评价。这些评价的目的是：确定可能涉及执业责任的相关风险；确定会计师事务所是否具有专业胜任能力；避免潜在的利益冲突。二是对陷入财务或法律困境的被审计单位要尤为注意。中外历史上绝大部分涉及注册会计师的诉讼案都集中在宣告破产的被审计单位。周转不灵或面临破产的公司的股东或债权人总想为他们的损失寻找替罪羊，注册会计师应深入了解被审计单位的业务，从经营风险、财务风险、行业风险等若干方面多角度、全方位地审视企业，对那些已经陷入财务困境的被审计单位要特别注意。

⑤ 深入了解被审计单位的业务。

在很多案件中，注册会计师之所以未能发现问题，一个重要的原因就是他们不了解被审计单位所在行业的情况及被审计单位的业务。会计是经济活动的综合反映，如果不熟悉被审计单位的经济业务和生产经营业务，仅局限于有关的会计资料，就可能发现不了某些问题。

⑥ 提取风险基金或购买责任保险。

在西方国家，投保充分的责任保险是会计师事务所的一项极为重要的保护措施。尽管保险不能免除可能受到的法律诉讼，但能防止或减少诉讼失败时会计师事务所发生的财务损失。我国《注册会计师法》也规定了会计师事务所应当按规定建立职业风险基金，办理职业保险。

⑦ 聘请熟悉注册会计师法律责任的律师。

注册会计师从事的业务有其专业性，一般的法律工作者在不了解业务特性的情况下，很难做出有力的辩护。会计师事务所有条件的话，应尽可能聘请精通其业务的律师。在执业过程中如遇重大法律问题，注册会计师应同本所的律师或外聘律师详细讨论所有潜在的危险情况，并仔细考虑律师的建议。一旦发生法律诉讼，也应聘请有经验的律师参与诉讼。

# 第3章

# 承接审计业务和风险评估

## 3.1 立承会计师事务所承接审计业务案例

### 案例背景

立承会计师事务所有限责任公司（以下简称"立承会计师事务所"）是国内大型会计师事务所，现有从业人员336人，其中注册会计师169人，注册资产评估师、注册工程造价师、高级咨询顾问、注册税务师共86人，平均年龄36岁。1993年，经财政部和中国证券监督管理委员会批准，授予该所执行证券期货相关业务评估资格；1994年，经财政部和中国证券监督管理委员会批准，授予该所执行证券业务资产评估资格；2000年，经中国人民银行总行和财政部批准，该所首批获得从事金融相关业务评估资格；经最高人民法院批准，该所可以执行司法审计（证券）鉴定和司法资产评估鉴定；经财政部批准，该所具有国有特大型企业审计资格。立承会计师事务所是中国为数不多的同时具备以上多种执业资格的综合性会计师事务所。该所依法承办审计、资产评估、工程造价咨询、投融资策划、税务筹划、管理咨询、公司清算、财会培训等业务。

现有LH股份有限公司（上市公司，以下简称"LH公司"）连续委托立承会计师事务所进行2018年度财务报表审计。

**1. 初步了解和评价客户**

LH公司开发和生产日用化学制品及原/辅材料、清洁制品、卫生制品、消毒制品、洗涤用品、口腔卫生用品、纸制品及湿纸巾、蜡制品、驱杀昆虫制品和驱杀昆虫用电器装置，销售公司自产产品，从事货物及技术的进出口业务。其产品主要用于星级酒店、宾馆和大型饭店。LH公司除在北京、上海直接向终端客户销售外，在其他地区均向省级或市级经销商销售。

2016年是LH公司实现业务恢复性增长的第三年。在销售收入增长方面，公司通过合理有效地分配和使用营销资源、成功推广新产品、积极扩大已有销售渠道、持续加大销售网络拓展力度等措施，取得了不俗的成绩。在公司销售毛利提高方面，公司通过改善产品结构（扩大高毛利产品的销售规模），开展针对重点产品的降低成本项目，加上采取其他精益化管理措施，不仅顶住了原材料涨价等成本上升压力，而且使2018年毛利率水平有所提升。公司提供的财务报表显示：2018年销售收入为100 655 260元，比上一年增长18%（董事会制定的当年预算目标是增长15%）。

通过对主要业务流程的风险评估和基于以前年度对该公司的了解和经验，以及本年度对该公司环境、经营状况、内部控制、相关财务指标等的初步了解和评价，注册会计师给出了承接业务的风险初步评价，如表3-1所示，决定接受该项审计业务委托。

表3-1 承接业务的风险初步评价表

被审计单位名称： LH公司　编制： 李新　日期： 2018年11月5日　索引号： PGFX-1
内容： 承接业务的风险初步评价　复核： 李章　日期： 2018年11月6日　页码： 1/1
会计期间： 2018年1月1日—2018年12月31日

| 项目 | | 说明 | 风险评估 |
| --- | --- | --- | --- |
| 被审计单位LH公司 | 委托原因 | 法律法规规定 | 中等 |
| | 审计内容 | LH公司2018年度财务报表 | 中等 |
| | 行业环境 | 同行业竞争激烈，LH公司的竞争优势一般 | 中等 |
| | 公司背景 | LH公司是1981年成立的大型国有企业，1996年股份制改造之后上市，下设4个控股子公司 | 较低 |
| | 产品销售情况 | LH公司开发和生产日用化学制品及原/辅材料、清洁用品、卫生制品、消毒制品、洗涤用品、口腔卫生用品等，销售公司自产产品，从事货物及技术的进出口业务 | 中等 |
| | 以前会计期间是否经过审计及审计意见类型 | 连续委托立承会计师事务所进行审计，一直出具无保留意见审计报告 | 较低 |
| | 是否连续亏损 | 近三年经审计确认的净利润逐年稳步增长 | 较低 |
| | 资产负债率 | 近三年资产负债率在60%左右 | 中等 |
| | 内部控制制度 | 比较健全 | 中等 |
| | 有无潜在亏损因素 | 无 | 较低 |
| 会计师事务所及其注册会计师 | 独立性 | 在实质上和形式上均独立于客户 | 较低 |
| | 胜任能力 | 有专业胜任能力，经常进行业务培训 | 较低 |
| | 是否向客户提供了其他服务 | 无 | 较低 |
| | 是否具有充足的时间和人力执行该业务 | 有充足的审计人员和时间保证 | 较低 |
| 评价结论： 审计风险中等偏下，在会计师事务所可以接受范围之内，可以接受委托 | | | |

**2. 执行初步业务活动**

立承会计师事务所按照《中国注册会计师审计准则第1201号——计划审计工作》第六条的要求，对LH公司执行初步业务活动。

第一，按照《中国注册会计师审计准则第1121号——对财务报表审计实施的质量控制》的规定，针对保持客户关系和具体审计业务，实施相应的质量控制程序，主要对被审计单位的主要股东、关键管理人员和治理层是否诚信进行了评价，认为其诚信度是可以接受的。

第二，按照《中国注册会计师审计准则第1121号——对财务报表审计实施的质量控制》的规定，评价遵守相关职业道德要求（包括评价遵守独立性要求）的情况，主要对会计师事务所和签字注册会计师的独立性、胜任能力和时间精力进行评价，认为独立性、专业胜任能力等均符合职业道德要求。

第三，按照《中国注册会计师审计准则第1111号——就审计业务约定条款达成一致意见》的规定，就审计业务约定条款与被审计单位达成一致意见，签订了审计业务约定书。

**3. 签订审计业务约定书**

审计业务约定书是指会计师事务所与被审计单位签订的，用以记录和确认审计业务的委托与受托关系、审计目标和范围、双方的责任，以及报告的格式等事项的书面协议。审计业务约定书具有经济合同的性质,一经约定双方签字认可,即具有法定约束力。签署审计业务约定书的目的是为了约定签约双方的责任与义务,促使双方遵守约定事项并加强合作,以保护会计师事务所与被审计单位的利益。

在注册会计师的审计实践中,审计业务约定书的作用主要表现为:可以增进会计师事务所与被审计单位之间的相互配合;可以作为被审计单位鉴定审计业务完成情况,以及会计师事务所检查被审计单位约定义务履行情况的依据;避免双方对业务的理解产生分歧;在出现法律诉讼时,是确定会计师事务所与被审计单位双方应负责任的重要依据。审计业务约定书一经签订,如果没有合理理由,注册会计师不应变更该业务的类型。

---

**审计业务约定书**

编号:

甲方:LH 股份有限公司
乙方:立承会计师事务所有限责任公司
兹由甲方委托乙方对 2018 年度财务报表进行审计,经双方协商,达成以下约定。
一、审计的目标和范围
1. 乙方接受甲方委托,对甲方按照企业会计准则编制的 2018 年 12 月 31 日的资产负债表、2018 年度的利润表、所有者权益变动表和现金流量表,以及财务报表附注(以下统称财务报表)进行审计。
2. 乙方通过执行审计工作,对财务报表的下列方面发表审计意见:(1)财务报表是否在所有重大方面均按照《企业会计准则》的规定编制;(2)财务报表是否在所有重大方面公允反映了甲方 2018 年 12 月 31 日的财务状况,以及 2018 年度的经营成果和现金流量。
二、甲方的责任
1. 根据《中华人民共和国会计法》及《企业财务会计报告条例》,甲方及甲方负责人有责任保证会计资料的真实性和完整性。因此,甲方管理层有责任妥善保存和提供会计记录(包括但不限于会计凭证、会计账簿及其他会计资料),这些记录必须真实、完整地反映甲方的财务状况、经营成果和现金流量。
2. 按照《企业会计准则》的规定编制和公允列报财务报表是甲方管理层的责任,这种责任包括:(1)按照企业会计准则的规定编制财务报表,并使其实现公允反映;(2)设计、执行和维护必要的内部控制,以使财务报表不存在由于舞弊或错误而导致的重大错报。
3. 及时为乙方的审计工作提供与审计有关的所有记录、文件和所需的其他信息(在 2019 年 1 月 16 日之前提供审计所需的全部资料,如果在审计过程中需要补充资料,也应及时提供),并保证所提供资料的真实性和完整性。
4. 确保乙方不受限制地接触其认为必要的甲方内部人员和其他相关人员。
5. 甲方管理层对其做出的与审计有关的声明予以书面确认。
6. 为乙方派出的有关工作人员提供必要的工作条件和协助,乙方将于外勤工作开始前提供主要事项清单。
7. 按照本约定书的约定及时足额支付审计费用,以及乙方人员在审计期间的交通、食宿和其他相关费用。

8. 乙方的审计不能减轻甲方管理层的责任。

三、乙方的责任

1. 乙方的责任是在实施审计工作的基础上对甲方财务报表发表审计意见。乙方根据《中国注册会计师审计准则》（以下简称"审计准则"）的规定执行审计工作。审计准则要求注册会计师遵守中国注册会计师职业道德守则，计划和执行审计工作以对财务报表是否不存在重大错报获取合理保证。

2. 审计工作涉及实施审计程序，以获取有关财务报表金额和披露的审计证据。选择的审计程序取决于乙方的判断，包括对由于舞弊或错误导致的财务报表重大错报风险的评估。在进行风险评估时，乙方考虑与财务报表编制和公允列报相关的内部控制，以设计恰当的审计程序，但目的并非对内部控制的有效性发表意见。审计工作还包括评价管理层选用会计政策的恰当性和做出会计估计的合理性，以及评价财务报表的总体列报。

3. 由于审计和内部控制的固有限制，即使按照审计准则的规定适当地计划和执行审计工作，仍不可避免地存在财务报表的某些重大错报可能未被乙方发现的风险。

4. 在审计过程中，乙方若发现甲方存在乙方认为值得关注的内部控制缺陷，应以书面形式向甲方治理层或管理层通报。但乙方通报的各种事项，并不代表已全面说明所有可能存在的缺陷或已提出所有可行的改进建议。甲方在实施乙方提出的改进建议前应全面评估其影响。未经乙方书面许可，甲方不得向任何第三方提供乙方出具的沟通文件。

5. 乙方应按照约定时间完成审计工作，出具审计报告。乙方应于2019年4月30日前出具审计报告。

6. 除下列情况外，乙方应当对执行业务过程中知悉的甲方信息予以保密：（1）法律法规允许披露，且取得甲方的授权；（2）根据法律法规的要求，为法律诉讼准备文件或提供证据，以及向监管机构报告发现的违法行为；（3）在法律法规允许的情况下，在法律诉讼、仲裁中维护自己的合法权益；（4）接受注册会计师协会或监管机构的执业质量检查、答复其询问和调查；（5）法律法规、执业准则和职业道德规范规定的其他情形。

四、审计收费

1. 本次审计服务的收费是以乙方各级别工作人员在本次工作中所耗费的时间为基础计算的。乙方预计本次审计服务的费用总额为人民币贰佰万元。

2. 甲方应于本约定书签署之日起五日内支付50%的审计费用，其余款项于提交审计报告时结清。

3. 如果由于无法预见的原因，致使乙方从事本约定书所涉及的审计服务实际时间较本约定书签订时预计的时间有明显的增加或减少时，甲、乙双方应通过协商，相应调整本部分第1段所述的审计费用。

4. 如果由于无法预见的原因，致使乙方人员抵达甲方的工作现场后，本约定书所涉及的审计服务中止，甲方不得要求退还预付的审计费用；如上述情况发生于乙方人员完成现场审计工作，并离开甲方的工作现场之后，甲方应向乙方支付人民币叁拾万元的补偿费，该补偿费应于甲方收到乙方的收款通知之日起五日内支付。

5. 与本次审计有关的其他费用（包括交通费、食宿费、询证费等）由甲方承担。

五、审计报告和审计报告的使用
1. 乙方按中国注册会计师审计准则规定的格式和类型出具报告。
2. 乙方向甲方致送审计报告一式五份。
3. 甲方在提交或对外公布乙方出具的审计报告及其后附的已审计财务报表时，不得对其进行修改。当甲方认为有必要修改会计数据、报表附注和所做的说明时，应当事先通知乙方，乙方将考虑有关的修改对审计报告的影响，必要时将重新出具审计报告。

六、本约定书的有效期间
本约定书自签署之日起生效，并在双方履行完毕本约定书约定的所有义务后终止。但其中第三项的第六段和第四、五、七、八、九、十项并不因本约定书的终止而失效。

七、约定事项的变更
如果出现不可预见的情况，影响审计工作如期完成，或需要提前出具审计报告，甲、乙双方均可要求变更约定事项，但应及时通知对方，并由双方协商解决。

八、终止条款
1. 如果根据乙方的职业道德及其他有关专业职责、适用的法律法规或其他任何法定的要求，乙方认为已不适宜继续为甲方提供本约定书约定的审计服务时，乙方可以采取向甲方提出合理通知的方式终止履行本约定书。
2. 在本约定书终止的情况下，乙方有权就其于终止日前对约定的审计服务项目所做的工作收取合理的费用。

九、违约责任
甲、乙双方按照《中华人民共和国合同法》的规定承担违约责任。

十、适用法律和争议解决
本约定书的所有方面均应适用中华人民共和国法律进行解释并受其约束。本约定书履行地为乙方出具审计报告所在地，因本约定书所引起的或与本约定书有关的任何纠纷或争议（包括关于本约定书条款的存在、效力或终止，或无效之后果），双方可以选择以下某种解决方式：
（1）向有管辖权的人民法院提起诉讼；
（2）提交北京市仲裁委员会进行仲裁。

十一、双方对其他有关事项的约定
本约定书一式两份，甲、乙双方各执一份，具有同等法律效力。

十二、双方对其他有关事项的约定
无。

甲方：LH股份有限公司　　　　　　乙方：立承会计师事务所有限责任公司

（盖章）　　　　　　　　　　　　（盖章）
法定代表人：贾明智　　　　　　　法定代表人：艾叶武
（或授权代表）：　　　　　　　　（或授权代表）：

2018年11月1日　　　　　　　　　2018年11月1日

**4. 确定审计组成员**

会计师事务所通常根据审计项目类别分配审计任务给相应的审计部门，由部门经理确定审计项目负责人，审计项目负责人根据审计项目的特点和审计报告的时间要求挑选项目组成员，并保持合理的知识结构和年龄结构。对 LH 公司的审计由注册会计师李新负责，李新确定的项目组成员如下：

审计负责人：李新；

审计项目组成员：李童、辛酷、杜丽、严肃、石娜、吕蒙。

## 案例提示

（1）立承会计师事务所在承接 LH 公司业务委托前，应当如何进行初步了解和评估？

（2）在承接客户业务委托时，注册会计师应当关注的履约风险及其原因有哪些？

## 案例分析

（1）在承接 LH 公司业务委托前，注册会计师应当初步了解和评估以下因素，以决定是否承接业务，并初步了解和评价风险。

① 注册会计师可控因素。a.专业知识和人员配备：会计师事务所的员工是否具备或能够获取必要的专业知识，可以按照职业准则及时完成审计任务。b.独立性：会计师事务所是否独立于客户，能够提供无偏见的结论。

② 注册会计师必须加以评估的因素。a.诚信：公司管理层的诚信是否足以让事务所有理由相信管理层不会有意进行重大欺诈或做出违法行为。b.声誉和形象：公司的声誉是否良好，会计师事务所接受其作为客户是否会给事务所带来损失或麻烦。c.会计实务：公司是否积极遵守会计准则，其财务报表是否能全面、公允地反映公司的财务状况及经营业绩。d.财务状况：公司是否存在极糟的业绩或其他负面因素导致其近期面临停业的危险。e.盈利情况：接受并完成这项审计业务约定是否能给事务所带来合理的利润。

（2）在承接客户业务委托时，注册会计师应当关注的履约风险包括以下几方面。

① 被起诉。如果会计师事务所因为客户破产、存在舞弊或者违法行为而被起诉，那么即便打赢了这场官司也极有可能遭受损失。因为在很多情况下，会计师事务所虽然胜诉了，但它因诉讼而花费的成本会比承接该审计业务所获得的收入要多。

② 职业名誉的损失。如果会计师事务所与一家声名狼藉的客户合作，那么它很可能失去一些潜在的名誉较好的客户，因为这些客户通常会认为与声名败坏的公司有联系的会计师事务所很可能有不诚信嫌疑。

③ 缺乏盈利性。在审计业务完成时，会计师事务所可能会发现它所获得的收入尚不足以弥补服务成本，而客户也不愿意再多掏钱。事实上，除非存在一个很好的继续合作的理由，否则会计师事务所是不会承接没有盈利的业务的。

## 案例小结

立承会计师事务所承接 LH 公司财务报表审计业务的基本工作思路是：在初步了解和评估客户的基础上，注册会计师进行了承接业务风险初步评价，决定接受该项审计业务委托；然后进行初步业务活动，签订审计业务约定书；最后确定项目组成员。

本案例的关键点在于审计业务承揽。会计师事务所应当制定有关客户关系和具体业务接受与保持的政策和程序，以合理保证只有在下列情况下，才能接受或保持客户关系和具体业务：①能够胜任该项业务，并具有执行该项业务必需的素质、时间和资源；②能够遵守相关职业道德要求；③已考虑客户的诚信，没有信息表明客户缺乏诚信。

## 3.2　诚信会计师事务所承接审计业务案例

### 案例背景

诚信会计师事务所是一家大型会计师事务所，现有从业人员218人，其中注册会计师98人，注册税务师、注册资产评估师、注册工程造价师、高级咨询顾问共42人。现有刚上市公司联合实业股份有限公司（以下简称"联合实业"）首次委托诚信会计师事务所进行2018年度财务报表审计。联合实业是从事房地产开发业务的上市公司，位于一线城市，公司财务报表显示，2018年度销售收入18 025 191 494元，比上一年降低5%，实现盈利1 333 459 345元。虽然二、三线城市房地产销售不景气，但一线城市住房需求还是持续不减，公司预计未来5年住房需求量也不会大幅度下降。

2018年12月，审计项目组成员李俊通过银行贷款以800万元购买了联合实业出售的商品房一套。

### 案例提示

（1）诚信会计师事务所从自身角度考虑是否承接联合实业的审计业务时应考虑哪些因素？

（2）诚信会计师事务所从联合实业的角度考虑是否承接该公司的审计业务时应考虑哪些因素？

（3）会计师事务所拟承接联合实业的审计业务时还应该考虑哪些因素？

### 案例分析

（1）诚信会计师事务所从自身角度考虑是否承接联合实业的审计业务时应考虑以下因素。

① 会计师事务所的专业知识和人员配备：由于该会计师事务所拥有98个注册会计师，还有注册工程造价师，因此不存在专业知识不足的障碍，可以胜任房地产开发企业的财务报表审计工作，风险程度较低。

② 会计师事务所的独立性：由于项目组成员李俊以800万元购买了联合实业出售的商品房，金额较大，因此李俊与被审计公司不具有独立性，风险程度较高。

（2）诚信会计师事务所从联合实业的角度考虑是否承接该公司的审计业务时应考虑以下因素。

① 联合实业的诚信状况：联合实业是ABC会计师事务所的老客户，诚信状况一直很好，风险程度较低。

② 联合实业的声誉及形象：联合实业为上市公司，声誉良好，风险程度较低。

③ 联合实业的获利情况：虽然公司2018年销售收入有所下降，但下降幅度较小，盈利能力在同行业中处于比较领先的位置，风险程度较低。

④ 联合实业所在行业环境：同行业竞争激烈，联合实业竞争优势一般，风险程度中等。

（3）以上分析得出审计风险中等偏下的结论，会计师事务所可以考虑接受该业务委托，同时注册会计师李俊应当回避，不能参与此审计项目。除考虑以上情况外，若会计师事务所与联合实业就审计收费问题达成一致意见，则会计师事务所可以承接该审计业务，若不能达成一致意见，则不能承接该项业务。

诚信会计师事务所形成的工作底稿如表3-2所示。

表 3-2　业务承接评价表

| 被审计单位： 联合实业股份有限公司 | 索引号： Z2-5-1 |
|---|---|
| 项目： 承接业务评价 | 所审计会计期间：2018年1月1日—12月31日 |
| 编制： 刘明 | 复核： 王芳 |
| 日期： 2019年1月5日 | 日期： 2019年1月7日 |

一、业务承接评价的内容

在承接新业务时应根据对被审计单位及其环境的初步了解，考虑下列情况：

1. 初步判断客户的诚信、经营风险、财务状况（根据需要将客户基本情况表作为附件）；
2. 考虑项目组的时间和资源、独立性、专业胜任能力及道德上的考虑等情况。

二、业务承接评价具体内容

| 项目 | 是/否/不适用 | 索引号 |
|---|---|---|
| **1. 客户的诚信** | | |
| （1）基于所获得的信息（通过直接或间接联系），是否对客户主要股东、关键管理人员及治理层的正直或诚信感到怀疑？ | 否 | BYW-001 |
| （2）考虑客户的经营性质，是否使客户诚信度降低？ | 否 | BYW-002 |
| （3）客户主要股东、关键管理人员及治理层对内部控制环境和会计准则等是否重视？ | 是 | BYW-003 |
| （4）客户是否过分考虑将会计师事务所的收费维持在尽可能低的水平？ | 否 | BYW-004 |
| （5）是否存在工作范围受到不适当限制的迹象？ | 否 | BYW-005 |
| （6）客户或其任何高级管理人员是否正在受到任何司法调查？（如客户正接受调查，则必须咨询专业人士） | 否 | BYW-006 |
| （7）客户的管理层是否曾表示与前任注册会计师有意见分歧或未解决事项？ | 不适用 | / |
| （8）是否有迹象表明客户可能曾从事舞弊或非法行为？ | 否 | BYW-007 |
| （9）客户所属的行业是否曾有过舞弊或非法行为的曝光？ | 否 | BYW-008 |
| （10）是否有迹象表明客户从事洗钱活动，或客户所属行业曾有过洗钱活动的曝光？ | 否 | BYW-009 |
| （11）客户更换注册会计师的原因，是否足以让会计师事务所考虑拒绝承接该项业务？ | 不适用 | / |
| （12）在询问前任注册会计师后，会计师事务所是否有理由拒绝承接该项业务？ | 不适用 | / |
| （13）经过咨询，前任注册会计师是否对客户管理层的正直及专业技术持怀疑态度？ | 不适用 | / |

续表

| 项目 | 是/否/不适用 | 索引号 |
|---|---|---|
| （14）客户的管理层与前任注册会计师之间是否存在未解决的问题或争执？ | 不适用 | / |
| （15）与前任注册会计师沟通时，是否发现对客户某种程度上的可疑事项？ | 不适用 | / |
| （16）关键管理人员是否频繁更换？ | 否 | BYW-010 |
| 经初步评价客户的诚信，我们认为客户的风险级别为（高/中/低） | 低 | |
| **2. 客户的经营风险** | | |
| （1）行业内类似企业的经营业绩是否出现较大的变化？ | 否 | BYW-010 |
| （2）法律环境是否有不利于客户发展的方面？（如果有请大致列示） | 否 | BYW-011 |
| （3）监管环境是否有不利于客户发展的方面？（如果有请大致列示） | 否 | BYW-012 |
| （4）国家宏观政策的调控是否对客户产生较大的影响？（如果有请大致列示） | 否 | BYW-013 |
| （5）是否涉及重大法律诉讼或调查？ | 否 | BYW-014 |
| （6）是否计划或有可能进行合并或处置资产？ | 否 | BYW-015 |
| （7）客户是否依赖主要客户（来自该客户的收入占全部收入的大部分）或主要供应商（来自该供应商的采购占全部采购的大部分）？ | 否 | BYW-016 |
| （8）管理层是否倾向于不可控的风险？ | 否 | BYW-017 |
| （9）关键管理人员的薪酬是否基于客户的经营状况确定？ | 是 | BYW-018 |
| （10）管理层是否在达到财务目标或降低所得税方面承受不恰当的压力？ | 否 | BYW-019 |
| 经初步评价客户的经营风险，我们认为客户的风险级别为（高/中/低） | 低 | |
| **3. 客户的财务状况** | | |
| （1）现金流量或营运资金是否能够满足经营、债务偿付及分发股利的需要？ | 是 | BYW-020 |
| （2）是否存在对发行新债务和权益的重大需求？ | 否 | BYW-021 |
| （3）贷款是否延期未清偿，或存在违反贷款协议条款的情况？ | 否 | BYW-022 |
| （4）最近几年销售、毛利率或收入是否存在恶化的趋势？ | 否 | BYW-023 |
| （5）是否涉及重大关联方交易？ | 否 | BYW-024 |
| （6）是否存在复杂的会计处理问题？ | 是 | BYW-025 |
| （7）客户融资后，其财务比率是否恰好达到发行新债务或权益的最低要求？ | 不适用 | / |
| （8）是否使用衍生金融工具？ | 是 | BYW-026 |
| （9）是否经常在年末或临近年末发生重大异常交易？ | 否 | BYW-027 |
| （10）根据初步调查，客户的财务状况及其短、中期之内持续经营的能力，是否有需要留意的事项？ | 否 | BYW-028 |
| 经初步评价客户的财务状况，我们认为客户的风险级别为（高/中/低） | 中 | |
| **4. 项目组的时间和资源** | | BYW-029 |
| （1）是否担心有意参与的合伙人及团队未拥有客户所属行业或者技术上的足够知识？ | 否 | BYW-030 |
| （2）就取得足够的费用以支付预估的工时及相关的费用而言，是否存在任何问题或疑虑？ | 否 | BYW-031 |

第 3 章 承接审计业务和风险评估 29

续表

| 项目 | 是/否/不适用 | 索引号 |
|---|---|---|
| **5. 独立性评价** | | |
| （1）是否完成独立性评价表？ | 是 | BYW-032 |
| （2）承接此客户是否违反本会计师事务所的独立性指导方针？ | 否 | BYW-033 |
| **6. 专业胜任能力评价** | | |
| 是否完成专业胜任能力评价表？ | 是 | BYW-034 |
| **7. 道德上的考虑** | | |
| 承接此业务是否违反任何中国注册会计师执业道德规范或本会计师事务所的道德指导方针？ | 否 | BYW-035 |
| **8. 上市公司** | | |
| （1）合伙人是否具备参与审计上市公司的资格？（如不具备，需任命一位上市公司专家） | 是 | BYW-036 |
| （2）客户是否打算以会计师事务所出具的报告，在未来用于证券交易所或管理机构申请公开发行或向公开市场募集资金等事项？ | 是 | BYW-037 |
| 经初步评价项目组的时间和资源、独立性、专业胜任能力等方面情况，我们认为【具备/不具备】承接客户的条件。 | 具备 | |
| **9. 初步风险评估** | | |
| 是否完成初步风险评估问卷？ | 是 | BYW-038 |
| **10. 预计收取的费用及可回收比率** | | |
| **11. 其他方面意见** | | |
| 主管合伙人：<br>基于上述方面，我们 接受 （接受或不接受）此项业务。<br>　　　　　　　　　　　　　签名：李华　日期：2019年1月18日 | | |
| 主任会计师：<br>基于上述方面，我们 接受 （接受或不接受）此项业务。<br>　　　　　　　　　　　　　签名：张鑫　日期：2019年1月18日 | | |
| 最终结论：审计风险中等偏下，在会计师事务所可以接受的范围之内，可以接受委托。<br>　　　　　　　　　　　　　签名：李华　日期：2019年1月18日 | | |

## 案例小结

承接审计业务是会计师事务所生存和发展的基础，也是审计人员进行审计活动的第一步，其目标主要围绕两个方面来进行：一是审查目标客户，确定是否承接业务；二是说服客户聘用审计人员。虽然对于会计师事务所来讲，为了生存与发展，必须拥有一定数量的客户群，审计人员通常不会轻易拒绝目标客户，但如果与不诚实的客户合作，对于事务所来说后果将不堪设想。因此，并非只要有委托业务，会计师事务所就一定承接下来。在确定是否承接业务时，审计人员必须保持谨慎，对与缺乏诚信的客户打交道而导致的严重后果和昂贵代价保持清醒的认识，拒绝接受高风险客户。但对于一些尚未认识到审计人员能够为其提供什么服务的潜在客户，审计人员应当以自身的专业价值能够满足并超越客户期望的方案和实例，说服客户聘用审计人员，把潜在的客户转变为现实的客户。简单来讲，在考虑会计师事务所是否承接审计业务时应当从两方面分析：

（1）考察会计师事务所自身的情况，考虑其是否具有承接该审计业务的专业胜任能力和独立性；

（2）考察被审计单位的情况，考虑被审计单位管理层是否诚信，会不会有意欺诈和做出违法行为；考虑被审计单位的声誉和形象，接受其作为客户是否会使会计师事务所名誉受损；考虑被审计单位的财务状况；考虑被审计单位的盈利情况；考虑被审计单位的行业环境。

# 第4章

# 计划审计工作和风险应对

## 4.1 诚信会计师事务所计划审计工作案例

### 案例背景

诚信会计师事务所接受联合股份有限公司（以下简称"联合股份"）的委托，审计该公司 2018 年的财务报表。诚信会计师事务所已经在前期调查中取得了与该公司相关的重要资料。副主任会计师郝爱国为项目经理，注册会计师王建军为该项目的负责人，张美丽、黄中华、周清生、史民国为项目组成员。现项目组需要对获取的信息进行分析比较，以拟定总体审计策略。

对这一阶段的工作予以规范的相关审计准则主要有《中国注册会计师审计准则第 1201 号——计划审计工作》，目的在于规范注册会计师编制审计计划，及时、有效地执行审计业务。该准则规定，计划审计工作包括针对审计业务确定总体审计策略和制订具体审计计划，以将审计风险降至可接受的低水平。对这一阶段的工作予以规范的相关审计准则还有《中国注册会计师审计准则第 1313 号——分析程序》，用以规范注册会计师在财务报表审计中运用分析程序，提高审计效率，保证职业质量。该准则对分析程序的定义是：注册会计师通过研究不同财务数据之间，以及财务数据与非财务数据之间的内在关系，对财务信息做出评价。在计划审计工作阶段，注册会计师应当运用分析程序，进一步了解被审计单位的业务情况，识别潜在的风险领域。

王建军在取得相关数据的基础上，安排助理人员张美丽、黄中华对联合股份的财务报表项目进行趋势分析性测试，以便在此基础上形成具体审计策略。具体分析过程如下。

**1. 审阅财务报表，形成初步直观的总体分析**

助理人员张美丽把 2018 年的主要数据与上年的相关数据进行对比，从总体上进行分析，编制了趋势分析表，如表 4-1 和表 4-2 所示。

表 4-1 趋势分析表（1）

单位：万元

| 被审计单位名称：<br>联合股份有限公司 | 财务报表期间：<br>截至 2018 年 12 月 31 日 | 工作底稿索引号：<br>Z2-5-1 |
|---|---|---|
| 编制人及复核人员签字： | | |
| 编制人：张美丽 | 日期：2019 年 1 月 26 日 | |
| 复核人：王建军 | 日期：2019 年 1 月 31 日 | |
| 项目质量控制复核人：李明 | 日期：2019 年 2 月 1 日 | |

| 财务报表项目 | 2017年已审数（1） | 2018年未审数（2） | 增长金额（3）=（2）-（1） | 增长（4）=（3）/（1）×100% | 说明（说明栏仅分析增减比例超过10%的项目） |
|---|---|---|---|---|---|
| 营业收入 | 76 038 | 56 798 | -19 240 | -25.3% | 2018 年度未审财务报表项目与2017 年度已审财务报表项目的比较分析：<br>1. 营业收入、营业成本同比分别减少了 25.3%、27.1%，致使营业利润也减少了 19.9%，说明本年度公司产品销售情况不良，审计时应关注影响销售的因素，以及销售如何影响本年度利润的情况。<br>2. 利润总额、净利润同比分别减少了 428.1%、467.1%，说明除了要关注本年度销售对利润的影响外，还要关注其他业务利润、费用、营业外支出对本年度利润的影响<br>3. 存货余额同比减少了 16.6%，营业成本减少了 27.1%<br>4. 速动资产同比增加了 18.7%，与应收账款增加基本同步，合理<br>5. 在建工程同比减少了 43.1%，审计时要关注在建工程的减少对利润的影响 |
| 营业成本 | 59 684 | 43 524 | -16 160 | -27.1% | |
| 营业利润 | 15 370 | 12 318 | -3 052 | -19.9% | |
| 利润总额 | 620 | -2034 | -2 654 | -428.1% | |
| 净利润 | 554 | -2034 | -2 588 | -467.1% | |
| 存货 | 46 086 | 38 412 | -7 656 | -16.6% | |
| 应收账款 | 43 694 | 50 976 | 7 282 | 16.7% | |
| 速动资产 | 45 322 | 53 814 | 8 492 | 18.7% | |
| 流动资产 | 104 250 | 5 796 | 5 796 | 5.6% | |
| 流动负债 | 100 176 | 3 782 | 3 782 | 3.8% | |
| 固定资产 | 90 708 | 2 914 | 2 914 | 3.2% | |
| 在建工程 | 3 644 | -1 572 | -1 572 | -43.1% | |
| 资产总额 | 165 674 | 5 060 | 5 060 | 3.1% | |
| 负债总额 | 126 702 | 5 850 | 5 850 | 4.6% | |
| 实收资本 | 26 842 | 1 264 | 1 264 | 4.7% | |
| 资产净额 | 38 972 | -790 | -790 | -2.0% | |

**表 4-2 趋势分析表（2）**

单位：万元

| 被审计单位名称：联合股份有限公司 | 财务报表期间：截至 2018 年 12 月 31 日 | 工作底稿索引号：Z2-5-2 |
|---|---|---|

编制人及复核人员签字：

| 编制人：张美丽 | 日期：2019 年 1 月 26 日 |
|---|---|
| 复核人：王建军 | 日期：2019 年 1 月 31 日 |
| 项目质量控制复核人：李明 | 日期：2019 年 2 月 1 日 |

| 财务报表项目 | 2017年 已审数 | 所占比重 | 2018年 未审数 | 所占比重 | 增减数 |
|---|---|---|---|---|---|
| 流动资产 | 104 250 | 62.92% | 110 046 | 64.45% | 1.13% |
| 长期股权投资 | 1108 | 0.67% | 1 108 | 0.65% | -0.02% |
| 固定资产净额 | 55 714 | 33.63% | 54 716 | 32.05% | -1.58% |
| 在建工程 | 3 644 | 2.20% | 4 642 | 2.72% | 0.52% |
| 无形资产 | 958 | 0.58% | 222 | 0.13% | -0.47% |
| 资产合计 | 165 674 | 100.00% | 170 734 | 100.00% | |
| 流动负债 | 100 176 | 79.06% | 103 958 | 78.43% | -0.63% |
| 长期负债 | 26 526 | 20.94% | 28 594 | 21.57% | 0.63% |
| 负债合计 | 126 702 | 100.00% | 132 552 | 100.00% | |
| 实收资本 | 26 842 | 68.88% | 28 106 | 73.61% | 4.73% |
| 其他权益 | 12 130 | 31.12% | 10 076 | 26.39% | -4.73% |
| 权益合计 | 38 972 | 100.00% | 38 182 | 100.00% | |

说明：无重大异常变动。

## 2. 根据确定的指标和要求，完成选定的有关数据的计算

王建军认为有必要再对一些重要指标进行比较，以确认这些指标的变动是否合理，是否与在前期调查中所掌握的企业经营状况的变化情况一致。王建军安排审计人员黄中华对联合股份财务报表的主要经济指标进行计算，并与上年度相对应的数据进行对比，判断其变化内容是否在审计人员的预期之内，并得出分析结论。黄中华编制的重要比率指标趋势分析表如表 4-3 所示。

表 4-3　重要比率指标趋势分析表

| 被审计单位名称：联合股份有限公司 | 财务报表期间：截至 2018 年 12 月 31 日 | 工作底稿索引号：Z2-5-3 |
|---|---|---|

编制人及复核人员签字：

| 编制人：黄中华 | 日期：2019 年 1 月 26 日 |
|---|---|
| 复核人：王建军 | 日期：2019 年 1 月 31 日 |
| 项目质量控制复核人：李明 | 日期：2019 年 2 月 1 日 |

| 比率指标 | 2017 年 | 2018 年 | 增减数 |
|---|---|---|---|
| 偿债能力指标 | | | |
| 1.流动比率 | 1.04 | 1.06 | 1.92% |
| 2.速动比率 | 0.45 | 0.52 | 15.56% |
| 财务杠杆比率 | | | |
| 1.负债比率 | 0.76 | 0.78 | 2.63% |
| 2.资本对负债比率 | 0.2119 | 0.212 | 0.05% |
| 3.利息保障倍数 | 1.11 | 0.62 | -44.14% |
| 经营效率比率 | | | |
| 1.存货周转率 | 1.3 | 1.03 | -20.77% |
| 2.应收账款周转率 | 1.87 | 1.2 | -35.83% |
| 3.总资产周转率 | 0.47 | 0.34 | -27.66% |
| 获利能力比率 | | | |
| 1.营业利润率 | 0.008 | -0.036 | -550% |
| 2.净资产报酬率 | 0.014 | -0.053 | -478.57% |
| 3.总资产报酬率 | 0.003 | -0.012 | -500% |

说明：2018 年度未审财务报表项目与 2017 年度财务报表项目比较分析。

（1）应收账款周转率降低了 35.83%，有两方面原因：一是销售收入同比有较大幅度减少，二是平均应收账款余额有较大增加。审计时要关注销售收入和应收账款变动对企业经营的影响。

（2）利息保障倍数降低了 44.14%，经分析主要是盈亏逆转所致。审计时要关注影响亏损的因素。

（3）存货和总资产的周转率均有大幅度下降，审计时要关注影响存货、应收账款变动对企业经营的影响。

（4）获利能力比率大幅度下降，是各种影响项目综合作用的结果，审计时应注意其与其他项目之间的关系。

## 3. 根据审阅及计算结果进行分析判断，确定重要账户，完成分析性程序备忘录

王建军在复核黄中华编制的趋势分析性测试工作底稿的基础上，对以上各分析表中得出的主要结论进行汇总形成了表 4-4 所示的分析性程序情况汇总表。

表 4-4　分析性程序情况汇总表

| 被审计单位名称：<br>联合股份有限公司 | 财务报表期间：<br>截至 2018 年 12 月 31 日 | 工作底稿索引号：<br>Z2-5-4 |
|---|---|---|

编制人及复核人员签字：

| 编制人：黄中华 | 日期：2019 年 1 月 26 日 |
|---|---|
| 复核人：王建军 | 日期：2019 年 1 月 31 日 |
| 项目质量控制复核人：李明 | 日期：2019 年 2 月 1 日 |

| 测试项目 | 重要事项说明 |
|---|---|
| 趋势分析表（1） | 营业收入、营业成本同比减少了 25.3%、27.1%，致使营业利润也减少了 19.9%，说明本年度公司产品销售情况不良，审计时应该关注影响销售的因素 |
| 趋势分析表（2） | 无重大异常波动 |
| 重要比率指标趋势分析表 | 1. 利息保障倍数降低是盈亏发生逆转造成的，审计时要关注影响公司由盈利转向亏损的因素<br>2. 存货、应收账款和总资产周转率均有大幅度的下降，审计时要关注影响存货、应收账款变动对企业经营的影响<br>3. 获利能力比率大幅度下降，是各个影响项目综合作用所致，审计时应注意其与其他项目之间的关系 |
| 项目经理对测试结果进行综合分析后初步确定的审计重点领域：<br>1. 营业收入、营业成本项目<br>2. 其他业务利润、费用、营业外支出项目<br>3. 应收账款项目<br>4. 存货项目<br>5. 在建工程项目 ||

## 4. 考虑分析性结果对审计总体工作计划的影响，并在此基础上形成总体审计策略

项目负责人王建军通过以上分析，初步确定了审计重点，并结合对联合股份基本情况和内部控制制度的了解，编制出总体审计策略，如表 4-5 所示。

表 4-5　总体审计策略

| 被审计单位名称：<br>联合股份有限公司 | 财务报表期间：<br>截至 2018 年 12 月 31 日 | 工作底稿索引号：<br>Z2-5-5 |
|---|---|---|

编制人及复核人员签字：

| 编制人：张美丽 | 日期：2019 年 1 月 26 日 |
|---|---|
| 复核人：王建军 | 日期：2019 年 1 月 31 日 |
| 项目质量控制复核人：李明 | 日期：2019 年 2 月 1 日 |

（1）审计工作范围。

| 报告要求 | |
|---|---|
| 适用的财务报告准则 | 企业会计准则 |
| 适用的审计准则 | 中国注册会计师执业准则 |
| 审计地点 | 到被审计单位进行审计 |

（2）重要性。

| 重要性确定依据 | 确定的重要性水平 |
|---|---|
| 按照《中国注册会计师审计准则——第1221号——重要性》确定 | 采用总收入法：<br>按照前三年平均营业收入<br>76 176×0.5%=380.88（万元）<br>按2018年营业收入<br>56 789×0.5%=283.95（万元）<br>综合联合股份的审计风险，联合股份报表总体重要性水平初步评价为250万元 |

（3）报告目标、时间安排及所需沟通。

计划的报告报送及审计工作时间安排如下。

| 向客户提交的报告 | 时间 |
|---|---|
| 审计报告 | 2019年2月27日 |

| 序号 | 执行审计时间安排 | 时间 |
|---|---|---|
| 1 | 监盘 | 2018年12月31日 |
| 2 | 控制测试 | 2019年2月2—5日 |
| 3 | 实际性程序 | 2019年2月6—22日 |
| 4 | 编写审计报告 | 2019年2月23—24日 |

| 序号 | 所需沟通 | 时间 |
|---|---|---|
| 1 | 与管理层会计的沟通 | 2019年2月1日，2月8日，2月19日 |
| 2 | 与项目组会计的沟通 | 2019年1月31日前开会，2月25日总结日 |
| 3 | 与专家的沟通 | 2019年2月15日与有关工程技术专家沟通 |
| 4 | 与前任注册会计师的沟通 | 2019年2月1日与前任注册会计师沟通 |

（4）人员安排及沟通内容。

项目组主要成员的责任。

| 序号 | 职位 | 姓名 | 主要责任 |
|---|---|---|---|
| 1 | 项目经理 | 郝爱国 | 协调项目的实施 |
| 2 | 项目负责人 | 王建军 | 负责项目总体策略与计划的编制，负责项目的具体实施 |
| 3 | 项目组成员 | 张美丽、黄中华、周清生、史民国 | 进行具体审计工作，张美丽负责资产和负债项目的审计，黄中华负责所有者权益与收入项目的审计，周清生负责费用与利润项目的审计，史民国负责其他具体的审计工作 |

与项目质量控制复核人员的沟通：

项目质量复核人员复核的范围、沟通内容及相关时间如下。

| 序号 | 沟通内容 | 负责沟通的项目组成员 | 计划沟通时间 |
|---|---|---|---|
| 1 | 风险评估，对审计计划的讨论 | 王建军 | 2019年2月1日 |
| 2 | 对财务报表的复核 | 王建军 | 2019年2月20日 |
| 3 | 对审计工作底稿的复核 | 张美丽 | 2019年2月22日 |
| 4 | 对审计报告的复核 | 张美丽 | 2019年2月25日 |

（5）对专家或有关人士工作的利用。

① 对内部审计工作的利用。

| 序号 | 主要会计科目或项目 | 拟利用的内部审计工作 |
|---|---|---|
| 1 | 存货 | 内部审计部门对各仓库的存货每半年至少盘点一次。在中期审计时，项目组已经对内部审计部门的盘点步骤进行了观察，其结果令人满意，因此项目组将审阅其年底的盘点结果，并缩小存货监盘的范围 |
| 2 | 内部控制制度测试 | 内部审计部门对被审计单位内部控制制度的有效性、合理性和健全性定期进行检测与评价，项目组在控制测试过程中，可利用相关工作底稿，参考测试与评价结论 |

② 对专家工作的利用。

| 序号 | 主要会计科目或项目 | 专家名称 | 主要职责及工作范围 | 利用专家工作的原因 |
|---|---|---|---|---|
| 1 | 在建工程 | 杨红梅 | 测定在建工程的发生额 | 在建工程技术性强 |
| 2 | 应付债券 | 高硕 | 涉及应付债券方面的法律、法规和合同的法律意见 | 需要在此方面的法律意见 |

## 案例提示

（1）根据上述案例，请你谈一谈总体审计策略包含的内容有哪些，为什么总体审计策略是计划审计工作的重要内容？

（2）在上述案例中，分析程序的作用是什么？具体在哪个阶段会用到分析程序？

（3）在上述案例中，分析程序的常用方法和指标有哪些？注册会计师在对获取的信息进行比较时，应当特别关注哪些信息？

## 案例分析

（1）注册会计师应当为审计工作确定总体审计策略。总体审计策略的确定通常包括以下内容：确定审计业务的特征，以界定审计范围；明确审计业务的报告目标，以计划审计的时间安排和所需沟通的性质；考虑影响审计业务的重要因素，以确定项目组工作方向。在确定总体审计策略时，注册会计师还应考虑初步业务活动的结果，以及为被审计单位提供其他服务时所获得的经验。

注册会计师应当在总体审计策略中向具体审计领域调配资源，包括向高风险领域分派有适当经验的项目组成员，就复杂的问题利用专家工作等；向具体审计领域分配资源的数量，包括安排到重要存货存放地观察存货盘点的项目组成员的数量，对其他注册会计师工作的复核范围，对高风险领域安排的审计时间预算等；何时调配这些资源，包括在期中审计阶段还是在关键的截止日期调配资源等；如何管理、指导、监督这些资源的利用，包括预期何时召开项目组预备会和总结会，预期项目负责人和经理如何进行复核，是否需要实施项目质量控制复核等。综上所述，总体审计策略的制定有助于提高工作效率和审计工作质量，因此总体审计策略是计划审计工作的重要内容。

（2）分析程序包括调查识别出的、与其他相关信息不一致或与预期数据严重偏离的波动和关系。注册会计师应当将分析程序用作风险评估程序，以了解被审计单位及其环境，并在审计结束时运用分析程序对财务报表进行总体复核；注册会计师也可将分析程序用作实质性程序；另外，在确定总体审计策略时，注册会计师也需要运用分析程序。

（3）从上述案例可以看到，分析程序的常用方法包括简易比较、比率分析、结构百分比分析和趋势分析等，注册会计师可视具体情况单独或综合运用。此外，注册会计师还可根据需要采用一些更为复杂的比较方法。

注册会计师在实施分析程序时，会使用一些常用的财务指标，这些指标能反映企业的经济内容及财务情况。例如，流动比率的波动可能意味着被审计单位存在以下情况：业务的快速膨胀或缩减；应收账款出现坏账或不能及时收回；存货发生积压或滞销；管理政策如库存水平、赊销条件、信用条款等发生变动；长期资产与流动资产、长期负债与短期负债等发生分类错误；流动资产或流动负债在年末进行了异常的大额调整。

注册会计师将获取的会计信息和相关的非会计信息与其他相关信息进行比较，主要目的是判断容易产生重大错报、漏报的风险领域。例如，在本案例中，营业收入和营业成本分别减少了 25.3%和 27.1%。如果从非会计信息中获取的资料得知，企业今年的业务扩展呈良好势态，整个行业环境也显示该行业处于增长上升趋势，那么注册会计师应就此询问被审计单位的管理层。如果他们的解释不能令人满意的话，则注册会计师可怀疑是否有以前年度虚报的营业收入在本年度冲回，由此确定重点审计领域，以利于控制风险。一般来说，在进行比较时，注册会计师应特别关注以下情况：

① 账户余额或发生额的异常变动，或没有出现预期的变动，如收入总额和上年相比有很大的增长，但并未发现任何新的非正常的收入来源；

② 账项之间对应关系的异常变动，或没有出现预期的变动。

注册会计师应对初步比较的结果进行复查，并与预期数进行比较。若比较结果表明有关变动与预期数存在明显差别，则注册会计师应就此与管理层进行商讨，以确定管理层能否为这些异常变动提供合理的解释。若管理层能够做出合理解释，则注册会计师应执行进一步的分析程序或测试程序，以证实其解释的合理性；若管理层不能做出合理解释（包括提供的证据不可信），则注册会计师应将可能受其影响的账项认定为风险领域。

## 案例小结

### 1. 计划审计工作的内容

计划审计工作的主要内容是研究制定指导审计工作和限定审计范围的策略。计划审计工作对于保证审计成功非常重要。计划审计工作包括针对审计业务确定总体审计策略和制订具体审计计划两部分。总体审计策略用以确定审计范围、时间和方向，并指导制订具体审计计划。具体审计计划是为了完成整体审计策略的目标和要求而制订的具体项目的审计实施计划，它比总体审计策略更加详细。

### 2. 大量运用分析程序

分析程序是指注册会计师通过研究不同财务数据之间，以及财务数据与非财务数据之间的内在关系，对财务信息做出评价。

运用分析程序有以下几个目的：分析程序可以用作风险评估程序，用以了解被审计单位及其环境，并评估财务报表层次和认定层次的重大错报风险；当使用分析程序比使用细节测试更能有效地将认定层次的检查风险降至可接受的水平时，分析程序可以用作实质性程序；

在审计结束或临近结束时对财务报表进行总体复核，此时注册会计师运用分析程序，在已收集的审计证据的基础上，对财务报表整体的合理性做最终把握，当评价报表仍然存在重大错报风险而未被发现的可能性时，考虑是否需要追加审计程序，以便为发表审计意见提供合理基础。

## 4.2 联合公司审计风险识别及应对案例

### 案例背景

联合公司成立于 2010 年下半年，注册资本为 1 亿元人民币，是一家专门从事水稻等粮食作物以及农副产品的种植、培育、生产、研发及销售等一体化经营的民营生态农业公司。联合公司自成立以来发展迅速，成长速度较快，特别是 2012 年之后，连续几年都获得了当地政府授予的荣誉称号。联合公司期望能够成功上市，获得更多的发展机会以及更大的成长空间。

B 企业成立于 2005 年，注册资本为 1.4 亿元人民币，是一家主要从事服饰类产品的生产、销售以及进出口业务的已成功上市的股份有限公司。B 企业由于经营不善，业绩状况不佳，甚至出现连年亏损的情况，于是期望能够通过采取重大资产重组的方式改善其不良的经营状况。

2018 年 5 月，B 企业召开了董事会议，会议通过了进行重大资产重组这一事项，同月，B 企业与联合公司的主要领导人进行了密切洽谈，期望与联合公司达成资产重组的合作意向。三个月之后，即 2018 年 8 月，B 公司对外发布了关于其重大资产重组的相关公告，公告中也包含了联合公司从 2015 年 1 月 1 日至 2018 年 4 月 30 日三年一期的相关审计报告与财务会计报表。2018 年 12 月，B 企业向中国证券监督管理委员会（以下简称"中国证监会"）递交了撤回之前重大资产重组事项的相关申请，联合公司最终未能成功上市。

2019 年上半年，中国证监会发布了对联合公司的行政处罚公告。此行政处罚公告主要列示了联合公司以下违反相关法律的不良行为：一是联合公司披露大量虚假信息，试图通过采取与 B 企业进行重大资产重组的方式借壳上市；二是联合公司的财务报表记录存在严重造假，包括通过虚增银行存款与虚增应收账款的方式虚增资产以及虚增主营业务收入。联合公司因此受到了中国证监会的处罚，其财务总监被宣布终身不得进入证券交易市场。与此同时，为联合公司提供审计服务的诚信会计师事务所及相关主要注册会计师也因为其审计过程疏忽，未能发现联合公司的大量财务造假行为却出具了标准的无保留意见的审计报告受到了中国证监会的严厉处罚。

### 审计风险

联合公司可能存在的审计风险体现在整体的财务报表层次和具体的认定层次两个方面。

第一，从整体的财务报表层次来看，联合公司存在着一定程度的审计风险，主要表现为：存在较大舞弊动机以及内部控制存在缺陷。

联合公司作为一家农业类企业，由于其本身所处行业的特殊性，审计风险高于一般的非农业类企业。而联合公司存在着较大舞弊动机的审计风险主要表现在以下两个方面。首先，联合公司在 2018 年 5 月与 B 企业进行密切洽谈企图借壳上市，联合公司在 2016 年 6 月向中国证监会提交过关于申报IPO(首次公开募股)的相关文件资料,但是其后因各种原因于2018年4月又撤回了之前的申请材料。由此可见,联合公司一直以来都有着强烈的上市意向,毕竟一旦上市成功便能够募集到一大笔资金,能为处于农业行业的联合公司带来极大的利益,而通过B企业借壳上市与自己申报IPO上市相比而言较容易,因此联合公司为了达到借壳上市的目的,很有可能对其财务数据进行大量粉饰,从而增加审计风险。其次,对于联合公司来说进行财务造假舞弊行为所要承担的成本相对于上市成功能够募集到的大额资金而言十分低廉,即便其财务造假行为被暴露于众,其后果基本上也就是被中国证监会处以一定不大金额的罚款。因此,就上述两个方面来说,联合公司自身存在着较大舞弊动机的审计风险。

另外,联合公司内部控制存在缺陷。根据对联合公司的关联方关系的调查研究发现,联合公司名义上的董事长及总经理其实并不是其实际意义上的控制者,只是作为一个代持股份的名义经理人,不掌握实权,其背后的人物才是联合公司的真实掌控者。这样看来,联合公司的内部控制显然存在着较大的缺陷,而会计师事务所于2018年7月对其出具的内部控制合规的鉴证报告也是毫无借鉴意义的。可见,联合公司内部控制存在的缺陷使其审计风险也大大增加了。

第二,具体的认定层次审计风险。按照上一部分在具体的认定层次对农业类企业财务舞弊审计风险的剖析手法,接下来将主要从主营业务收入、存货以及采购交易这三个角度具体地剖析联合公司可能存在的认定层次审计风险。

**1. 联合公司与主营业务收入相关的审计风险**

在上面关于农业类企业与主营业务收入相关的审计风险中提到,政府为农业类企业提供的大量资金支持将成为其虚增收入的最大审计风险所在。在联合公司所对外公示的三年一期的财务报表附注中的第三十二条关于营业外收入的说明中,展示了联合公司自2015年1月1日至2018年4月30日期间所收到的政府补助。

具体情况如表4-6所示。

表4-6 企业政府补助明细情况

单位:元

| 年份 | 2015年 | 2016年 | 2017年 | 合计金额 |
|---|---|---|---|---|
| 政府补助金额 | 550 000.00 | 1 250 000.00 | 900 000.00 | 2 700 000.00 |

从表4-6可以清楚地看到,联合公司所在的广西壮族自治区桂林市相关政府机构在2015年至2017年连续三年总计为其提供了270万元的资金补助,其中2016年的补助金额最高达125万元。由此可见,联合公司所在的当地政府十分支持联合公司的成长发展。在上面的企业简介中也曾提道:2012年之后,联合公司连续几年都获得了当地政府授予的荣誉称号。因此,注册会计师应多多关注联合公司是否存在利用政府补助虚增主营业务方面的审计风险。

**2. 联合公司与存货相关的审计风险**

联合公司的主营业务产品是以水稻为主的粮食作物,那么水稻即为联合公司的主要存货。由于水稻的种植、生长受气候条件、土壤的肥沃程度等诸多自然条件的影响,其产出水平存在着较大的波动性以及不确定性。

此外，水稻的种子也分为各种不同的品种，其每亩的产量与价值也都存在着诸多差异。因此，这对于对农业生产专业技术方面没有足够了解的审计人员来说，具有较大的挑战性，审计风险由此增加。

**3. 联合公司与采购交易相关的审计风险**

联合公司的主营业务产品水稻的主要来源为各个村镇种植水稻的农户，交易相对于一些大型供应商而言较为分散，而且大量交易都是通过现金直接支付而不是采取银行转账的方式支付，这样一来，能够为每笔交易提供证明的银行单据也就基本不存在了。由此可见，联合公司在采购交易方面也存在着大量的审计风险需要引起注册会计师的足够重视。

**虚假记载**

从中国证监会 2019 年对外公示的对于联合公司及相关人员的行政处罚中，可以清晰地看到联合公司所采取的财务造假舞弊手段主要是在三年一期的财务报表记录中进行虚假记载，企图通过与 B 企业进行重大资产重组的方式达到借壳上市的目的。

**（1）虚增企业资产。**

结合联合公司对外公示的三年一期的财务报表及中国证监会对其发布的行政处罚可知，联合公司在 2015 年 1 月 1 日至 2018 年 4 月 30 日期间虚增了大量资产，年均虚增资产的数额甚至高达当年资产总额的百分之五十。联合公司主要是通过虚增银行存款和虚增应收账款这两种方式来虚增资产的。

① 虚增银行存款。

联合公司的基本开户银行为广西壮族自治区桂林市某农村合作银行（以下简称"L 银行"）。通过查看联合公司所公示的三年一期的财务报表附注中的长期股权投资汇总表，可以发现 L 银行除了是联合公司的基本开户银行，同时还是联合公司的被投资方。联合公司于 2014 年 8 月以现金 600 万元购买了 L 银行 400 万份股数，占 L 银行股本总数的 1.73%。2016 年年末，L 银行发生股本数变更，联合公司在 L 银行的持股份额也随之变更为了 1.44%。联合公司虚增银行存款的具体情况如表 4-7 所示。

表 4-7 联合公司银行存款的虚增情况

| 日期 | 银行存款实际余额/元 | 银行存款报表余额/元 | 虚增银行存款数/元 | 虚增占实际的比率/% |
| --- | --- | --- | --- | --- |
| 2015.12.31 | 665 799.21 | 164 614 733.71 | 163 948 934.50 | 24 624.38 |
| 2016.12.31 | 1 224 830.36 | 310 929 797.69 | 309 704 967.33 | 25 285.54 |
| 2017.12.31 | 2 471 400.47 | 421 070 391.27 | 418 598 990.80 | 16 937.72 |
| 2018.04.30 | 542 971.71 | 498 577 875.88 | 498 034 904.17 | 91 723.91 |

联合公司虚增银行存款数额如此之大到底是如何操作成功的呢？其中的原因必然离不开联合公司与 L 银行之间的密切关系。由于 L 银行除同时作为联合公司的基本开户银行及长期股权投资的被投资方之外，从联合公司对外公示的三年一期的财务报表附注中可以看到，联合公司高达 1.2 亿元的长期借款都是由 L 银行负责组织并参与提供的，这层极为密切的关联关系显然为联合公司在期末虚增银行存款数额提供了极大的便利，且较为隐蔽，

不易被发现。

② 虚增应收账款。

中国证监会对外公示的对于联合公司的行政处罚列示了联合公司在 2015 年 1 月 1 日至 2018 年 4 月 30 日期间虚构了其与八家客户之间的应收账款，虚增了大额的应收账款，而联合公司的三年一期的财务报表附注中也清楚地列示了每期期末联合公司的应收账款欠款金额前五名的客户及金额明细情况。通过上述两份文件资料中关于应收账款相关数据的比较，可以发现联合公司在财务报表附注中所公示的 2015 年 12 月 31 日、2016 年 12 月 31 日、2017 年 12 月 31 日，以及 2018 年 4 月 30 日这四期期末的应收账款欠款金额前五名均存在虚假记载。经统计，具体情况如表 4-8 所示。

表 4-8 联合公司应收账款的虚增情况

| 日期 | 涉及的客户数量/个 | 虚增的应收账款总额/元 |
| --- | --- | --- |
| 2015.12.31 | 6 | 40 502 260.64 |
| 2016.12.31 | 8 | 30 008 700.20 |
| 2017.12.31 | 8 | 51 870 415.20 |
| 2018.04.30 | 4 | 5 274 878.00 |
| 合计 | 8 | 127 656 254.04 |

（2）虚增营业收入。

根据联合公司对外公示的三年一期的财务报表，以及中国证监会对其发布的行政处罚可知，联合公司在 2015 年 1 月 1 日至 2018 年 4 月 30 日期间还虚增了大额的营业收入，总计虚构了其与六家销售客户之间的销售收入，年度平均虚增营业收入的数额占了当期报表上所披露的营业收入的百分之四十左右。具体情况如表 4-9 所示。

表 4-9 联合公司虚增营业收入情况统计

| 时间段 | 涉及的客户数量/个 | 虚增的收入金额/元 | 虚增比重/% |
| --- | --- | --- | --- |
| 2015.01.01—2015.12.31 | 6 | 147 524 498.58 | 34.89 |
| 2016.01.01—2016.12.31 | 6 | 183 114 299.70 | 36.90 |
| 2017.01.01—2017.12.31 | 6 | 238 408 819.30 | 42.62 |
| 2018.01.01—2018.04.30 | 6 | 41 289 583.20 | 44.25 |

从表 4-9 可以看出：联合公司在 2017 年 1 月 1 日至 2017 年 12 月 31 日期间虚增的营业收入数额最多，高达 2.38 亿元；联合公司于 2018 年 1 月 1 日至 2018 年 4 月 30 日虚增营业收入的数额占当期营业收入总额的比重最高，达到 44.25%。通过对数据资料的分析可知，联合公司主要是通过采用虚增每亩土地的产出数量、虚增土地亩数，以及虚减营业成本这三种方式来虚增营业收入的。

同样，从联合公司对外公示的 2015 年 1 月 1 日至 2018 年 4 月 30 日的财务报表附注中的第十一条"长期待摊费用"中可以看到，联合公司将"土地改良及地利提升"作为一项长期待摊费用进行账务处理，这显然是将联合公司关于本应费用化处理计入营业成本的土地改进方面的支出进行了资本化的处理。虽然联合公司在财务报表附注中也对这一账务处理进行了解释，说是因为采用土地改良和地利提升，对于联合公司后续关于提高农产品生产能力和产出质量会带来持续的良好促进作用，但是，这一操作必然会涉及农作物肥料等相关生物性资料的大量消耗，从而增加联合公司的成本。因此，很显然联合公司是试图通过采取虚减成本的手段来虚增其营业收入。

**会计师事务所审计失败的原因**

为联合公司提供审计鉴证服务的是诚信会计师事务所。从 2019 年上半年中国证监会所公示的对于诚信会计师事务所的行政处罚公告来看，该会计师事务所对于联合公司审计失败并因此受到行政处罚的主要原因在于：未能实施充分适当的审计程序，未能发现联合公司在三年一期的财务报表中所做的大量虚假披露的财务造假舞弊行为。其审计失败的原因具体表现在以下几个方面。

首先，诚信会计师事务所的注册会计师在为联合公司实施审计之前，未与为联合公司提供审计服务的前任会计师事务所的主要注册会计师进行充分有效的沟通，并未对联合公司前期的审计情况有足够的了解。经过实际调查发现，诚信会计师事务所提供的与联合公司前任注册会计师进行面对面沟通的会议记录文件实则为后补的，并没有真实召开。

其次，诚信会计师事务所在对联合公司 2015 年年末银行存款余额进行函证的过程中，因审计人员的工作疏忽，在给银行的询证函上填错了金额，且差异金额高达六千多万元，但是被询证的银行却直接在此有问题的询证函上盖上了确认无误的章，这显然需要注册会计师引起足够的重视并考虑实施进一步的审计程序以查明真伪。但是，诚信会计师事务所的审计人员并未去银行进行实地查证，而仅仅根据联合公司所提供的银行对账单进行了金额核对，完全依赖了联合公司所提供的资料，从而未能发现联合公司虚增大量银行存款这一极其夸张的造假行为。

再次，同样是实施函证工作中的疏漏。诚信会计师事务所在对联合公司的应收账款以及主营业务收入实施函证审计的过程中，仅根据联合公司所提供的客户地址发放函证，即便发现部分客户在其官网上登记的地址与联合公司所提供的地址存在差异也未实施后续审计程序进行实地走访以调查确认其真实性，因此给联合公司进行虚增应收账款以及虚增主营业务收入的财务造假行为提供了大量的舞弊空间。

最后，诚信会计师事务所对于联合公司审计失败受到行政处罚的最本质上的原因在于：诚信会计师事务所主要负责审计联合公司的注册会计师在整个审计工作过程中，未能保持作为一名专业的审计人员所必需的高度的职业谨慎和职业怀疑态度，过度信任和依赖被审计单位所提供的财务资料，以及工作懈怠未对联合公司实施充分且适当的审计程序。

**案例提示**

对于农业类企业的审计工作，会计师事务所应予以高度的关注与重视，寻找合理有效的应对策略。结合本案例和审计风险理论、舞弊理论，请分析会计师事务所应该如何合理应对审计风险，应该采取什么策略？

**案例分析**

对于农业类企业中的审计风险，结合审计风险理论和舞弊理论，应从以下三个方面进行分析。

（1）承接业务前的初步业务活动。

会计师事务所在承接一家企业的审计业务之前的初步业务活动需要分为首次承接审计业务与连续承接审计业务这两种类型来进行具体分析。

首先，对于首次承接的审计业务，注册会计师更应该高度重视对于该企业应执行的正式审计工作之前的初步业务活动，对其进行初步的风险评估，考察并分析其是否存在较大的舞弊动机与造假空间。相关注册会计师应做好充分完善的前期调研准备工作，以了解该客户是否诚信，以及会计师事务所本身能否保持高度的独立性并且有足够的专业能力胜任此次审计工作，主要包括：与被审企业的前任会计师事务所主要负责该项目的相关注册会计师进行会议式面谈并做好会议记录，进行充分有效的沟通，对被审企业整体的财务、经营状况有较为客观的了解，并对前任注册会计师发现的存在或可能存在重大错报审计风险的地方保持高度的警惕与关注，为后续执行正式的审计程序提供便利；提前与被审企业的财务人员或相关负责人进行密切的沟通以获取企业的相关信息；做好充分的审计计划，并评估会计师事务所自身是否有承接该项业务的足够专业的审计人员等。

特别注意的是，与前任会计师事务所的沟通必须是切实有效而不只是流于形式的，本案例涉及的诚信会计师事务所受到中国证监会的行政处罚一个很重要的原因就是其虚构了与前任注册会计师的前期会议沟通。会计师事务所若经过初步调查发现该被审企业存在着较大的诚信问题，或是会计师事务所暂时无法提供能胜任该项审计工作的审计人员，则应及时停止对该业务的承接，不为利益所驱动。

其次，对于连续承接的审计业务，注册会计师绝对不能因其是老客户的原因而忽视了审计前期的初步业务活动。在前期审计工作过程中执行初步业务活动所取得的相关证据不能作为当前审计工作中的审计证据。注册会计师应保持作为专业审计人员一贯的职业警惕性，对被审企业重新执行相关初步业务活动。此外，会计师事务所可以采取定期或不定期更换审计项目组成员的方式来保持其对于连续审计客户之间的审计独立性，以降低审计风险，进而提高审计质量。

（2）了解被审企业内部控制制度并执行控制测试。

当会计师事务所做出承接农业类企业审计业务这项决定之后，就需要对该农业类企业的内部控制制度进行全面的了解，在必要的时候执行控制测试。

首先，会计师事务所在了解农业企业的内部控制制度是否健全完善的同时需要对其所处的农业行业这一具有特殊性的行业状况进行深入的调查，包括行业发展的态势、竞争状况以及行业压力情况等，从而对该被审企业所处的行业地位有一个更加清晰的了解，继而合理性怀疑其是否存在着大量的舞弊动机与造假空间。

其次，正是由于农业类企业所具有的行业特性，如果注册会计师仅仅对其实施实质性程序，一般情况下不足以获得充分且适当的审计证据，因此，需要对其实施控制测试以获得更多的审计证据。本文主要从整体的财务报表层次和具体的认定层次这两个方向入手深入剖析了农业类企业的审计风险，在具体的认定层次分析中，农业类企业主要在主营业务收入、存货、采购交易这三个方面存在着较大的审计风险，而这三个方面正好对应着企业的销售、采购、生产这三大业务环节。因此，注册会计师对农业类企业执行的控制测试可以从这三大业务环节入手。

对于农业类企业与主营业务收入相关的销售与收款环节的控制测试，注册会计师应重点关注其整个销售与收款流程，各个环节是否都有专门的人员负责并且职责分离，每个环节应有的单据凭证是否齐全且真实。对于测试采购与付款这一环节的内部控制，审计人员同样应该特别关注其整个业务流程的完整性，相关重要岗位的职责是否明确分离，如进行调研询价人员不得同时拥有确定供应商的权力，采购人员不得同时担当付款人员等。而对于农业类企业生产与存货这一环节，注册会计师应主要关注其对于主营存货的存放、数量和价值方面的确认是否遵循一定的标准来执行。

然而，对于农业类企业存在权力过于集中、管理层凌驾于企业内部控制之上的这类情形，控制测试可以说并没有太大的意义。本案中的联合公司就存在着董事长及总经理是代持股份的名义经理人而不是实际操控者这一内部控制严重失效的情形，那么会计师事务所对其出示的内部控制报告也是毫无借鉴意义的。因此，对于农业类企业，会计师事务所应该高度重视可能存在重大风险的地方，实施必要的细节测试，以及全面的实质性分析程序。

（3）实施实质性程序。

由于农业类企业所具有的行业特性，会计师事务所在对其实施实质性程序的过程中，应该同时采取细节测试和实质性分析程序以获取更加全面的审计证据资料。同样，注册会计师需要从主营业务收入、存货，以及采购交易这三个农业类企业具有较高审计风险的领域来着手进行。

首先，对农业类企业的主营业务收入实施实质性程序，注册会计师应重点关注该企业是否存在利用政府补助资金虚增收入，以及销售交易是否真实存在这两个方面。滥用政府补助和虚构交易是农业类企业惯用的财务造假手段。一般来说，政府会为当地具有发展前景的农业类企业提供充分的补贴资金，或税收优惠等，注册会计师应仔细查看相关的政府文件资料，以及企业收到相关款项的银行单据资料，分析企业是否具备获取政府补助的资格条件，以及对于该款项的账务处理是否及时且准确。注册会计师在核实销售交易的真实性时一个必要的实质性程序即为发放函证。审计人员应仔细核实企业提供的客户地址与在相关企业官网上查询到的地址是否一致，不能过分信赖被审企业所提供的资料，对于发现不一致的情况，应按照审计人员自己查询到的地址发放询证函，并进行实地考察以验证其真实性。本案例中的诚信会计师事务所正是因为忽视了地址不一致的情形并按被审企业提供的客户地址发放了函证，从而为被审企业虚增营业收入提供了舞弊空间。此外，会计师事务所应对被审农业企业内部的关联方关系状况进行深入的调查，以防止出现利用大量关联方交易操纵收入的造假行为，从而降低审计风险。

其次，会计师事务所对农业类企业的存货实施实质性程序主要就是对其实施监盘，弄清其存货的数量和价值。面对生物性资产数量难以盘点且价值不易确定这方面的审计困难，会计师事务所可以聘请相关农业方面的外部专家协助进行。此外，注册会计师还应对存货采用实质性分析程序，计算分析被审农业企业存货的产量以及产值水平，并与同行业内该类存货的平均水平进行比较，查看是否存在较大差异，一旦发现差异较大的情况，则必须进行更深层次的调查直至查明原因为止。

再次，对于农业类企业采购交易分布范围较分散且支付方式以现金居多的情况，注册会计师无法通过函证银行的方式获取审计证据来核实交易的真实性，因而审计人员需采用实地考察的方式，深入相关农村，对交易中涉及的农户进行尽可能多且细致的访谈调查，以获取真实数据，从而最大限度地降低审计风险。

最后，作为给农业类企业提供审计服务的会计师事务所，更应该保持高度的职业谨慎和职业怀疑态度，丝毫不能放松和懈怠，不给被审企业留下任何舞弊造假空间及侥幸心理，以获取全面且适当的证据，从而将审计风险控制在可接受的范围之内，确保审计质量。

## 案例小结

### 1. 通过了解被审计单位及其环境，识别和评估重大错报风险

注册会计师的目标是：通过了解被审计单位及其环境，识别和评估财务报表层次和认定层次的重大错报风险（无论该错报是由于舞弊导致的还是由于错误导致的），从而为设计和实施针对评估的重大错报风险采取的应对措施提供依据。

会计师事务所应从承接业务之前到审计结束始终保持高度谨慎的态度。首先，在承接业务之前，会计师事务所应与被审计单位的前任会计师事务所进行全面深入的有效沟通，并对其进行初步的风险评估，考察其是否存在较大的舞弊空间与动机；其次，在确认接受被审计单位的审计业务委托之后，应做好完备的计划准备工作，并对该项目配备专业且充足的审计人员，详细调查该农业企业的内部控制与风险管理情况，实施必要的控制测试；最后，在实施实质性程序阶段，针对企业容易出现审计风险的地方，一定要确保实施充分有效的细节测试以及实质性分析程序，对于可疑之处予以高度的重视直至疑问消除为止。只有按部就班地做好每个步骤，才能很好地应对风险，提高审计质量。

### 2. 行业协会、会计师事务所和注册会计师共同防范和应对审计风险

首先，行业协会要加强行业监管，完善监管机制，防止恶性竞争。在市场经济条件下，会计师事务所可以公平竞争，但不能通过不合理压低审计费用和出具不实审计报告的方式。这种做法不仅会导致审计质量的下降和审计风险的加大，同时也会危害到利益相关者的利益，如有可能损害股东、社会公众等的利益，造成严重的不良后果。但是，就我国目前对会计师事务所的监管环境来看，相关机制还有待完善，很多方面还存在着监管不力、缺乏有效监管方式等状况。所以，需要有关监管部门加强对会计师事务所行业的监管力度，为会计师事务所营造良好的竞争环境，加强对审计质量的控制。

其次，会计师事务所应建立全面的质量控制机制。会计师事务所应该遵照《质量控制准则第5101号——会计师事务所对执行财务报表审计和审阅、其他鉴证和相关服务业务实施的质量控制》，结合自身的实际情况完善内部质量控制机制，并确保其得到有效执行。

再次，提高会计师事务所注册会计师等工作人员的专业胜任能力和职业道德。会计师事务所的审计风险特别是检查风险在很大程度上取决于会计师事务所工作人员的职业胜任能力、职业谨慎和职业道德。会计师事务所存在大量助理人员，助理人员的专业知识、专业能力相对有限，会计师事务所应加强对助理人员的工作指导、监督和复核工作。由于准则变更等原因，会计师需要不断地更新知识体系，运用最新的风险导向审计方法，以风险分析和风险控制为出发点，加强对审计风险的控制。为了提高会计师事务所工作人员的专业胜任能力，降低审计风险，应加强对相关工作人员的培训。针对由于注册会计师职业道德带来的审计风险，一方面要加强思想道德培训工作，另一方面要完善相关法律法规，加大对违反职业道德的惩罚力度。

审计风险的存在，一方面关系到财务报表使用者的切身利益，如财务报表使用者依据注册会计师发表的不合理审计意见进行决策可能会遭受损失；另一方面关系到会计师事务所的生存和发展，这是由于审计风险的存在导致社会公众对会计师事务所的信赖程度降低导致的。防范和应对审计风险需要相关监管部门、注册会计师和会计师事务所共同努力。

# 第5章

# 销售与收款循环审计

## 5.1 联合集团销售收入审计案例

### 案例背景

2017年，中国证监会组织专门执法力量迅速查办了一起"忽悠式重组"案。浙江联合办公服务集团有限公司（现更名为联合网络科技集团有限公司，以下简称"联合集团"）通过虚增收入、虚构银行存款等种种恶劣手段，将自己包装成价值37.1亿元的"优良"资产公司，与蓝山重型矿山机器股份有限公司（以下简称"蓝重股份"）联手进行"忽悠式"重组，以期达到重组上市的目的。

由于联合集团等在重组上市过程中的信息披露违法行为涉案金额巨大、手段极其恶劣、违法情节特别严重，中国证监会对联合集团、蓝重股份及主要责任人员在《证券法》规定的范围内顶格处罚，对本案违法主体罚款合计439万元（中国证监会行政处罚决定书〔2017〕2号、〔2017〕5号）；同时，对联合集团造假行为主要责任人员郭丛军、宋荣生、陈恒文采取终身证券市场禁入、10年证券市场禁入、5年证券市场禁入措施（中国证监会市场禁入决定书〔2017〕10号）。2017年9月20日，联合集团年报审计机构诚信会计师事务所收到了中国证监会的行政处罚决定（中国证监会行政处罚决定书〔2017〕85号），中国证监会对诚信会计师事务所及年报签字会计师做出了顶格处罚，没收诚信会计师事务所业务收入150万元，并处以750万元罚款，对签字注册会计师蒋淑霞、李杰给予警告，并分别处以10万元罚款。

联合集团于2010年3月由杜晓芳投资成立，是一家从事后勤托管服务的集团化企业，公司股权结构如图5-1所示。联合集团首创后勤托管平台服务模式，倾力打造极具公信力的采购与销售平台。依靠多年的后勤托管经验，以及"联合店商"线上平台，联合集团在业内率先实现了"后勤+互联网"的改革，实现了与客户、供应商之间的多方共赢。

联合集团始终坚持"后勤行天下，无处不联合"的战略愿景，以"重质量，轻流量"为指导方针，坚守"公信力是平台企业的生命力和灵魂"的核心理念，通过专业化资源整合，为成千上万的客户量身定制后勤综合解决方案。如今，联合集团已经在北京、上海两市及华东、华南、华北、华中、东北、西南、西北七大地区完成了战略布局，设立了除杭州母公司以外的21家后勤服务子公司及为后勤服务提供金融支持的商业保理公司、金融服务公司。

2013—2015年，联合集团通过各种手段虚增服务费收入26 489.76万元，虚构银行存款3亿元，未披露3亿元借款以及存款质押。联合集团将上述情况列入财务报表提供给蓝重股份，并于2016年4月23日披露了含有虚假内容的《浙江联合办公服务集团有限公司审计报告》（2013—2015 年）。

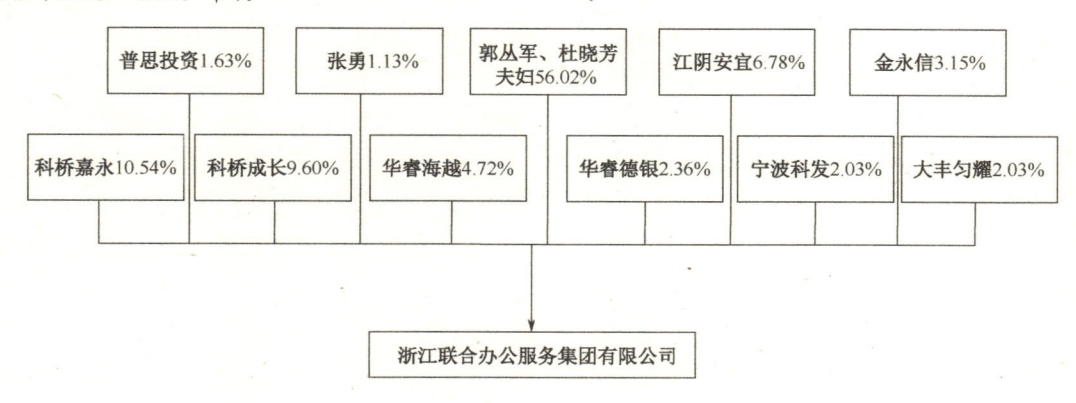

图 5-1 联合集团的股权结构图

联合集团的财务造假行为导致联合集团、蓝重股份所披露的信息含有虚假记载、重大遗漏，导致郭丛军、杜晓芳及其一致行动人九赉投资、九卓投资公开披露的《蓝山重型矿山机器股份有限公司收购报告书摘要》含有虚假记载、重大遗漏。2016 年 6 月 28 日，蓝重股份向中国证监会递交了申请撤回与联合集团的重大资产重组申请文件并发布公告。以下是对联合集团造假事实的具体分析。

**1. 数据分析**

2013—2015 年，联合集团通过各种手段虚增服务费收入会计 26 489.76 万元，其中 2013 年虚增服务费收入 1 726.91 万元，2014 年虚增服务费收入 8 755.66 万元，2015 年虚增服务费收入 16 007.19 万元，虚增服务费收入占其审计报告中公开披露服务费收入金额的 37.36%，如表 5-1 所示。

表 5-1 虚增收入表

| 项目 | 2013 年 | 2014 年 | 2015 年 | 合计数 |
| --- | --- | --- | --- | --- |
| 服务费收入（虚增数）/万元 | 1 726.91 | 8 755.66 | 16 007.19 | 26 489.76 |
| 虚增收入占比/% | 15.61 | 39.45 | 42.52 | 37.36 |

资料来源：由行政处罚决定书及审计报告整理。

2015 年 1 月，联合集团在账面虚构近 4 亿元其他应收款收回，虚构银行存款转入近 4 亿元，同时转出 1 亿元资金不入账，账面形成虚假资金近 3 亿元（联合集团平安银行西湖支行账号：11014720107002）。联合集团为掩饰虚构的近 3 亿元银行存款，其 3 亿元借款以及存款质押均未对外披露。

**2. 造假手段**

联合集团主要从事后勤服务中介平台业务，为后勤业务供应商和客户提供居间撮合，并向供应商收取一定比例的服务费。2013—2015 年 3 年中与其合作的供应商数量分别为 935 家、1176 家和 1319 家，客户则达到上万家。如此规模的供应商和客户数量，给其销售收入造假提供了极大的便利。

（1）虚设客户、虚构业务、虚签合同。

中国证监会调查数据显示，联合集团 2015 年的供应商共计 1 300 多家，其中电话错号、空号的 263 家，查无此人或长期无人接听的 210 家，经查实涉及虚假交易的达 200 多家。联合集团正是通过与供应商串通，用虚设客户、虚构业务、虚签合同的手段实现虚增收入、粉饰报表的不法目的。例如，通过虚设供应商的客户，或虚增与供应商有业务往来但其业务往来与联合集团无关的客户作为后勤平台的客户；虚构交易，以进行业绩造假、虚增销售收入；通过与无真实业务往来或有资金往来却无真实业务往来的供应商或个人签订虚假业务合同来确认服务费收入；通过帮助供应商套取资金并充当掮客，采用不在经营范围内的灰色业务模式签订虚假的业务合同等。

（2）确认并不符合收入确认要求和条件的贸易。

2015 年融康信息有限公司向联合集团采购的货物并未收货，且支付的货款已退回，但联合集团在财务处理上仍然确认融康信息 574 786.32 元的销售收入及应收账款收回。如此，联合集团通过确认不符合收入确认条件的贸易收入，虚增了 2015 年贸易收入 574 786.32 元。

（3）伪造资金流。

为掩盖造假事实，联合集团通过多次资金的自循环完成虚构交易中的假账收入。以帮助供应商套取资金并充当掮客的虚假交易为例，联合集团收到供应商支付的服务费款项均通过其控制使用的个人银行账户循环退回至供应商法定代表人或其指定的银行账户。联合集团利用供应商、客户数量庞大的便利，肆意伪造资金流，一笔资金从联合集团的账户划转至外部平台公司账户后，再经过多个账户返回联合集团，这样就形成了隐蔽的资金闭环。

（4）隐匿借款、虚构存款。

联合集团从 2015 年 3 月开始通过外部借款购买理财产品或定期存单，再于借款当日或次日通过将理财产品或定期存单为借款方关联公司质押担保，并通过承兑汇票贴现的方式将资金归还借款方，从而在账面形成并持续维持 3 亿元银行存款的假象。2015 年 3 月 24 日、25 日，联合集团通过好融实业有限公司、杭州煜升科技有限公司（以下简称"煜升科技"）及郭丛军向杭州赛诺索斯进出口贸易有限公司（以下简称"赛诺索斯"）借款两次，每次 1.5 亿元（合计 3 亿元），由好融实业有限公司、煜升科技及郭丛军账户转入联合集团上海银行账户，然后用此资金购买期限为 182 天的上海银行"赢家公司客户人民币封闭式理财产品"两次，每次 1.5 亿元（合计 3 亿元）。2015 年 3 月 25 日，联合集团以其 3 亿元理财产品为赛诺索斯提供担保，赛诺索斯开具银行承兑汇票 3 亿元（两张承兑汇票，每张金额 1.5 亿元）并随即贴现，贴现款直接归还赛诺索斯，贴票利息 1 253 850.00 元，由杜晓芳代替联合集团向赛诺索斯支付。2015 年 9 月，上述 3 亿元银行理财产品到期后，上海银行将理财产品资金解付直接归还银行承兑汇票。2015 年 9 月 22 日，联合集团又在杭州鑫合汇互联网金融服务有限公司（以下简称"鑫合汇"）的安排下，向宁波盈祥投资管理合伙企业（有限合伙，以下简称"宁波盈祥"）借款 1.5 亿元转入联合集团兴业银行账户。当日，联合集团把 1.5 亿元活期存款转化为半年期定期存单，并以该存单为质押物与兴业银行杭州分行签订质押合同，为杭州煊隼贸易有限公司当日开具的 1.5 亿元银行承兑汇票提供担保，兴业银行当日将该存单入库保管。当日，该票据贴现后资金还回宁波盈祥。在上述操作过程中，联合集团通过杜晓芳账户向鑫合汇下属中新力合股份有限公司支付现金流服务费 18 万元，向宁波盈祥支付利息、融资服务费 12 万元。2015 年 9 月 23 日，联合集团再次重复上述过程，在兴业银行形成 1.5 亿元定期存款（期限为 2015 年 9 月 23 日至 2016 年 3 月 22 日），并继续以存单质押、票据贴现的方式将借款于当日还回宁波盈祥。2016 年 3 月，联合集团 3 亿元银行存单到期后，资金被兴业银行解付直接归还银行承兑汇票。联合集团随即再次采用上述操作方式形成 3 亿元银行存款。可见联合集团是以 3 亿元借款虚构 3 亿元银行存款的，而且并未在报表附注中披露 3 亿元定期存单质押事项。

## 案例提示

从实施审计程序的角度分析诚信会计师事务所为什么受到中国证监会的处罚？

## 案例分析

### 1. 对银行存款审计程序不到位

诚信会计师事务所对联合集团在兴业银行杭州分行 3 亿元定期存款的审计中，实施了函证程序，截至 2016 年 4 月 21 日审计报告出具日未收到回函。在浙江证监局提示过关注 3 亿元定期存单的情况下，诚信会计师事务所未执行有效审计程序，审计结论仍为"未见异常情况"，未能发现虚增 3 亿元银行存款及 3 亿元定期存单质押的事实。2016 年 6 月 2 日收到银行回函，直到 6 月 7 日才对兴业银行杭州分行进行访谈，已晚于审计报告出具日。

### 2. 对函证审计程序不到位

（1）未按拟定的选样标准进行发函。

诚信会计师事务所审计项目组将应收账款函证发函的选取标准定为 10 万元以上全部发函，10 万元以下随机抽取。但在实施函证程序的过程中，审计人员未严格执行拟定的发函标准，对部分 10 万元以上的供应商未进行函证。诚信会计师事务所拟定的涉及联合集团总部的发函清单共有供应商 228 家，但从审计工作底稿收集的发函快递单统计，实际发函为 54 家。宁波联合办公服务有限公司（以下简称"宁波联合"）的发函清单计划向 200 家供应商发函，但发函快递单统计实际发函为 97 家。

（2）未保持对函证的有效控制。

诚信会计师事务所在实施函证程序时，联合集团总部的询证函都是由联合集团工作人员与审计项目组成员一起填写快递单并寄出，而联合集团各子公司的询证函则由审计人员制好询证函，由联合集团下属子公司在各地自行寄出。审计人员要求联合集团将发函的快递底联全部寄回杭州并由联合集团转交诚信会计师事务所，或由联合集团子公司直接寄回诚信会计师事务所北京总部。此外还存在联合集团工作人员直接回函的情况。从回函情况看，大量回函的快递单存在连号或号码接近、发函与回函快递单号接近的情形。

（3）未充分关注函证回函的疑点。

在收回函的过程中，诚信会计师事务所未充分关注函证回函的疑点：供应商确认盖章不符、数家供应商的回函均留有同样的邮寄信息、不同供应商的回函由同一快递员收件、询证函发函与回函地址不是同一个城市等异常情况。

### 3. 对收入的审计程序不到位

诚信会计师事务所在审计时，对联合集团提供的与营业收入相关的合同、用印及收入证据不足等疑点未予以充分关注。例如，部分供应商与客户签订合同的日期或合同履约日期不在联合集团与供应商托管合同期限内，合同条款自相矛盾或用印错误，同一集团内的两家企业间的异常业务被联合集团确认为收入，联合集团据以确认收入的供应商收入确认函部分缺失、供应商与客户的合同等资料部分缺失。诚信会计师事务所在未取得充分的供应商与客户实际交易情况确认资料，缺少客户销货合同、发票、发货单、收款凭证等证明供应商收入的相关证据，且取得的部分证据存在明显异常的情况下，未发现联合集团确认收入存在的真实问题。

**4. 对供应商和客户的现场走访工作存在瑕疵和矛盾**

诚信会计师事务所在联合集团总部审计工作底稿内收录了对 69 家供应商的现场走访记录，大部分由西南证券或中联资产评估公司人员走访签字，审计项目组人员很少签字。经核对底稿中访谈现场照片，确定诚信会计师事务所走访的联合集团总部的几家供应商，其审计工作底稿收录的部分供应商存在两份不同的访谈记录，其中宁波高新区天威诚信数字证书技术服务有限公司张某、宁波江东仁创广告传媒有限公司任某、宁波茂英园林工程有限公司夏某分别在同一时间不同地点接受访谈，这显然违背常理。在接受调查的过程中，签字注册会计师表示未关注到该事项。

## 案例小结

对企业收入的确认，应按企业会计准则的要求，以真实发生的经济业务，按照权责发生制来确认。但有的企业为了增加账面资产，常常通过虚构往来款项、伪造确认收入的相关单据等手段来虚构收入。在审计中，仅仅依靠查阅账簿很难发现问题。注册会计师在进行收入审计时，除了进行查阅合同、发票、出库单等常规审计外，还应结合销售业务产生现金流、实物流的特点，特别注意以下程序的实施，并真正执行到位，以发现是否存在虚假销售。

（1）实施分析程序。

分析程序是贯穿注册会计师整个审计过程的一项重要审计程序，可以通过资料之间的比率或趋势分析，发现资料间的异常关系和项目的异常波动。

注册会计师可以选用收入增长率、销售毛利率、销售利润率、应收账款周转率、资产周转率等指标进行分析，在横向上将本公司与同行业其他公司的资料进行比较，纵向上将本公司不同时期的资料进行比较。

如果发现差异较大，注册会计师应将其划为具有潜在风险的领域予以特别关注，并设计必要的审计程序，进一步证实或利用其他审计程序佐证其变动是否合理。

（2）结合存货流转，测试生产与销售的相关性。

公司的生产经营活动是一个包括采购、生产、消耗、产出等复杂活动的集合体，这些活动通常会涉及计划、采购、生产、仓储、人事、劳资、销售等几个部门，通过对上述各部门与环节的穿行测试，检查公司的销售收入是否可信，并结合存货流转审计程序，如了解产品生产工艺流程、查阅生产任务通知单、收发料凭证及其汇总表、产量和工时记录、成本计算资料等，以确定经营过程中的购货量与消耗量、消耗量与产出量、产出量与销售量之间是否配比。

（3）结合应收款项发生额查验及余额函证，确定销售的真实性。

注册会计师进行应收款项函证时，既可以对其余额进行函证，也可以对其发生额及销售条件等进行函证，前者可以证实应收款项余额的真实性，后者可以发现销售行为是否真实。执行该程序时，应能控制函证的整个过程，并对未回函、询证函被退回、回函确认数与公司账面记录不一致等情况予以特别关注。必要时可考虑予以延伸审计，了解相关客户的经营范围、报告期原料采购情况、产品生产规模和销售方式等，以确认应收款项发生的真实性并进而推断销售收入的合理性。

（4）通过其他项目的审计结果佐证公司的整个生产经营过程是一个完整的链条。

公司的销售行为并非孤立事项，销售的实现会引起相关事项的变化。任何一个环节的不衔接都能为注册会计师提供审计线索，如销售的增加会引起包装材料、运费、销售人员薪酬费用等的增加。由于销售的发生而需要计缴一定数额的增值税及教育费附加；在公司自己承担运费的情况下，由于销售产品增加，发生的运费也会相应增加；在竞争激烈的市场形势下，销售的增加往往伴随着营销费用的增加，包括营销人员工资、市场开拓费、差旅费等。注册会计师审计时可以通过"包装物""生产成本""应交税金""主营业务税金及附加""营业费用"等项目获取的审计证据，进一步佐证收入的合理性。

## 5.2 联合股份有限公司收款审计案例

### 案例背景

诚信会计师事务所自 2016 年开始接受联合股份董事会委托，对联合股份进行年度会计报表审计。根据双方签订的审计约定书，由以李明为项目组组长，张芳、张迪、谢雨为组员的项目组，于 2018 年 3 月 15 至 4 月 6 日对该公司 2017 年度的会计报表进行了审计。

联合股份是由原联合集团内剥离出的部分优质资产组建而成的，并于 2005 年在上海证券交易所上市，总股本为 10 600 万股，其中法人股为 600 万股，国家股为 7 000 万股。流通 A 股为 3 000 万股。公司主营各类大型重型机床、专用机械设备、食品机械等产品的开发、制造和销售业务。

### 审计过程及相关问题

审计人员对应收款项分别进行了控制测试和实质性测试，对坏账准备的计提及转销进行了审核。

**1. 对应收款项进行控制测试**

根据审计计划，审计人员首先对应收款项进行了控制测试。审计人员首先通过内部控制调查表法对联合股份应收款项的内部控制制度进行了调查了解（如表 5-2 所示），并以文字描述的形式对调查结果进行了描述，之后又运用抽查凭证、实地观察、询问等方式对应收款项内部控制进行了测试，最后在此基础上对其进行了评价。

### 表 5-2　内部控制调查表

审计单位名称：联合股份有限公司
审计项目名称：应收账款及坏账准备　　编制人：张迪　　日期：2018年3月16日　　索引1号GI
会计期间：2017年1月1日—12月31日　　复核人：李明　　日期：2018年3月31日　　页次：7

| 调查问题 | 是 | 否 | 较弱 | 不适用 | 备注 |
|---|---|---|---|---|---|
| 是否在每次赊销前检查顾客的信用情况？ | ✓ | | | | |
| 财务部门是否根据销售发票、装运凭证等由专门人员登记应收账款明细账？ | ✓ | | | | |
| 是否定期给客户寄送对账单核对应收账款？ | | | ✓ | | |
| 应收账款总账、明细账及款项收回的登记是否由两人负责？ | ✓ | | | | |
| 大股东的借款超过50万元是否经过董事会批准？ | | ✓ | | | |
| 是否定期进行应收款项的账龄分析？ | ✓ | | | | |
| 坏账准备的转销是否有专门的审批程序？ | | | ✓ | | |
| 销售退回和折让是否经授权的销售人员批准？ | ✓ | | | | |

审计人员根据从不同方面收回的应收款项内部控制调查情况，并结合内部控制调查表进行了综合分析，据此认为：应收款项内部控制制度有些方面是健全有效的，能较好地保证应收款项记录的正确，而有些方面还存在缺陷。

（1）从表5-3的调查结果可知，应收款项内部控制的主要优势如下。

第一，在赊销前能检查核对顾客的信用情况，这一控制措施能保证把货物销售给信用较高的顾客，使应收款项的坏账发生比例较低。

第二，应收款项总账和明细账的登记由专门人员负责，款项的收回由出纳人员负责，这样既能保证不相容职责的分离，又能避免款项收回不入账、被贪污或挪用等事件的发生。

第三，销售退回和折让经授权的销售人员审批，可以避免财务人员随意冲减应收款项的事情发生。

（2）从表5-3的调查结果可见，应收款项内部控制的主要缺陷如下。

第一，对应收款项，公司很少给债务人寄送对账单，因此不能及时发现双方记账中可能存在的错误，同时也不能及时了解对方的财务状况，即使对方发生了清算事宜也无法了解，这就增加了应收款项的收回难度，尤其对双方往来比较频繁的客户，不及时对账容易产生纠纷。这就为应收款项的管理埋下了隐患。

第二，大股东借款不通过董事会批准容易发生大股东任意占用公司款项的情况，致使中小股东的权益受到侵害，一旦大股东的欠款不能收回，将导致公司发生巨额坏账损失。

第三，坏账转销的审批手续执行的不严格，增加了坏账转销的随意性，一旦发生坏账转销后款项又收回的情形，款项容易被贪污或挪用。

总的说来，应收款项的内部控制制度有一定的可靠性，可以适当依赖，但对内部控制的薄弱环节应加大审核力度。

### 2. 对应收款项的实质性测试

有关联合股份未审核的应收款项及坏账准备的总账数据，如表5-3所示。

表 5-3　未审核的应收款项及坏账准备数据表

单位：万元

| 项目 | 期初余额 | 本期增加 | 本期减少 | 期末余额 |
|---|---|---|---|---|
| 应收账款 | 350 | 670 | 320 | 700 |
| 预付账款 | 320 | 200 | 300 | 220 |
| 其他应收款 | 280 | 230 | 200 | 310 |
| 坏账准备 | 120 | 200 | 181 | 139 |
| 本期销售收入 | 1 575 ||||

注：坏账准备的提取方法为账龄分析法。

在对应收账款执行实质性测试程序时，首先审计人员对应收账款进行分析性复核，并将其归类、分层，以确定函证对象和方式，同时结合对大额应收账款的凭证抽查及明细账的审核来发现应收账款核算中存在的问题，具体过程如下。

（1）对应收款项进行分析性复核，发现异常波动。如表 5-4 所示，对比本期应收账款期末余额与上期数有较大变化，本期期末为 700 万元，上期为 350 万元，增幅高达 100%；应收账款的周转率本期为 3 次，上期为 4 次，本期期末应收账款占销售收入的比率高达 44%。从以上分析可见，本期应收账款增幅过快，变化异常，必须予以特殊关注。

（2）对大额应收款项进行凭证抽查，并执行函证程序，发现应收账款和销售收入虚记。根据分析性复核显示的结果，审计人员对大额应收账款进行了大范围的凭证抽查，发现其中 5 家公司金额合计 175.5 万元的应收账款有异常。对这 5 家公司的销售凭证进行抽查发现无销售合同和顾客订单，无出库单，也无货运凭证。向对方函证后也未见回函，经多方查找后确认这 5 家公司的应收账款和销售收入均为虚记。审计人员要求冲销多记的应收账款和主营业务收入，调整分录为：

借：应收账款　　　　　　　　　　　　　　　　　　1 755 000
　贷：主营业务收入　　　　　　　　　　　　　　　1 500 000
　　　应交税金——应交增值税（销项税额）　　　　255 000

（3）执行函证程序，发现在应收款项中隐含的其他问题。审计人员一方面对应收款项进行大规模的凭证抽查，一方面设计了完备的函证方案，具体过程如下。

① 审计人员根据联合股份应收款项明细账余额进行分类，并设计函证方式和确定函证对象，具体如表 5-4 所示。

表 5-4　应收款项明细账余额分类表

| 项目 | 余额 | 户数 | 函证方式 | 函证对象 |
|---|---|---|---|---|
| 应收账款 | 100 万元以上 | 2 | 肯定式函证 | 全部函证 |
| | 50 万元～100 万元 | 4 | 肯定式函证 | 全部函证 |
| | 10 万元～50 万元 | 56 | 肯定式函证 | 选取 20 户函证 |
| | 1 万元～10 万元 | 62 | 否定式函证 | 选取 20 户函证 |
| | 1 万元以下 | 34 | 否定式函证 | 选取 15 户函证 |
| 预付账款 | 100 万元以上 | 1 | 肯定式函证 | 全部函证 |
| | 50 万元～100 万元 | 2 | 肯定式函证 | 全部函证 |
| | 50 万元以下 | 无 | — | — |

续表

| 项目 | 余额 | 户数 | 函证方式 | 函证对象 |
| --- | --- | --- | --- | --- |
| 其他应收款 | 50万元以上 | 5 | 肯定式函证 | 全部函证 |
|  | 10万元~50万元 | 3 | 肯定式函证 | 全部函证 |
|  | 10万元以下 | 为内部备用金及职工欠款 | — | — |

② 根据上述分析结果发出询证函。为了确保及时回函，外勤人员将拟好的询证函通过传真方式发给对方，并要求对方以传真的形式尽快将函证结果返回，随后再补寄回函至诚信会计师事务所。在预定的时间范围内，发送肯定式询证函 37 份，收到回函，对超过预定时间未回函的 5 家单位审计人员进行了第二次发函，其后收到了 3 家单位的回函，最后仍有亨达公司、林银公司 2 家单位未回函；发送否定式询证函 35 份，收到 1 家单位的回函申明应收账款金额有误。

③ 对未回函的上述 2 家公司应收账款执行了替代程序。审计人员详细审阅了应收账款明细账和银行存款日记账，并较大范围地抽查了有关的会计凭证，在对销售合同、销售订单、销售发票记账联及存根联、出库单、货运凭证和银行结算凭证进行认真核对后，电话询问了亨达公司有关会计人员，没有发现异常情况。而林银公司已进入破产清偿程序，对该公司的应收账款 20 万元审计人员提醒联合股份及时进行了债权登记。

在回函的 35 家单位中，其中 30 家的回函与被审计单位应收账款明细账上的余额完全相符，另外 5 家的金额有出入，具体情况如下。

询证函

泛达公司：编号：01

本公司聘请的诚信会计师事务所正在对本公司会计报表进行审计，按照《中国注册会计师独立审计准则》的要求，应当询证本公司与贵公司的往来款项。下列数额出自本公司账簿记录，如与贵公司记录相符，请在本函下端"数额证明无误"处签章证明；如有不符，请在"数额不符需加以说明事项"处详为指正。回函请直接寄至诚信会计师事务所。

地址：北京市海淀区翠微路 24 号

邮编：100036

传真：010-68264561

（本函仅为复核账目之用，并非催款结算）

单位：万元

| 截止日期 | 贵公司欠 | 欠贵公司 | 备注 |
| --- | --- | --- | --- |
| 2017 年 12 月 31 日 | 400 000 | 0 |  |

若款项在上述日期之后已经付清，仍请及时函复为盼。

（公司印鉴）

数据证明无误

签章：

日期：

数据不符需加以说明事项：

本公司截至 2017 年 12 月 31 日应付联合股份有限公司货款 493 600 元，具体构成如下。

| 日期 | 发票号 | 金额(元) |
|---|---|---|
| 2017.07.05 | 25467 | 150 000 |
| 2017.09.03 | 47299 | 230 000 |
| 2017.11.05 | 54782 | 20 000 |
| 2017.12.28 | 62310 | 93 600 |

签章：泛达公司

日期：2018 年 4 月 3 日

另外 4 家的函证结果如表 5-5 所示。

表 5-5　函证表

单位：万元

| 所属账户 | 债务人名称 | 联合股份余额 | 对方回函金额 | 不符原因 |
|---|---|---|---|---|
| 应收账款 | 新光实业 | 55.00 | 19.90 | 其中 2017 年 12 月 5 日收到的货物有质量问题，新光实业已提出退货，货款计 35.10 万元。货物已于 2017 年 12 月 10 日退回给联合股份 |
| 应收账款 | 鑫大实业 | 25.00 | 14.00 | 原因不明 |
| 预付账款 | 有色材料 | 58.00 | 0 | 对方回函说明已在 2017 年 12 月 20 日发货，并在 2018 年 1 月 12 日结清了余款 |
| 其他应收款 | 友联公司 | 150.00 | 0 | 与联合股份无未清偿债务，但在 2017 年 12 月 8 日前收到联合股份投入的货币资金 150 万元 |

对上述 5 家单位的函证结果审计人员进一步核对了相关记录并询问了这 5 家单位的会计人员，证实了对方回函所述基本属实。对上述内容审计人员提出调整建议如下。

① 根据泛达公司返回的询证函，审计人员核对了 2017 年 12 月 28 日当天的发票和销售明细账、应收账款后发现，联合股份对泛达公司 93 600 元的应收账款和销售账均发生了遗漏，对该笔业务应予以补记。假设被审计单位属于一般纳税人，增值税税率为 17%，调整分录如下。

借：应收账款——泛达公司　　　　　　　　　　　　　　　93 600
　　贷：主营业务收入　　　　　　　　　　　　　　　　　　80 000
　　　　应交税金——应交增值税（销项税额）　　　　　　　13 600

第 5 章　销售与收款循环审计

② 对新光实业的应收账款 35.10 万元，查对相关凭证后发现所退货物已于 2017 年 12 月 28 日收到，但凭证 29 日才传到财务部门，由于忙于年终结账，没将该笔退货业务冲减 2017 年的主营业务收入和应收账款，2018 年 1 月做账时也没按《资产负债表日后事项》准则的规定冲减 2017 年的主营业务收入，而是直接冲销 2018 年 1 月份的收入。因该笔业务数额较大，已达到重要性水平，审计人员建议进行调整，调整分录如下。

借：应收账款——新光实业　　　　　　　　　351 000
　　贷：主营业务收入　　　　　　　　　　　　　　300 000
　　　　应交税金——应交增值税（销项税额）　　　51 000

③ 对鑫大实业 11 万元的差额，经核对后发现属于串户错误，审计人员审查了相关应收账款明细账，并对串户进行了进一步函证，余额得到了证实。

④ 对有色材料的预付账款，审计人员经核对 2018 年 1 月份的购货凭证和银行的付款凭证，证实情况属实。

⑤ 对友联公司的其他应收款与对方联系，取得了双方签署的投资协议书的复印件，并与联合股份管理层沟通后，证实 150 万元的其他应收款确实为投资款，但当时出于种种原因未进行信息披露，会计上也仅作为往来账款进行了处理。因该项投资占对方实收资本总额的 5%，并且未形成控制，应采用成本法进行核算，当年友联公司无现金分红，审计人员建议调整，调整分录如下。

借：长期股权投资——投资成本　　　　　　1 500 000
　　贷：其他应收款——友联公司　　　　　　　　1 500 000

假定联合股份所得税税率为 33%，按净利润的 10% 提取法定盈余公积金，5% 提取法定公益金，10% 提取任意公积金，剩下的作为未分配利润转到下年，上述第①、②业务对当期损益的调整如下。

借：本年利润　　　　　　　　220 000
　　贷：主营业务收入　　　　　　　220 000

同时调整对当期所得税和税后净利的影响，调整分录如下。

借：应交税金——应交所得税　　　　　72 600
　　贷：所得税　　　　　　　　　　　　　　72 600

同时，

借：所得税　　　　　　　72 600
　　未分配利润　　　　　110 550
　　盈余公积　　　　　　 36 850
　　贷：本年利润　　　　　　220 000

审计人员根据以上①~⑤项业务制成了应收款项函证情况分析表来支持对应收款项明细情况的确认，如表 5-6 所示。

### 表5-6 应收款项函证情况分析表

被审计单位名称：联合股份有限公司　　　编制人：张迪　　　日期：2018年4月1日

会计期间：2017年1月1日—12月31日　　复核人：李明　　　日期：2018年4月5日

| 函证单位 | 账面余额/元 | 收到回函 | | 未收到回函通过替代程序确认/元 | 未确认金额/元 | 备注 |
|---|---|---|---|---|---|---|
| | | 直接确认/元 | 实施追加程序后确认/元 | | | |
| 有色材料 | 580 000 | 580 000 | | | | |
| 新光实业 | 550 000 | 199 000 | | 220 000 | | 退回货款计35.10万元，未冲账 |
| 鑫大实业 | 250 000 | | 140 000 | | | 110 000元的差额为串户错误 |
| 泛达公司 | 400 000 | | 493 600 | | | 93 600元为漏记错误 |
| 友联公司 | 1 500 000 | | | | | 账务处理错误 |
| …… | | | | | | |
| 合计 | 12 290 000 | 11 000 000 | 900 000 | 380 000 | 10 000 | |

注：函证户数占总户数的54%，抽取样本进行函证的金额占应收款项总额的82%，可确认金额占样本总金额的99%。相关的调整分录见工作底稿A4-3，底稿A4-3省略。

### 3. 对坏账准备的计提及转销进行审核

联合股份采用账龄分析法计提坏账准备，未经审核的坏账准备计提表如表5-7所示。

### 表5-7 账龄分析及坏账准备计提表

| 账户 | 账龄 | 应收金额/万元 | 计提比例/% | 计提金额/万元 | 计提合计 |
|---|---|---|---|---|---|
| 应收账款 | 1年以下 | 460 | 5 | 23 | 56 |
| | 1~2年 | 110 | 10 | 11 | |
| | 2~3年 | 80 | 15 | 12 | |
| | 3年以上 | 50 | 20 | 10 | |
| 其他应收款 | 1年以下 | 210 | 5 | 10.5 | 23 |
| | 1~2年 | 50 | 10 | 5 | |
| | 2~3年 | 50 | 15 | 7.5 | |

审计人员对表5-7中涉及的部分明细账进行了抽查，发现表中应收账款有一笔2~3年账龄的30万元应归入3年以上账龄款项；其他应收款中有一笔45万元的款项为应收某自然人股东的欠款，经调查该股东因欺诈罪已经被判入狱，已无任何还款能力；此外，联合股份还对一笔金额为50万元的应收账款全额计提了坏账准备，但从公司律师处了解到，对于该笔应收账款联合股份正在与债务方协商进行债务重组。审计人员还检查了预付账款、应收票据等账户，未发现有不能收回的迹象。

结合上述函证结果和对坏账准备的分析，对坏账准备计提金额审计核定后应调整如下。

① 应收林银公司 20 万元货款，对方已进入破产程序，估计能收回 10 万元，所以应提坏账准备 10 万元。在表 5-8 中已将其列入 3 年以上，实际应再补提金额为：
  10–(20×20%)=6(万元)
② 对泛达公司应收账款中被遗漏的 93 600 元，应按 5% 计提坏账准备，计提金额为：
  93 600×5%=4 680(元)
③ 新光实业退货应冲减应收账款 351 000 元，同时也应冲减坏账准备，金额为：
  351 000×5%=17 550(元)
④ 对友联公司 150 万元的投资款不应计提坏账准备，冲销的金额为：
  150×5%=7.5(万元)
⑤ 账龄分类错误应补提的坏账准备为：
  30×(20%–15%)=1.5(万元)
⑥ 其他应收款中应收自然人股东的欠款应全额计提坏账准备 45 万元，原已提的坏账准备为 10 万元，应补提 35 万元。
⑦ 对准备进行债务重组的 50 万元债权不能全额计提坏账准备，经多方调查后认为该笔款项可收回 20 万元，应冲销 20 万元多提的坏账准备。
对联合股份坏账准备的合计调整金额为：
  60 000+4 680–17 550–75 000+15 000+350 000–200 000=137 130(元)
调整分录为：
  借：资产减值损失——计提坏账准备    137 130
    贷：坏账准备              137 130
  借：本年利润              137 130
    贷：资产减值损失——计提坏账准备    137 130
同时：
  借：应交税金——应交所得税    45 252.9
    贷：所得税              45 252.9
  借：所得税              45 252.9
    盈余公积              34 282.5
    未分配利润            57 594.6
    贷：本年利润            137 130

此外，审计人员还对应收款项的转销进行了审核，抽查了坏账准备转销的凭证，发现有一笔 20 万元的坏账转销业务，没有主管人员的审批和同意转销的文件。经进一步追查发现该笔应收账款的欠账时间为 3 年 5 个月，转销时间为 2017 年 7 月份，经与欠款方联系对方回复为 2017 年 11 月份归还了 10 万元，另外 10 万元待 2018 年再还。但经查找联合股份 2017 年 11 月份银行存款日记账，没有还款记录，经多方调查发现，对该笔还款另外单独存放，未记入日记账中。由于该公司在这一环节的内部控制制度不严，给有关人员舞弊提供了可能。

**案例提示**

（1）对应收账款进行函证时是否需要对所有债务人进行函证？在确定函证规模时应考虑哪些因素？

（2）对未收到回函的应收账款应采用的替代程序有哪些？

（3）假设本案的应收账款和其他应收款计提坏账准备的方法为余额百分比法，两个账户合计的期末余额为1 010万元，计提比例为10%，坏账准备账户的期初余额为120万元，本期借方发生额为181万元，预付账款和应收票据无须计提坏账准备，在不考虑其他项目影响的情况下，联合股份坏账准备本期提取数为101万元。请问坏账准备的计提数额是否正确？

**案例分析**

（1）对应收账款进行函证时是否需要对所有债务人进行函证？在确定函证规模时应考虑哪些因素？

根据《中国注册会计师审计准则第1312号——函证》的规定，审计人员在执行应收账款的函证程序时，为了提高审计效率，一般不需要对所有债务人进行函证，可以根据审计抽样确定的样本规模，并结合以下几种因素的影响来选定函证对象。

① 应收账款在全部资产中的重要程度。如果应收账款在全部资产中所占的比例较大，那么，函证的对象也要相应大一些。

② 被审计单位内部控制的强弱。如果内部控制比较健全，可以相应缩小函证范围，反之，要扩大函证范围。

③ 以前年度的函证结果。如果以前年度的函证中发现重大差异或欠款纠纷较多，函证范围应相对扩大一些。

④ 函证方式的选择。如果选择肯定式函证，可相应减少函证量；如果选择否定式函证，则相应增加函证量。

⑤ 一般情况下，账龄长、金额大、存在纠纷的应收账款、非正常名称的账户、关联方余额、有贷方余额的账户，则是注册会计师必须向债务人函证的对象。

（2）对未收到回函的应收账款应采用的替代程序有哪些？

根据《中国注册会计师审计准则第1312号——函证》的规定，审计人员对未收到回函的应收账款应采用的替代程序一般有：

① 检查、核对与形成应收账款相关的发票、出库单、货运凭证、顾客订单、销售合同等的真实性和一致性。

② 检查银行存款日记账中日后款项的收回，从而间接证明应收账款的存在性。

（3）假设本案例的应收账款和其他应收款计提坏账准备的方法为余额百分比法，两个账户合计的期末余额为1 010万元，计提比例为10%，坏账准备账户期初余额为120万元，本期借方发生额为181万元，若预付账款和应收票据无须计提坏账准备，不考虑其他项目的影响，联合公司的坏账准备本期提取数为101万元，请问坏账准备的计提数额是否正确？

根据《企业会计准则》规定，坏账准备是应收款项的备抵账户，期末按期估计可能发生的坏账损失，形成准备金坏账准备，计入当期损益，发生坏账时用准备金冲减应收款项。企业坏账损失的核算应采用备抵法，计提坏账准备的方法由企业自行确定，可以按余额百分比

第 5 章 销售与收款循环审计

法、账龄分析法、赊销金额百分比法等计提坏账准备，也可以按客户分别确定应计提的坏账准备。

所谓余额百分比法，就是按照期末应收款项余额的一定百分比估计坏账损失的方法。坏账百分比由企业根据以往的资料或经验自行确定。在余额百分比法下，企业应在每个会计期末根据本期末应收款项的余额和相应的坏账率估计出期末坏账准备账户应有的余额，它与调整前坏账准备账户已有的余额的差额，就是当期应提的坏账准备金额。采用余额百分比法计提坏账准备的计算公式如下：

① 首次计提坏账准备的计算公式：

当期应计提的坏账准备＝期末应收款项余额×坏账准备计提百分比

② 以后计提坏账准备的计算公式：

当期应计提的坏账准备＝当期按应收款项计算应计提的坏账准备金额+（或−）坏账准备账户借方余额（或贷方余额）

根据上述原理，联合公司坏账准备本期提取数＝1 010×10%+(181−120)=162（万元）

所以，联合公司坏账准备本期提取数为101万元的数额是不正确的。

## 案例小结

### 1. 审查应收账款的虚记问题

对应收款项审计的重点是高估问题，通过分析性复核程序和凭证抽查可以发现应收账款的虚记问题。企业利润虚构的常用手法是多记收入。在会计入账平衡关系的制约下，多记收入对应的必然是应收账款高估，应收账款高估可使资产总额增加，提高净资产收益率和短期偿债指标，在操作上也较为简单，因为销售入账的原始凭证为自制凭证，它不像购货业务入账的原始凭证来源于外部。因此，在审计时就应重点关注应收账款的高估问题。从本案例可知，应收账款的虚记问题可以通过相关销售原始凭证的核对及函证来发现。

### 2. 认真落实函证程序

为了确定应收款项的存在性，有效的方法是对债务人进行函证。在审计准则中也规定应收款项的函证程序是必须执行的程序，否则不能签发无保留意见审计报告。另外，在函证对象的选择和函证方式的确定上要恰当。如本案例所示，应将函证对象的重点放在那些债务较高的客户身上，而且采用肯定式函证，若不能收到回函必须使用有效的替代程序；对于为数较多的小额债务人可以适当减少函证数量，函证方式也可采用否定式，这样既能合理保证对应收款项的确认，也可适当兼顾审计效率。

### 3. 分析回函，发现问题

对应收款项的回函必须认真分析，对内容和金额有差异的回函更应谨慎对待。有些公司为了隐瞒投资并截留投资收益，常将投资记入其他应收款账户，并借助企业之间存在的互相出租、出借账户来实现资金的体外循环。对回函中金额有出入的情况要分析可能的导致原因，若属于未达账项应核对截止期前后的应收账款明细账和银行存款日记账；若属于双方记录错误，要追查相关的合同、发票存根和销售明细账等；若证实为漏记或多记，应提请被审计单位进行调整。

### 4. 采用账龄分析法时，应正确确定账龄

坏账准备的计提采用账龄分析法时，应密切关注账龄的确定是否正确。坏账准备的计提

和转销都会影响当期财务成果，对坏账准备采用账龄分析法计提时，有些公司为了掩饰应收账款的数量和少提坏账准备会对账龄进行调整，这是因为在应收账款数额较大、客户较多且往来频繁的情况下，很难区分每笔应收账款的账龄。在审计时应重点关注账龄较长的客户，分析有无随意调整账龄的情况，分析时可结合上期的资料进行必要的分析性复核。

# 第6章

# 购货与付款循环审计

## 6.1 联合乳品股份有限公司购货审计案例

### 案例背景

诚信会计师事务所自 2015 年开始接受联合乳品股份有限公司（以下简称"联合乳品"）董事会的委托，对联合乳品进行年度财务报表审计。根据双方签订的审计约定书，诚信会计师事务所于 2018 年 2 月 10 日至 3 月 4 日对联合乳品 2017 年度的会计报表进行了审计。

联合乳品主要生产经营奶粉、冷饮、液态奶、儿童奶等乳制品。2017 年主要财务数据和指标为：净利润 4 250 000 万元，总资产 3 950 000 万元，股东权益（扣除少数股东权益）1 960 000 万元。

审计过程如下。

**1. 风险评估**

在评估相应固定资产环节重大错报风险时，审计人员首先了解了联合乳品与固定资产相关的环境和政策。联合乳品由于负债问题致使公司持续经营受到威胁，在审计年度内固定资产增减变化虽不突出，但规模比较庞大。

**2. 控制测试**

审计人员根据审计计划对固定资产进行了控制测试。首先通过调查表的方式对联合乳品固定资产内部控制情况进行了调查了解，并进一步对固定资产的内部控制进行了测试，主要采取实地观察并结合抽查原始凭证及记账凭证的方法，对其进行了解及初步评价，并在此基础上初步形成了评价结论。

审计人员抽查了几笔较大金额的固定资产购置，注意到 100 万元以上的固定资产购置基本依据预算实行，未经预算的也经过董事长的特别审批手续，但对实际支出与预算之间的差异不太大的，未补充特别的审批手续。通过这次测试，审计人员认为，联合乳品大额固定资产的预算制度及授权审批制度基本按规定执行，处置固定资产时也分级履行了审批手续。此外，审计人员发现，联合乳品固定资产卡片账上的存放地点或使用部门一栏填写不全，尤其是办公设备的使用部门不明确，不利于管理。

审计人员对公司的固定资产盘点制度进行了详细询问，发现公司近年来一直未进行过较为全面的固定资产盘点，但在上年审计时组织过一次抽盘。

**3. 实质性程序**

（1）固定资产及累计折旧检查。审计人员编制了固定资产及累计折旧审计程序表，并执行了相关检查，发现了如表6-1所示的情况。

表6-1　固定资产及累计折旧情况表

单位：台

| 序号 | 固定资产名称 | 固定资产明细账 | 固定资产卡片 | 实存数量 |
| --- | --- | --- | --- | --- |
| 1 | 甲 | 10 | 10 | 8 |
| 2 | 乙 | 8 | 8 | 9 |
| 3 | 丙 | 10 | 9 | 10 |
| 4 | 丁 | 3 | 2 | 2 |

（2）索取或编制固定资产及累计折旧分类汇总表，核对明细表与明细账、总账是否相符。审计人员取得全部固定资产及累计折旧明细表，并进行了复核，与明细账、总账进行了核对。审计人员还认真地将本期期初余额与上年工作底稿中的期末审定数进行了核对，证实公司已按上年审计要求予以调账，与年初数核对一致。在此基础上，审计人员将分类汇总表的内容过入固定资产及累计折旧导引表。

（3）审计固定资产的增加情况。审计人员发现联合公司2017年10月份购入设备一台，买价100 000元，增值税17 000元，运杂费1 000元，设备安装费1 500元。企业除将买价计入固定资产成本外，其余所支付款项均计入管理费用账户。2017年11月份接受捐赠设备一台，该设备确认的入账价值为62 000元，企业计入资本公积账户。

另外，注册会计师发现有一笔固定资产增加的业务：2017年11月份联合公司从外地购入专用生产设备一台，购货发票上的价格为400 000元。该公司的会计分录为：

　　借：固定资产——专用设备　　　　　　　　400 000
　　　　贷：银行存款　　　　　　　　　　　　　　　　400 000

该专用设备于当月投入使用，并已于次月开始按400 000元的原值计提折旧费用。

（4）审计固定资产的减少情况。审计人员在对固定资产减少进行审计时，首先审查了固定资产减少的授权批准文件，以确认固定资产减少是否符合有关规定，并验证固定资产减少数额计算的准确性。此外，审计人员还结合固定资产清理和待处理财产损溢科目，抽查了固定资产账面转销额的正确性，同时关注了是否存在未做会计记录的固定资产减少业务。

审计人员审查固定资产减少时发现，联合公司有一笔办公设备提前报废的业务，该公司对此项业务的账务处理引起了审计人员的疑问。该公司有关账务处理的会计分录为：

　　借：固定资产清理　　　　　　　　　　　　70 000
　　　　累计折旧　　　　　　　　　　　　　　30 000
　　　　贷：固定资产　　　　　　　　　　　　　　　　100 000
　　借：营业外支出——非常损失　　　　　　　70 000
　　　　贷：固定资产清理　　　　　　　　　　　　　　70 000

联合公司在此期间并没有发生火灾、被盗等意外事故，审计人员调阅了该机器设备的固定资产卡片，发现该台设备使用仅3年，且无任何大修理记录。审计人员认为该固定资产报废的处理存在问题，通过与财务主管人员及设备保管人员进行交谈，了解了该项业务的真实情况，最后确认该项业务是虚报固定资产报废。

（5）审查固定资产的所有权情况。审计人员在审查固定资产的所有权时，主要通过审阅产权证书、财产保险单、财产税单、抵押贷款的还款收据等合法书面文件来确定所审查的固定资产是否确实为联合公司所拥有的合法财产。对于新增的固定资产，审计人员索取了联合公司财产的产权证书副本（以前年度购置的在以前年度底稿中已存档）。由于拥有所有权证书不一定就能证明固定资产的所有权（如卖主可能持有已出售固定资产的旧产权证书），所以审计人员进一步审计了有关合同、发票及付款凭证，并与财产税单进行了核对。经过审计，没有发现异常。

（6）固定资产折旧的审计。审计人员在核对折旧明细表后，对折旧计提的总体合理性进行复核，并采用分析程序检查判断固定资产折旧计提是否存在异常情况。在对某些折旧的计提审计中追查至固定资产登记卡时，发现该公司2017年11月份以一台设备对外投资，该设备原值为500 000元，残值率为0，设备年折旧率为6%，但该公司2017年12月份仍对该设备计提折旧。

（7）实地观察固定资产。一般来说，观察固定资产的实际存在主要是实地检视审计年度内增加的主要固定资产项目，并不一定全面检视所有的固定资产。观察范围的确定需要依据客户单位内部控制的强弱、固定资产的重要性和注册会计师的经验。通过分析企业内部控制情况，审计人员决定对期初存在的固定资产进行40%的抽盘，而对当期新增固定资产全部进行盘点。

审计人员以经核对相符的固定资产明细表为起点，进行了实地追查，证明会计记录中所列固定资产确实存在，同时了解了其目前的使用状况，并注意观察固定资产的保养和使用状况以及运行是否正常。经过审查，未发现问题。

**案例提示**

（1）根据注册会计师在审计固定资产项目时获得的资料（表6-1），分析产生的各种情况的可能原因和注册会计师应该提出的建议。

（2）根据案例中固定资产风险评估与控制测试的结果，评价联合公司固定资产环节的重大错报风险。

（3）审计人员应该如何进行固定资产增加的审计？请分析对于从外地购入的400 000元的固定资产，企业在处理过程中可能存在的问题，并提出审计调整建议。

（4）案例中审计人员为什么认为固定资产的报废处理存在问题？

（5）如何应用分析程序检查判断固定资产折旧的计提存在的异常情况？

（6）案例中固定资产折旧审计发现的问题应该如何处理？

**案例分析**

（1）分析思路如下：

① 甲设备账卡相符，实物短缺2台，原因可能是：A 该设备已报废处理，但账卡未注销，若为事实，应建议被审计单位注销账卡；B 因保管不善，设备被盗。若为事实，应建议被审计单位追究保管者的责任；C 设备出租，但没有记入出租固定资产账户，若为事实，应建议被审计单位补记。

② 乙设备账卡相符，实物多出1台，原因可能是：A 该设备已做报废处理，账卡已注销，但实物仍在使用；B 购进时未作固定资产入账，而作低值易耗品入账，但盘点时作为固

定资产，查明后，应建议被审计单位对照其价值和使用年限，确认其是否符合标准，若符合标准，补记固定资产明细账和卡片，若不符标准，则不作盘盈，不记入固定资产账簿；C将租入固定资产误记作盘盈，查明后应将设备在备查簿上登记。

③ 丙设备明细账与实物相符，但卡片少了1台，原因可能是购进时有1台没有在卡片上登记。若为事实，应建议被审计单位补记卡片。

④ 丁设备卡片与实物相符，但固定资产明细账多出1台，原因可能是该台设备已出售但明细账没有注销。若为事实，应建议被审计单位及时予以注销。

一般来说，注册会计师在抽查固定资产时，应关注固定资产的账、卡、物是否相符。如果不相符，应查明原因，提请被审计单位纠正。同时，对于造成被审计单位的账、卡、物不相符的内部控制制度，应提出改善意见。

（2）综合审计过程中发现联合公司由于负债问题致使公司持续经营受到威胁，审计年度内固定资产增减变化虽不突出，但规模比较庞大，近年来一直未进行过较全面的固定资产盘点等情况，说明联合公司固定资产环节存在重大错报风险，风险水平为中等水平。

（3）审计固定资产的增加是固定资产实质性程序中的重要内容。固定资产的增加有购入、自制自建、投资投入、更新改造增加、债务人抵债增加等多种方式。在审计过程中，对于外购固定资产，审计人员应通过核对购货合同、发票、保险单、发运凭证等文件，抽查测试其计价是否正确，授权批准手续是否齐备，会计处理是否正确；对于在建工程转入的新增固定资产，审计人员应着重检查竣工决算、验收和移交报告是否正确，与在建工程相关的记录是否相符，资本化利息金额是否恰当，等等。

对于企业从外地购入的400 000元的固定资产，该设备从外地购入却没有运杂费，另外，按照常理来说，该设备应该经过安装调试后，才能投入生产使用，但是在联合公司的处理中，既没有运费也没有安装调试费。既然这些费用没有资本化，则很可能被计入了期间费用。因此，注册会计师可以审阅在设备购入前后的管理费用、营业费用的明细账中的有关支出记录，以确定有无与该专用设备有关的这些费用，并将其调整到固定资产的原值中，一并作为计提折旧的基础。由此可能需要调整固定资产原值、折旧计提金额及期间费用。

（4）从审计发现的账务处理可以看出，设备的净值占原值的比例高达70%，说明其使用期限并不长，是提前报废。而联合公司在此期间并没有发生火灾、被盗等意外事故，审计人员调阅了该机器设备的固定资产卡片，发现该台设备使用仅3年，且无任何大修理记录，这些都说明其使用状态较好。一台使用状态良好的固定资产不应该提前报废。

（5）审计人员可以通过计算本期计提折旧额占固定资产原值的比率，并与上期比较，分析本期折旧计提额的合理性和准确性。审计人员还可以计算累计折旧额占固定资产原值的比率，以评估固定资产的老化率，并估计因闲置、报废等原因可能发生的固定资产损失。在进行分析性复核后，审查折旧的计提和分配，并将累计折旧账户贷方的本期计提折旧额与相应的成本费用中的折旧费用明细账户的借方金额进行比较，以查明计提折旧金额是否已全部摊入本期产品成本或费用。

（6）根据企业会计准则的规定，本月减少的固定资产本月也要计提折旧，但从下月起不再计提折旧，2017年11月份对外投资转出的设备从12月份起不再计提折旧。因此，应将12月份已提折旧冲减，并编制调整分录如下：

借：累计折旧　　　　　　　2 500
　　贷：制造费用　　　　　　2 500

## 案例小结

**1. 固定资产及其审计目标**

固定资产在企业资产总额中占较大比例，固定资产的安全、完整对企业的生产经营影响较大，注册会计师需要高度重视固定资产审计。

资产负债表上的固定资产项目的余额由固定资产科目余额扣除累计折旧科目余额和固定资产减值准备科目余额构成，因而固定资产的审计范围应当包括这三个总账科目。被审计单位通过各种途径增加固定资产时，可能涉及货币资金、应付账款、预付款项、在建工程、股本、资本公积、长期应付款、递延所得税负债等项目；被审计单位通过各种途径减少固定资产时，又可能与固定资产清理、其他应收款、应交税费、营业外收入和营业外支出等项目有关；被审计单位按月计提固定资产折旧，可能与制造费用、销售费用或管理费用等项目联系在一起。因此，在进行固定资产审计时，应当关注这些相关项目。

固定资产的审计目标如下：

①确定资产负债表中记录的固定资产是否存在；②确定所有应记录的固定资产是否均已记录；③确定记录的固定资产是否由被审计单位拥有或控制；④确定固定资产是否以恰当的金额包括在财务报表中，与之相关的计价或分摊是否已恰当记录；⑤确定固定资产原价、累计折旧和固定资产减值是否已按照企业会计准则的规定在财务报表中做出恰当列报。

**2. 固定资产重大错报风险分析**

（1）新增固定资产计价中的错报。固定资产增加可能有不同来源，不同来源的固定资产有不同的计价要求，不论被审计单位出于有意或无意，未完全按照计价要求处理相关账务都会造成固定资产价值计量中的错误或出现舞弊行为。

（2）固定资产减少中的错报。例如，固定资产变卖收入不入账，固定资产清理完毕后，不及时结转营业外收入等。

（3）混淆资本性支出和收益性支出。企业如果有意增加当期成本、费用，可能将符合固定资产标准的物品划入低值易耗品；而如果有意减少当期成本、费用，则可能将应属于低值易耗品的物品划入固定资产进行管理，以延缓其摊销速度。由此可见，混淆资本性支出和收益性支出会使固定资产和存货之间产生此生彼消的关系，从而使会计信息产生错报。

（4）固定资产分类不准确。一般企业按经济用途和使用情况对固定资产进行分类。对固定资产的分类正确与否主要涉及企业对哪些固定资产应计提折旧及折旧费用的列支等问题。这些问题直接影响企业费用和成本的计算、财务成本的确定和所得税的计算。例如，企业混淆经营租赁方式租入的固定资产和融资租赁方式租入的固定资产就会对计提的折旧费用产生影响。

（5）累计折旧计算的错误。例如，折旧年限的选择、折旧方法的确定、残值率的估计、折旧范围不当等。

（6）对固定资产减值准备的估算和转回进行人为调节。

**3. 固定资产的内部控制制度及其控制测试要点**

企业应当加强对各类固定资产的管理，重视固定资产维护和更新改造，不断提升固定资产的使用效能，积极促进固定资产处于良性循环状态。表 6-2 为固定资产内部控制制度及控制测试要点。

表 6-2　固定资产内部控制制度及控制测试要点

| 内部控制制度 | 控制测试要点 |
| --- | --- |
| 固定资产的预算制度 | 选取固定资产投资预算和投资可行性项目论证报告，检查是否编制预算并进行论证，以及是否经适当层次审批；<br>对实际支出与预算之间的差异及未列入预算的特殊事项，应检查其是否履行特别的审批手续 |
| 固定资产的授权批准制度 | 检查被审计单位固定资产授权批准制度本身是否完善；<br>选取固定资产请购单及相关采购合同，检查是否得到适当审批和签署，关注授权批准制度是否得到切实执行 |
| 固定资产的账簿记录制度 | 检查固定资产明细账和登记卡，以分析固定资产的取得和处置、复核折旧费用和修理支出的列支 |
| 固定资产的职责分工制度 | 查阅固定资产职责分工制度，实地观察固定资产职责的分工 |
| 资本性支出和收益性支出的区分制度 | 检查该制度是否遵循企业会计准则的要求，是否适应被审计单位的行业特点和经营规模；<br>抽查实际发生与固定资产相关的支出时是否按照该制度进行恰当的会计处理 |
| 固定资产的处置制度 | 关注被审计单位是否建立了有关固定资产处置的分级申请报批程序；<br>抽取固定资产盘点明细表，检查账实之间的差异是否经审批后及时处理；<br>抽取固定资产报废单，检查报废是否经适当批准和处理；<br>抽取固定资产内部调拨单，检查调入、调出是否已进行适当处理；<br>抽取固定资产增减变动情况分析报告，检查是否经复核 |
| 固定资产的定期盘点制度 | 了解和评价固定资产盘点制度，并查询盘盈、盘亏固定资产的处理情况 |

**4. 固定资产——账面余额审计的实质性程序**

测试 1：获取或编制固定资产和累计折旧分类汇总表，检查固定资产的分类是否正确，并与总账数和明细账合计数核对是否相符，结合累计折旧、减值准备科目与报表数核对是否相符。

测试 2：对固定资产实施实质性分析程序。

测试 3：实地检查重要的固定资产，确定其是否存在，关注是否存在已报废但仍未核销的固定资产。

测试 4：核查固定资产的所有权或控制权。

测试 5：检查本期固定资产的增加。

测试 6：检查本期固定资产的减少。

测试 7：检查固定资产的后续支出，确定与固定资产有关的后续支出是否满足资产确认条件。

测试 8：检查固定资产的租赁。

测试 9：获取暂时闲置的固定资产的相关证明文件，并观察其实际状况，检查其是否已按规定计提折旧、相关的会计处理是否正确。

测试 10：获取已提足折旧仍继续使用的固定资产的相关证明文件，并做相应记录。

测试 11：获取持有待售固定资产的相关证明文件，并做相应记录；检查对其预计净残值的调整是否正确、会计处理是否正确。

测试12：检查固定资产保险情况，复核保险范围是否足够。

测试13：检查有无与关联方的固定资产购售活动，检查其是否经适当授权、交易价格是否公允。对于合并范围内公司之间的购售活动，检查其是否记录了应予合并抵销的金额。

测试14：检查借款费用资本化的计算方法、资本化金额，以及会计处理是否正确。

测试15：检查购置固定资产时是否存在与资本性支出有关的财务承诺。

测试16：检查固定资产的抵押、担保情况，结合对银行借款等的检查，了解固定资产是否存在重大的抵押、担保情况。如存在，应取证，并做相应的记录，同时提请被审计单位做恰当披露。

测试17：检查固定资产是否已按照企业会计准则的规定在财务报表中做出恰当列报。

**5. 固定资产——累积折旧审计的实质性程序**

测试1：获取或编制累计折旧分类汇总表，复核加计是否正确，并与总账数和明细账合计数核对是否相符。

测试2：检查被审计单位制定的折旧政策和方法是否符合相关会计准则的规定，确定其计数核对是否相符；检查所采用的折旧方法能否在固定资产预计使用寿命内合理分摊其成本，前后期是否一致；检查预计使用寿命和预计净残值是否合理。

测试3：复核本期折旧费用的计提和分配。

测试4：将累计折旧账户贷方的本期计提折旧额与相应的成本费用中的折旧费用明细账户的借方相比较，检查本期所计提折旧金额是否已全部摊入本期产品成本或费用。若存在差异，应追查原因，并考虑是否建议做适当调整。

测试5：检查累计折旧的减少是否合理、会计处理是否正确。

测试6：检查累计折旧的披露是否恰当。

**6. 固定资产——固定资产减值准备审计**

测试1：获取或编制固定资产减值准备明细表，复核加计是否正确，并与总账数和明细账合计数核对是否相符。

测试2：检查被审计单位计提固定资产减值准备的依据是否充分、会计处理是否正确。

测试3：获取闲置固定资产清单，并观察其实际状况，识别其是否存在减值迹象。

测试4：检查资产组的认定是否恰当、计提固定资产减值准备的依据是否充分、会计处理是否正确。

测试5：计算本期末固定资产减值准备占期末固定资产原值的比率，并与期初该比率比较，分析固定资产的质量状况。

测试6：检查被审计单位处置固定资产时原计提的减值准备是否同时结转、会计处理是否正确。

测试7：检查是否存在转回固定资产减值准备的情况，确定减值准备在以后会计期间没有转回。

测试8：检查固定资产减值准备的披露是否恰当。

一般来说，固定资产在资产总额中占很大的比重，大额固定资产的购置会影响其现金流，而固定资产的折旧、维修等费用则是影响其损益大小的重要因素，固定资产管理一旦失控，所造成的损失将远远超过一般的商品存货等流动资产。因此，为了确保固定资产的真实、完整、安全和有效利用，注册会计师要着重审查固定资产的取得、后续计量、期末的计价是否符合企业会计准则的要求。

## 6.2 联合乳品股份有限公司付款审计案例

### 案例背景

诚信会计师事务所自 2015 年开始接受联合乳品股份有限公司（以下简称"联合乳品"）董事会的委托，对联合乳品进行年度财务报表审计。根据双方签订的审计约定书，诚信会计师事务所于 2018 年 2 月 10 日至 3 月 4 日对联合乳品 2017 年度的会计报表进行了审计。

联合乳品主要生产经营奶粉、冷饮、液态奶、儿童奶等乳制品。2017 年主要财务数据和指标为：净利润 4 250 000 万元，总资产 3 950 000 万元，股东权益（扣除少数股东权益）196 000 万元。

审计过程如下。

**1. 风险评估**

在评估应付账款环节的重大错报风险时，审计人员了解到联合乳品与应付账款相关的环境和政策以及购货业务变化不突出，因此所形成应付账款的增减变化没有大的波动。

**2. 控制测试**

审计人员根据审计计划对应付账款进行了控制测试。首先通过调查表的方式对联合乳品的内部控制进行了调查了解，并运用检查凭证法、实地考察法等对应付账款的内部控制进行了测试。根据测试结果，审计人员认为应付账款内部控制总体上是健全有效的，但以下方面存在缺陷：

① 没有定期将应付账款明细账与客户进行对账；

② 应付账款的支付存在不及时问题，影响了企业获得现金折扣的能力。

**3. 应付账款审计的实质性程序**

（1）获取付款凭证。注册会计师在审查联合乳品的采购与付款循环时，联合乳品的会计负责人提出不必抽查本年度（即被审计年度的次年）付款凭证来证实被审计年度的会计记录，其理由如下：被审计年度的有些发票因收到太迟，来不及计入当年 12 月份的账簿，公司已经全部用暂估的转账分录入账；被审计年度后，公司内部注册会计师已经对这一部分业务进行了抽查；公司愿意提供无漏记负债业务申明书。

（2）获取应付账款明细表。审计人员从联合乳品取得了应付账款明细表，将各明细账期初余额、本期发生额和期末余额及其合计数进行了复核，并将其与应付账款明细账、总账进行了核对，均准确无误。

（3）审查应付账款明细账。审计人员应重点审查应付账款明细账中所记录的摘要、日期、金额等内容，核对其是否与购货发票、订货单、验收报告等原始单据，以及现金日记账、银行存款日记账的有关记录相符；运用分析性复核程序，检查被审计年度内某一应付账款明细账发生和偿还的负债金额是否正常，有无利用应付账款账户进行营私舞弊的问题。

（4）对应收账款执行实质性分析程序。审计人员在分析、审阅应付账款明细账时，发现下列事项。

① 应付MK公司明细账2017年12月贷方发生额高达500万元，相当于前11个月合计数800万元的62.5%。审计人员认为该月的应付账款记录不正常，便将12月明细账内的每笔记录与有关凭证进行了核对，其中12月18日账内有一笔记录金额为450万元的应付账款增加记录，记账凭证中的会计分录为：

借：银行存款　　　　　　　　　　4 500 000
　　贷：应付账款——MK公司　　　　4 500 000

该笔记账凭证所附原始凭证为银行存款进账单回单和销售给MK公司货物的销售发票。经询问联合乳品的会计和出纳人员，证明该笔记录是一项销售业务，为了转移或隐藏本年度的销售收入，进行了上述非法的账务处理。

② 应付账款——甲公司账户的贷方余额为10万元，经审查是三年前联合乳品向甲公司购买原材料的货款。联合乳品因财务状况不佳，无力支付M公司货款100万元（增值税项略），经过与M公司协商，M公司同意联合乳品以生产的总成本为60万元的产品抵偿上述债务，双方已在被审计年度履行了债务重组协议，但联合乳品未按规定进行账务处理。

③ 应付账款——丙公司账户的贷方余额为30万元，但是通过查阅原始凭证和询问有关人员，未能取得充分证据证明此款项的业务性质，无法判定负债的存在性。

（5）函证应付账款。联合乳品有应付账款明细账200个，审计人员对联合乳品被审计年度内有大额购货交易的应付账款，以及长期挂账的应付账款、未寄对账单的供应商、异常交易账户、关联方、资产担保负债的债权人、期末账面余额为零的共计80家重要供应商进行了函证，以确定应付账款余额的正确性。

发函后，审计人员在预定的时间范围内收到了其中75家公司的回函，对未回函的5家公司的应付账款执行了替代程序，即详细审阅了这5家公司应付账款明细账和银行存款明细账，并较大范围地抽查了有关的会计凭证，对所购入的物资进行了检查，询问了联合乳品有关会计人员，最后证实其中4家公司无异常情况，一家叫JM的公司破产，联合乳品欠JM公司的账款5万元已挂账2年。

在回函的75家公司中，其中74家的回函确认了联合乳品应付账款明细账的余额，只有LT公司未确认。联合乳品应付账款LT公司明细账中报表日余额与LT公司回函确认余额相差50万元。经应付账款（LT公司）明细账记录，证明联合乳品于2017年12月29日以委托银行付款的结算方式支付了LT公司2017年10月5日发生的应付账款50万元，而截至2017年12月31日联合股份尚未收到银行收款通知单，故造成上述二者不相等的情况。

（6）查找未入账的应付账款。审计应付账款时，需要注意查明被审计单位是否存在金额较大且对企业财务报表有着重大影响的未入账应付账款。审计人员在审计有关会计资料时，未发现异常。

### 案例提示

（1）针对本案例，在编制审计计划时，假设报表层次的重要性水平根据总资产的0.5%确定，请计算报表层次的重要性水平。根据上述风险评估和控制测试，请评价联合乳品在应付账款环节的重大错报风险。对于长期挂账并证明联合乳品应付账款的债权人已经破产的情况，请说明根据企业会计准则规定应该如何编制调整分录。

（2）在本案例中联合乳品为了转移或隐藏本年度的销售收入，进行了非法的账务处理，对此应该如何编制调整分录？

（3）在审查联合乳品采购与付款业务时，联合乳品提出不必抽查本年度付款凭证并且陈述了理由。针对这种情况注册会计师应该如何处理？

## 案例分析

（1）在编制审计计划时，如果报表层次的重要性水平根据总资产的 0.5%确定，则报表层次的重要性水平为 19 750(3 950 000×0.5%)万元。

根据上述风险评估和控制测试情况，可以得出联合乳品应付账款环节的重大错报风险存在但不显著。

对于长期挂账并证明联合乳品应付账款的债权人已经破产的情况，根据企业会计准则规定应该编制调整分录为：

借：应付账款——JM 公司　　50 000
　　贷：营业外收入　　　　　　　　　50 000

（2）一般情况下，被审计单位会在第二年（2018 年）将上述隐藏的销售收入予以冲回，即借记应付账款——MK 公司账户，贷记主营业务收入账户。审计人员应通过审阅被审计单位 2018 年已有的有关账户内容，查看有无冲回记录，如果无冲回记录，则应调整被审计单位 2017 年度会计报表中的有关项目。假设被审计单位属于一般纳税人，增值税税率为 17%，则应编制调整分录为：

借：应付账款——MK 公司　　　　　　　　4 500 000
　　贷：主营业务收入　　　　　　　　　　　　3 846 153.85
　　　　应交税费——应交增值税（销项税额）　　653 846.15

（3）针对这种情况，应该有以下分析：

① 被审计单位因迟收发票而未根据发票的实际金额入账，只是以"暂估"金额入账，这种做法本身减少了进一步调整的可能性，但它并不影响注册会计师抽查次年度的付款凭证。这与被审计单位声明其报表内容真实、完整，而注册会计师仍应执行相应的审计程序的道理完全相同。

② 如果注册会计师已查明内部注册会计师具有专业胜任能力和合理的独立性，并且已抽查了未入账的债务，在与内部注册会计师讨论其程序的性质、时间、范围并审阅其工作底稿后，注册会计师可减少拟进行的未入账债务抽查工作，但绝不能取消抽查工作。

③ 被审计单位提供的"无漏记债务声明书"不能作为可以信赖的审计程序，它仅仅给注册会计师提供了额外的保证，但作为内部证据，其证明力较弱，因此无法减轻注册会计师抽查的责任。

由以上分析可以得出，注册会计师应当对被审计年度次年的付款凭证进行抽查。

## 案例小结

### 1. 应付账款及其审计目标

应付账款是被审计单位在正常运营过程中，因购买材料、商品和接受服务等而应付给供应商的款项。

应付账款的审计目标如下：

① 确定资产负债表中记录的应付账款是否存在；
② 确定所有应当记录的应付账款是否均已记录；
③ 确定资产负债表中记录的应付账款是否为被审计单位应当履行的现时义务；
④ 确定应付账款是否以恰当的金额包括在财务报表中，与之相关的计价调整是否已恰当记录；
⑤ 确定应付账款是否已按照企业会计准则的规定在财务报表中做出了恰当的列报。

**2. 应付账款审计的实质性程序**

一般来讲，应付账款审计应当执行以下实质性程序。

测试1：获取或编制应付账款明细表，并执行以下工作。

复核加计正确，并与报表数、总账数和明细账合计数核对是否相符；检查非记账本位币应付账款的折算汇率及折算是否正确；分析出现借方余额的项目；结合预付账款、其他应付款等往来项目的明细余额，调查有无同挂的项目、异常余额或与购货无关的其他款项。

测试2：对应付账款执行实质性分析程序。

测试3：函证应付账款。

测试4：检查应付账款是否记入正确的会计期间、是否存在未入账的应付账款。

测试5：针对已偿付的应付账款，追查至银行对账单、银行付款单据和其他原始凭证，检查其是否在资产负债表日前真实偿付。

测试6：针对异常或大额交易及重大调整事项（如大额的购货折扣或退回、会计处理异常的交易、未经授权的交易或缺乏支持性凭证的交易等），检查相关原始凭证和会计记录，以分析交易的真实性、合理性。

测试7：被审计单位与债权人进行债务重组的，检查不同债务重组方式下的会计处理是否正确。

测试8：标明应付关联方的款项，执行关联方及其交易审计程序，并注明合并报表时应予抵销的金额。

测试9：检查应付账款是否已按照企业会计准则的规定在财务报表中做出恰当列报。

**3. 应付账款审计的实质性分析程序**

① 将月度（或每周）采购总额趋势与以前年度或预算相比较，任何异常波动都必须与管理层讨论，如果有必要，还应做进一步的调查。

② 将实际毛利水平与以前年度或预算相比较，如果被审计单位以不同的价格销售产品，就需要将相似利润水平的产品分组进行比较。任何重大的差异都需要进行调查，因为毛利可能由于销售额、销售成本的错误被歪曲，而销售成本的错误则又可能是受采购记录的错误影响的。

③ 计算应付账款的赊购天数，并将其与以前年度相比较，超出预期的变化可能由多种因素造成，包括未记录采购、虚构采购记录或截止问题。

④ 检查常规账户和付款。例如，租金、电话费和电费。这些费用是日常发生的，通常按月支付。通过检查可以确定已记录的所有费用及其月度变动情况。

⑤ 检查异常项目的采购。例如，大额采购、从不经常发生交易的供应商处采购，以及未通过采购账户而是通过其他途径记入存货和费用项目的采购。

⑥ 无效付款或金额不正确的付款，可以通过检查付款记录和付款趋势得以发现。例如，通过查找金额偏大的异常项目并深入调查，可能发现重复付款或记入不恰当应付账款账户的付款。

⑦ 将期末应付账款余额与期初余额进行比较，分析波动的原因。

⑧ 分析长期挂账的应付账款，要求被审计单位做出解释，判断被审计单位是否缺乏偿付能力或利用应付账款隐瞒利润，并注意其是否可能无须支付；判断对确实无须支付的应付账款的会计处理是否正确、依据是否充分；关注账龄超过3年的大额应付账款在资产负债表日后是否偿还，检查偿还记录、单据及披露情况。

⑨ 计算应付账款与存货的比率、应付账款与流动负债的比率，并与以前年度相关比率进行对比，评价应付账款整体的合理性。

⑩ 分析存货和营业成本等项目的增减变动，判断应付账款增减变动的合理性。

**4. 函证应付账款**

在一般情况下，应付账款不需要函证。这是因为：一方面，函证不能保证查出未记录的应付账款。应付账款审计的侧重点是被审计单位的低估风险，函证难以达到此目的。而应收账款审计的侧重点是被审计单位的高估风险，函证能取得证实账面债权的凭据，可有效查找高估资产的情形。另一方面，注册会计师能够取得采购发票等具有较强可靠性的外部凭证来证实应付账款的余额，而应收账款的其他证据主要来自公司内部。因此，在一般情况下函证应付账款并非是必经程序。然而，如果控制风险较高，某应付账款明细账户金额较大或被审计单位处于财务困难阶段，则应进行应付账款的函证。

在对应付账款进行函证时，通常应选择较大金额的债权人及那些在资产负债表日金额不大甚至为零，但是是被审计单位重要供货人的债权人作为函证对象。应付账款函证通常采用积极式函证方式，并具体说明应付金额。同应收账款函证一样，注册会计师必须对函证的过程进行控制，要求债权人直接回函，并根据回函情况编制函证结果汇总表，对未回函的，应考虑是否再次函证。

如果存在未回函的重大项目，注册会计师应采用替代审计程序。例如，可以检查决算日后应付账款明细账及库存现金日记账和银行存款日记账，核实其是否已支付，同时检查该笔债务的相关凭证资料，如合同、发票、验收单，以核实应付账款的真实性。

**5. 查找未入账的应付账款**

为了查找未入账的应付账款，在审计实务中注册会计师可采用以下方法。

① 检查债务形成的相关原始凭证，如供应商发票、验收报告或入库单等，查找有无未及时入账的应付账款，确定应付账款期末余额的完整性。

② 检查资产负债表日后应付账款明细账贷方发生额的相应凭证，关注其购货发票的日期，确认其入账时间是否合理。

③ 获取被审计单位与其供应商之间的对账单（应从非财务部门，如采购部门获取），并将对账单和被审计单位财务记录之间的差异进行调节（如在途款项、在途货物、付款折扣、未记录的负债等），查找有无未入账的应付账款，确定应付账款金额的准确性。

④ 针对资产负债表日后付款项目，检查银行对账单及有关付款凭证（如银行划款通知、供应商收据等），询问被审计单位内部或外部的知情人员，查找有无未及时入账的应付账款。

⑤ 结合存货监盘程序，检查被审计单位在资产负债表日前后的存货入库资料（验收报告或者入库单），检查是否有大额货到而单未到的情况，确认相关负债是否计入了正确的会计期间。

应付账款是购货与付款循环审计的一个重要内容，被审计单位容易在此项目中发生会计舞弊问题，审计人员对其应适当增加实质性程序，以降低审计的检查风险。在应付账款会计处理中，会计错误的累积是否对净利润造成影响，是审计人员进行账务调整的首要原则。如净利润不会发生变动，仅影响流动比率及营运资本，那么审计人员可以根据其重要性水平决定是否调整。审计人员应当充分考虑这类错误的累积影响，因为大量不需调整的错误累积起来可能对企业的财务报表产生重大影响。这时审计人员就必须对其进行调整。

# 第 7 章

# 生产与存货循环审计

## 7.1 联合实业股份有限公司存货审计案例

### 案例背景

联合实业股份有限公司（以下简称"联合实业"）下属子公司甲是一家陶瓷厂，主要生产三种型号的坐便器。诚信会计师事务所接受联合实业的委托，对甲公司 2018 年年度财务报表进行审计。会计师事务所在对甲公司存货项目进行审计时实施了监盘程序。注册会计师了解到甲公司 2018 年 12 月 31 日存货明细余额如表 7-1 所示。

表 7-1 甲公司 2018 年 12 月 31 日存货明细余额（未审数）

| 品名 | 计量单位 | 数量 | 单价/元 | 金额/元 |
|---|---|---|---|---|
| 浆料 | 吨 | 280.5 | 3 200 | 897 600 |
| 釉料 | 吨 | 150 | 6 800 | 1 020 000 |
| 半成品 a | 件 | 200 | 150 | 30 000 |
| 半成品 b | 件 | 300 | 100 | 30 000 |
| 半成品 c | 件 | 500 | 50 | 25 000 |
| 成品 a | 件 | 500 | 280 | 140 000 |
| 成品 b | 件 | 600 | 150 | 90 000 |
| 成品 c | 件 | 800 | 80 | 64 000 |

### 案例提示

（1）本案例中，注册会计师在监盘之前做了哪些准备工作？
（2）注册会计师是怎样编制存货监盘计划表的？
（3）在拿到存货盘点记录之后注册会计师做了哪些工作？
（4）注册会计师怎样对存货执行抽盘？

### 审计过程及相关问题

**1. 监盘审计前的准备工作**

注册会计师于 2019 年 1 月 10 日对甲公司的存货存放地点进行考察，发现该公司的浆料和釉料都存放在原材料库，三种型号的成品都放在了成品仓库，而三种型号的半成品分别散见于生产车间、施釉车间和烧成车间。同时，注册会计师通过询问和查询账簿发现该公司存货采取永续盘存制，且存货内部控制有效。此外，注册会计师还查阅了管理层制定的存货盘点表并认为盘点计划并无不妥。

**2. 编制存货监盘计划**

注册会计师根据甲公司制定的存货盘点计划表制作了存货监盘计划，如表7-2所示。

表7-2 存货监盘计划表

| 被审计单位：甲公司 | | | 编制：林华 | | 日期：2019年1月10日 | | |
|---|---|---|---|---|---|---|---|
| 会计截止日：2018.12.31 | | | 复核：李琴 | | 日期：2019年1月10日 | | |
| 序号 | 存货类别 | 存放地点 | 盘点日账面金额/元 | 盘点日期 | 资产负债表日金额/元 | 是否参与监盘 | 是否函证 |
| 1 | 浆料 | 原材料库 | 368 800 | 2018.01.12 | 897 600 | 是 | 否 |
| 2 | 釉料 | 原材料库 | 352 000 | 2018.01.12 | 1 020 000 | 是 | 否 |
| 3 | 半成品a | 一车间、施釉车间、烧成车间 | 15 000 | 2018.01.12 | 30 000 | 是 | 否 |
| 4 | 半成品b | 二车间、施釉车间、烧成车间 | 16 000 | 2018.01.12 | 30 000 | 是 | 否 |
| 5 | 半成品c | 三车间、施釉车间、烧成车间 | 20 000 | 2018.01.12 | 25 000 | 是 | 否 |
| 6 | 成品a | 成品库 | 84 000 | 2018.01.12 | 140 000 | 是 | 否 |
| 7 | 成品b | 成品库 | 60 000 | 2018.01.12 | 90 000 | 是 | 否 |
| 8 | 成品c | 成品库 | 48 000 | 2018.01.12 | 64 000 | 是 | 否 |
| 建议的抽盘范围以及抽盘项目的选取：因为该公司存货的重大错报水平为低水平，所以设定抽盘比例为10%左右，从每个存货项目中各选取部分进行抽盘 | | | | | | | |
| 存货监盘人员的分工：根据甲公司的盘点计划，该公司将组织管理人员李强、财务人员王丽、技术人员张鹏、仓库管理人员张刚、生产车间管理人员刘新、施釉车间人员李华、烧成车间人员王森对存货予以盘点；审计项目组分派林华、李琴进行监盘 | | | | | | | |
| 盘点时应收集截止测试信息，获取以下截止日资料：①盘点前最后一张入库单或购货发票；②盘点前最后一张出库单或销货发票；③盘点前最后一张内部转账凭证。 | | | | | | | |

**3. 对存货明细账与存货盘点记录进行核对**

在拿到存货盘点记录之后，注册会计师对甲公司的存货明细账与存货盘点记录进行核对，核对表如表7-3所示。

表7-3 存货明细账与存货盘点记录核对表

| 被审计单位：甲公司 | | | 编制：林华 | | | | | 日期：2019年1月12日 | | | | |
|---|---|---|---|---|---|---|---|---|---|---|---|---|
| 会计截止日：2018.12.31 | | | 复核：李琴 | | | | | 日期：2019年1月12日 | | | | |
| 序号 | 项目 | 盘点日期 | 盘点日账面金额/ | 尚未入账 | | 盘点日应存额/ | 盘点日实存额/ | 盘点盈亏/ | 盈亏已调整√ | 资产负债表日至盘点日 | | 资产负债表日账面金额/元 | 资产负债表日审定金额/元 | 参与盘点人员 |
| | | | | 入库/ | 出库/ | | | | | 入库额/ | 出库额 | | | |
| 1 | 浆料 | 2018.01.12 | 368 800 | 0 | 0 | 368 800 | 368 800 | | | 80 000 | 160 000 | 448 800 | 448 800 | 注册会计师林华、仓库管理人员张刚、企业管理人员李强 |
| 2 | 釉料 | 2018.01.12 | 352 000 | 0 | 0 | 352 000 | 352 000 | | | 32 000 | 160 000 | 480 000 | 480 000 | |
| 3 | 半成品a | 2018.01.12 | 15 000 | 0 | 0 | 15 000 | 16 500 | 盈1500 | √ | 75 00 | 22 500 | 30 000 | 31 500 | |
| 4 | 半成品b | 2018.01.12 | 16 000 | 0 | 0 | 16 000 | 16 000 | | | 60 00 | 20 000 | 30 000 | 30 000 | |
| 5 | 半成品c | 2018.01.12 | 20 000 | 0 | 0 | 20 000 | 20 000 | | | 10 000 | 15 000 | 25 000 | 25 000 | |
| 6 | 成品a | 2018.01.12 | 84 000 | 0 | 0 | 84 000 | 84 000 | | | 28 000 | 84 000 | 140 000 | 140 000 | |
| 7 | 成品b | 2018.01.12 | 60 000 | 0 | 0 | 60 000 | 59 250 | 亏750 | √ | 45 000 | 75 000 | 90 000 | 89 250 | |
| 8 | 成品c | 2018.01.12 | 48 000 | 0 | 0 | 48 000 | 48 000 | | | 8000 | 24000 | 64000 | 64000 | |

| 审计说明 | (1) 盘点发现，半成品 a 盘盈 1500 元，通过追加审计程序，原因已经查明，是由于生产工人未及时将单据交给财务人员导致 10 件半成品 a 未入账，经批准冲减管理费用，调整分录为：<br>　　借：生产成本——半成品 a　　1 500<br>　　　　贷：待处理财产损溢　　　　1 500<br>　　借：待处理财产损溢　　1 500<br>　　　　贷：管理费用　　　　　　1 500<br>(2) 盘点发现，成品 b 盘亏 750 元，通过追加审计程序，原因已经查明，是搬运工人从烧成车间搬运到成品库时碰坏，搬运工人已同意赔偿，调整分录为：<br>　　借：待处理财产损溢　　750<br>　　　　贷：库存商品——成品 b　　750<br>　　借：其他应收款　　750<br>　　　　贷：待处理财产损溢　　　750 |
|---|---|

审计结论：经甲公司调整后，余额可以确认

### 4. 抽盘

注册会计师根据甲公司存货项目选取了金额较大的项目进行抽盘，具体情况如表 7-4 所示。

**表 7-4　存货抽盘表**

| 被审计单位：甲公司 | | | 编制：林华 | | | 日期：2019 年 1 月 12 日 | | | | | |
|---|---|---|---|---|---|---|---|---|---|---|---|
| 会计截止日：2018.12.31 | | | 复核：李琴 | | | 日期：2019 年 1 月 12 日 | | | | | |
| 序号 | 品名 | 计量单位 | 盘点日实存量 | 加盘点日前付出量 | 减盘点日前收入量 | 资产负债表日实存数量 | 资产负债表日账面结存 | | 差异 | | 调整数（元）|
| | | | | | | | 数量 | 金额（元）| 数量 | 单价（元）| 金额（元）| |
| 1 | 浆料 | 吨 | 368 800 | 160 000 | 80 000 | 280 | 281 | 448 800 | 1 | 1 600 | 1 600 | 0 |
| 2 | 半成品 c | 件 | 20 000 | 15 000 | 10 000 | 500 | 500 | 25 000 | 0 | 50 | 0 | 0 |
| 3 | 成品 a | 件 | 84 000 | 84 000 | 28 000 | 500 | 500 | 140 000 | 0 | 280 | 0 | 0 |

审计说明：浆料为散装材料，估计存货数量存在困难，采用体积比重换算与原采用磅秤测量的重量存在误差。因为误差比较小，可以忽略不计，故不做调整

审计结论：经过抽盘，账实基本相符，存货期末余额可以按照监盘调整后的余额确认

## 案例小结

存货监盘的具体过程如表 7-5 所示。

**表 7-5　存货监盘程序表**

| 审计程序 | 索引号 |
|---|---|
| **实施观察和检查程序** | |
| 1. 在被审计单位盘点存货前，观察盘点现场：<br>(1) 审计人员应在被审计单位盘点前到达现场，确定纳入盘点的范围是否恰当（应纳入的、未纳入的、所有权不属于被审计单位的委托代存的存货，被审计单位是否纳入盘点计划）；<br>(2) 确定存货是否附有盘点标识，对未纳入盘点范围的存货，查明未纳入的原因 | FYW-001 |

续表

| 审计程序 | 索引号 |
|---|---|
| **实施观察和检查程序** | |
| 2. 在被审计单位盘点人员盘点时进行观察：<br>（1）确定被审计单位盘点人员是否遵守盘点计划；<br>（2）确定被审计单位盘点人员是否准确地记录存货的数量和状况；<br>（3）关注存货发送和验收场所，确定这里的存货应包括在盘点范围之内还是排除在外；<br>（4）关注存货所有权的证据，如货运单据以及商标等；<br>（5）关注所有应盘点的存货是否均已盘点 | FYW-002 |
| 3. 检查所有权不属于被审计单位的存货：<br>（1）取得其规格、数量等有关资料；<br>（2）确定这些存货是否已分别存放、标明；<br>（3）确定这些存货未被纳入盘点范围 | FYW-003 |
| 4. 检查已盘点的存货：<br>（1）要求将抽查结果与被审计单位盘点记录相核对，形成相应记录；<br>（2）目的是确定被审计单位盘点计划是否得到执行并确认被审计单位的存货实物总额；<br>（3）范围通常包括每个盘点小组已盘点的存货，以及难以盘点的或隐蔽性较强的存货；<br>（4）实施双向检查，从存货盘点记录中选取项目追查至存货实物，以测试盘点记录的准确性；从存货实物中选取项目追查至存货盘点记录，以测试存货盘点的完整性 | FYW-004 |
| 5. 对检查发现的差异，进行适当处理：<br>（1）查明差异原因：盘点记录可能存在高估、低估或其他错误；<br>（2）及时提请被审计单位更正；<br>（3）如果差异较大，应当扩大检查范围或提请被审计单位重新盘点 | FYW-005 |
| 6. 特别关注存货的移动情况，防止遗漏或重复盘点；特别关注存货的状况，观察被审计单位是否已经恰当区分所有毁损、陈旧、过时及残次等存货的处置及存货跌价准备；特别关注存货的截止，获取盘点日前后存货收发及移动的凭证，检查库存记录与会计记录期末截止是否正确 | FYW-006 |
| **复核盘点结果，完成监盘报告** | |
| 7. 在被审计单位存货盘点结束前，再次观察盘点现场，以确定所有应纳入盘点范围的存货均已盘点：<br>（1）再次回到现场，观察现场，确定有无漏盘存货（被审计单位所有应纳入盘点的存货是否均已盘点）；<br>（2）检查盘点单是否连续编号并全部收回（包括作废和未使用的）；<br>（3）如果盘点日不是12月31日，审计人员确定盘点日与12月31日之间存货变动是否已做出了正确记录；<br>（4）被审计单位永续盘存记录与盘点结果有无重大差异，如有重大差异，审计人员应追加审计程序查明原因 | FYW-007 |
| 8. 取得并复核盘点结果汇总记录，形成存货盘点报告（记录），完成存货监盘报告：<br>（1）评估盘点结果汇总记录是否正确地反映了实际盘点结果；<br>（2）确定盘点结果汇总记录中未包括所有权不属于被审计单位的存货；<br>（3）选择盘点结果汇总记录中的项目，查至原始盘点表，以确定没有混入不应包括在内的存货项目；<br>（4）选择价值较大的存货项目和上期相同项目的库存数量相比较，获取异常变动的信息 | FYW-008 |
| 9. 如果盘点日与资产负债表日一致，且被审计单位使用永续盘存记录来确定期末数，则应当考虑对永续记录实施适当的审计程序，并做必要的监盘 | FYW-009 |
| 10. 如果存货盘点日不是资产负债表日，则应当实施适当的审计程序，确定盘点日与资产负债表日之间存货的变动是否已做出正确的记录；编制存货抽盘核对表，将盘点日的存货调整为资产负债表日的存货，并分析差异 | FYW-010 |
| 11. 在永续盘存制下，如果永续盘存记录与存货盘点结果之间出现重大差异，则应当实施追加的审计程序，查明原因并检查永续盘存记录是否已做出适当的调整 | FYW-011 |
| **特殊情况的处理** | |
| 12. 存货监盘的替代审计程序。如果由于被审计单位存货的性质或位置等原因导致无法实施存货监盘，则审计人员应当考虑能否实施下列替代审计程序：<br>（1）检查进货交易凭证或生产记录，以及其他相关资料；<br>（2）检查资产负债表日后发生的销货交易凭证；<br>（3）向顾客或供应商函证 | FYW-012 |

续表

| 审计程序 | 索引号 |
|---|---|
| 实施观察和检查程序 | |
| 13. 如果因不可预见的因素导致无法在预定日期实施存货监盘，或接受委托时被审计单位的期末存货盘点已经完成，则审计人员应当实施下列审计程序：<br>（1）评估与存货相关的内部控制的有效性；<br>（2）对存货进行适当检查或提请被审计单位另择日期重新盘点；<br>（3）测试在该期间发生的存货交易，以获取有关期末存货数量和状况的充分、适当的审计证据 | FYW-013 |
| 14. 对被审计单位委托其他单位保管的或已作抵押的存货，审计人员应当实施下列审计程序：<br>（1）向保管人或债权人函证；<br>（2）如果此类存货的金额占流动资产或总资产的比例较大，还应当考虑实施存货监盘或利用其他审计人员的工作成果 | FYW-014 |
| 15. 当首次接受委托未能对上期期末存货实施监盘，且该存货对本期财务报表存在重大影响时，应当实施下列一项或多项审计程序：<br>（1）查阅前任审计人员的工作底稿；<br>（2）复核上期存货盘点记录及文件；<br>（3）检查上期存货交易记录；<br>（4）运用毛利百分比法等进行分析 | FYW-015 |
| 16. 确定存货监盘的审计结论：经甲公司调整后，余额可以确认 | |

## 7.2 北京新材料环保股份有限公司存货审计案例

### 案例背景

审计人员对集团另一下属单位 E 公司的年度会计报表进行了审计。E 公司总经理介绍说，公司于 2018 年 11 月 30 日对存货进行了全面盘点，但因历年为本公司进行年度审计的另一会计师事务所的注册会计师张某在本年去世，因而 11 月 30 日的存货盘点未经注册会计师现场观察，张某的去世也是本公司变更委托会计师事务所的主要原因。公司总经理不同意再度停工盘点存货，理由是产品的交货期临近，但 11 月 30 日盘点时的所有资料可提供复核。诚信会计师事务所的审计人员深入研究了公司的内部控制，认为是比较健全有效的；详细检查了公司的盘点资料，并于 2018 年 12 月 31 日抽点了约占存货总价值 10% 的项目，抽点的项目经追查永续盘存记录，未发现重大差异。2018 年 12 月 31 日公司总资产 1 000 万元中存货项目达 500 万元，存货占总资产比重达 50%。

### 案例提示

假定会计报表中其他项目的审计均为满意，请问注册会计师能否签发无保留意见的审计报告？请说明理由。

### 案例分析

这种情况下注册会计师不能签发无保留意见的审计报告。因为观察被审计单位的存货盘点是存货审计中最重要的步骤，公司不同意注册会计师实施盘点，在存货占总资产比重相当大的情况下（达 50%），可认为是对审计范围的重大限制。2018 年 11 月 30 日被审计单位已自行盘点，被审计单位交货临近不能成为注册会计师无法实施观察被审计单位存货盘点审计程序的借口。公司应该在 11 月 30 日以前变更委托，使得诚信会计师事务所能够派员观察 11 月 30 日的盘点。同时诚信会计师事务所对公司变更委托应引起注意，因为注册会计师张某的去世并不足以导致公司变更委托会计师事务所，因此诚信会计师事务所应坚持再度盘点。可将盘点安排在 2018 年 12 月 31 日或之后进行，否则不得签发无保留意见的审计报告。

**案例小结**

此案例的要点就是注册会计师无法证实存货的真实性。因为无法进行存货实质性测试中的关键程序——实地观察存货盘点，所以也就无法确定存货是否存在，无法确定账实是否相符，进而也就无法确定存货的年余额是否正确，所以也无法确定存货在会计报表上的披露是否恰当。

此案例告诉我们，注册会计师在进行审计时必须坚持独立性原则，按照既定的审计程序进行，独立地进行专业判断，这样发表的审计意见才可能是客观、公正的，也才能将审计风险降到最低限度，否则审计风险将是很大的。

# 第8章

# 投资与筹资循环审计

## 8.1 联大实业股份有限公司的投资审计案例

### 案例背景

诚信会计师事务所委派审计组对联大实业股份有限公司（以下简称"联大实业"）2017年度财务报表进行审计。联大实业尚未采用计算机记账，审计组于2017年11月对联大实业的内部控制制度进行了了解和测试，并在相关审计底稿中记录了了解和测试的投资与筹资循环的相关事项，摘录如下。

（1）联大实业股东大会批准董事会的投资权限为1亿元以下。董事会决定此权限由总经理负责实施。总经理决定由证券部负责总额1亿元以下的股票买卖。联大实业规定：公司划入营业部的款项由证券部申请，会计部审核，总经理批准后划转入公司在营业部开立的资金账户。经总经理批准，证券部直接从营业部资金账户支取款项。证券买卖、资金存取的会计记录由会计部处理。审计组在了解和测试了投资的内部控制制度后发现：证券部在某营业部开户的有关协议及补充协议未经会计部或其他部门审核。根据总经理的批准，会计部已将8 000万元汇入该户。证券部负责处理证券买卖的会计分录，并于月底将证券买卖清单交给会计部，会计部再据以汇总登记。

（2）联大实业控股股东的法定代表人同时兼任联大实业的法定负责人，总经理是聘任的。在公司章程及相关决议中未具体载明股东大会、董事会、经营班子的融资权限和批准程序。经了解联大实业由财务部负责融资，2017年根据总经理的批示向工商银行借入了1亿元贷款。

（3）联大实业无形资产管理明确规定了专家论证、集体决策，以及谈判签约等流程的控制措施。审计组了解到2017年3月总经理李发在美国考察某高科技公司时，得知该公司资金周转困难，急于融资。由于该公司拥有联大实业急需的核心专利技术，李发当即与对方进行谈判，对方愿意以1 500万美元出让联大实业急需的专利技术，总经理李发认为机会难得、机不可失，在电话请示董事长后，当即与对方签约引进。2013年7月联大实业支付全款后获取专利技术全部资料，但由于该项专利技术需要专业人员操作和使用，而所签合同又缺乏要求对方给中方技术人员培训等约束条款，导致截至2017年11月联大实业的技术人员尚在探索使用，无法在生产中运用该专利技术创造价值。

（4）联大实业下属的分公司2017年3月决定兴建一座总投资为5 500万元的仓库。由于时间紧，分公司一边向联大实业报批，一边在等待联大实业批复过程中，委托设计单位设计，通过邀请投标方式确定施工单位，并于4月初正式开工建设。当年6月中旬联大实业正式批复，该项目 11 月底完工。联大实业虽认为分公司有不当之处，但考虑工期紧，且分公司向来经营状况比较好，而项目建设也符合发展需要，因此未追究相关人员责任。

## 案例提示

（1）上述案例（1）中的投资活动，存在哪些缺陷？
（2）上述案例（2）中的投资活动，存在哪些缺陷？
（3）上述案例（3）中的投资活动，存在哪些缺陷？
（4）上述案例（4）中的投资活动，存在哪些缺陷？

## 案例分析

（1）事项（1）在投资控制设计和运行方面都存在缺陷。①由证券部直接支取款项使授权与执行职务未得到分离，损害款项安全。应建议联大实业从资金账户支取款项时，由会计部核审和记录，由证券部办理。②与证券投资有关的活动要由两个部门控制。有关的协议未经独立的部门审计，会使有关条款未全部在协议中载明，可能存在协议外约定。建议联大实业与营业部协议，经会计部或法律部审查。③证券部自己处理证券买卖的会计处理，说明不相容职务（业务的执行与记录）没有分离，并且未得到适当的授权和批准。月末会计部汇总登记证券投资记录，未及时按每种证券分别设立明细账进行详细核算。建议联大实业由会计部负责对投资进行核算，及时分品种设立明细账进行详细核算。

（2）事项（2）在融资控制设计和运行方面都存在缺陷，借款应得到适当的授权或批准。建议联大实业在公司章程或有关决议中具体规定股东大会、董事会、经营班子关于筹资的权限和批准程序。

（3）事项（3）在投资控制运行方面存在缺陷：从国外引入专利技术这种重大活动应当经过专家论证和集体决策。

（4）事项（4）无缺陷。

## 案例小结

### 1. 投资业务及其流程

投资业务是指企业为通过分配来增加财富，或为谋求其他利益，将资产让渡给其他单位而获得另一项资产的业务，其流程如 8-1 所示。

投资决策→审批授权→取得证券或其他投资→取得投资收益→投资收回

图 8-1 投资流程

### 2. 投资业务所涉及的主要凭证

（1）股票或债券。
（2）经纪人通知书。
（3）债券契约。
（4）企业的章程及有关协议。

（5）投资协议。
（6）有关记账凭证。
（7）有关会计科目的明细账和总账。

**3. 投资活动的关键控制**

（1）职责分工。投资活动中合理的职责分工主要包括：①投资业务的审批与执行分离；②业务的执行与会计记录分离；③投资业务的记录与有价证券的保管分离。

（2）授权审批。企业对外投资需要有一定的授权机制，一般可分为两个层次的授权。第一个层次是大规模投资的授权。大规模投资应由董事会决定，并授权经理人员执行。第二个层次是小规模投资的授权。小规模投资应由财务主管决定，并由财务人员具体执行。

（3）实物保管制度。企业对外的证券投资会形成股票、债券资产。对这种资产，企业需要建立良好的保管制度。证券保管一般有由独立的专门机构保管或由自己保管两种方式。独立的专门机构保管是指委托银行、证券公司、信托投资公司等机构保管。在这种保管方式下，证券一般比较安全。在自己保管方式下，有价证券被盗的风险比前者大得多。因此，需要建立严格的保管制度，具体内容包括：①有价证券的保管必须由两个人共同经手，单个人不能单独接触有价证券；②有价证券的存入、取出应有严格的批准手续，并需经办人员签字。

（4）会计记录。企业应合理地设计各种投资账簿。对于股票或债券类投资，无论是由企业保管的还是由他人保管的，都要进行完整的会计记录，并对其增减变动及投资收益的实现情况进行相关会计核算。

除建立明细账和总账外，还应建立股票投资、债券投资登记簿，以记录投资证券的名称、面值、数量、证券编号、获取日期、购入成本、市价、利息或股利率、经纪人等信息。

（5）盘点制度。对于企业所持有的长短期投资资产，应由不参与证券投资业务的人员定期对有价证券进行盘点，检查其真实性和所有权，核对证券的编号、数量、面值、购入日期、成本等资料，并与账簿记录核对。如果企业持有的证券是委托银行保管的，则对证券的盘点应由拥有证券的企业与银行保管人员配合共同完成，并与保管银行的保管记录相核对，以保持两者相符。

## 8.2 猴王股份有限公司股票筹资审计案例

### 案例背景

**猴王股份有限公司股票筹资审计案的始末**

猴王股份有限公司（以下简称"猴王公司"）的前身是猴王焊接公司，成立于1990年2月。1992年8月，经湖北省体改委、湖北省计划委员会和湖北省财政厅批准，以猴王焊接公司为主体发起人，通过改组，成立了猴王股份有限公司，公司包括17家总部设在湖北省宜昌市的全资子公司和一家控股50%的联营公司，总资产为4.59亿元。猴王公司是其母公司猴王集团的主要成员之一，猴王集团是猴王公司的第一大股东。1993年10月28日至11月18日，猴王公司在原有国家股4 256万股、法人股2 915万股、职工股1 075万股的基础上，新发行社会公众股3 000万股。公司股票于1993年11月30日在深圳证券交易所挂牌交易。公司总股本为 11 246 万股，可流通股份为 3 000 万股。公司人民币普通股简称"猴王 A"，股票编码为"0535"，1995 年以前的猴王公司还算是一家绩优公司，1999 年每股亏损 0.22 元，2000 年中报披露时每股仅亏 1 分钱，且账面负债率仅为 62%。然而，此后该公司先后因多起债务纠纷被诉上法庭，具体事实主要有四：一是山西省长治市中级人民法院宣判的长治钢铁（集团）有限公司诉猴王集团下属单位宜昌电焊条厂钢材购销合同纠纷一案，要求偿还长治钢铁（集团）有限公司钢材款 4 085 431.82 元、违约金 575 427.30 元、诉讼费 33 314 元、其他费用 6 686 元，共计金额 4 700 859.12 元；二是湖南省株洲市荷塘区人民法院宣判的湖南株洲硬质合金厂诉猴王集团下属宜昌电焊条厂购销合同纠纷一案，要求宜昌电焊条厂偿付原告湖南株洲硬质合金厂货款 128 669.42 元、违约金 42 267.9 元、案件受理费 5 800 元、财产保全费 1 400 元，共计金额 178 137.32 元；三是湖北省宜昌市人民法院宣判的宜昌市商业银行诉猴王投资公司、猴王集团公司借款及担保合同纠纷一案，要求猴王投资公司偿还商业银行借款本金 7 163 万元，并支付截至 2000 年 1 月 30 日的利息 14 365 539.76 元，猴王公司对猴王投资公司的前项债务承担连带清偿责任，案件受理费 368 160 元由猴王投资公司、猴王公司连带负担；四是 2004 年猴王公司因拖欠贷款高达 1 亿元到期不还而再次坐上了被告席，北京市第一中级人民法院对中国工商银行总行营业部诉猴王公司借款合同纠纷案做出缺席判决，猴王公司一审被判败诉。

猴王公司 2000 年 6 月 15 日董事会公告显示：该公司自 1994 年 7 月以来，长期借款给大股东使用，金额达 8.91 亿元；大额银行借款没有入账，金额为 3.3 亿元；1998 年 4 月以来，为大股东提供巨额担保，金额达 2.44 亿；公司涉及重大诉讼事项共 32 项，金额达 3.5 亿元。以上行为严重影响了公司的正常经营。

2001 年 3 月 1 日，猴王公司董事会发布公告：根据湖北省宜昌市中级人民法院裁定书，公司第一大股东猴王集团公司已于 2001 年 2 月 27 日宣告破产，猴王公司对猴王集团的债权已存在严重的不确定性风险，其将严重影响公司的资产状况。2001 年 3 月 6 日，猴王公司的董事会发布公告：因猴王集团公司宣布破产，本公司股票于 2001 年 3 月 6 日停牌一天，自 2001 年 3 月 7 日起实施特别处理，股票简称由"猴王 A"改为"ST 猴王"。

**猴王公司股票筹资审计案的审计与查处**

面对猴王公司如此混乱的客观状况及债务纠纷缠身的事实，除了 1998 年和 1999 年年报中分别载有注册会计师两段特别说明外，其余年度，会计师事务所均出具了无保留意见的审计报告。2000 年 6 月 20 日，深圳证券交易所发布对猴王公司予以公开谴责的公告，宣布由于猴王公司董事会一直未对大股东占用巨额资金以及为大股东提供巨额担保的事项进行及时的披露，违反了《深圳证券交易所股票上市规划》，并将其违规行为报中国证监会查处。中国证监会于 2002 年 3 月 5 日发布《关于对猴王股份有限公司等 7 家公司及其董事予以批评的通报》，对猴王公司及公司的董事长汪东林和董事会秘书李本林董事予以通报批评。

自 2005 年 5 月 18 日起，猴王公司的股票"ST 猴王"暂停上市。2005 年 9 月 21 日，深圳证券交易所终止猴王公司股票上市。

**案例提示**

（1）现阶段我国注册会计师应如何判断被审计单位在筹集资金等方面的控制制度是健全有效的？

（2）结合本案例，从财务的角度谈谈猴王公司由小变大、由大变空、由空变垮最终走向破产的主要原因是什么？

（3）在猴王公司股票筹资审计案件中，审计师的职责失误有哪些？

**案例分析**

（1）按照风险导向审计理论要求，现阶段我国注册会计师在判断被审计单位在筹集资金等方面的控制制度是否健全有效时，主要从以下几个方面进行。

① 了解和描述与筹资相关的内部控制。

审计人员通过检查被审计单位筹资的相关控制、询问各部门的相关人员、观察操作流程等方式，并利用文字表述法、调查表法、流程图法等对筹资与投资的业务活动进行了解。筹资活动的关键控制有：

A. 职责分工。合理的职责分工包括：①筹资计划的编制与审批分离。有利于审批人从独立的立场来评判计划的优劣。②业务的执行人员与记录人员分离。通常由独立的机构代理发行债券和股票。③记录人员与证券保管人员分离。

B. 授权审批。借款和发行股票均应经过批准。筹资业务一般是由董事会事先授权财务经理编制筹资计划，再由董事会批准。适当授权及审批可明显地提高筹资活动效率，降低筹资风险，防止由于缺乏授权审批而出现舞弊现象。

C. 签订合同或协议。借款和发行股票应签订借款合同或协议、债券契约、承销协议等文件。

D. 会计记录。企业应建立完善的账簿体系和记录制度；必须保证及时地按正确的金额，采用适当的方法在相应的账户中予以记录；对债券的溢价、折价，应选用适当的摊销方法；对发行在外的股票要设置股东明细账加以控制；利息、股利的支付必须计算正确后记入对应账户，对未领利息、股利也必须全面反映，单独列示；除设立明细账和总账之外，还应设立债券登记簿与股票登记簿，详细核准、登记已发行的债券和股票有关事项，如签发日期、到期日期、支付方式、支付利率、当时市场利率、金额等，详细记录债券和股票增减变动及利息的计提、股利的发放等情况。

② 描述筹资活动的内部控制。

审计人员在了解了被审计单位筹资活动的内部控制之后，可以采用文字说明法、调查表法和流程图法描述内部控制。筹资活动的内部控制调查表如表8-1所示。

表 8-1　筹资活动内部控制调查表

| 问题 | 回答 是 | 回答 否 | 回答 不适用 | 备注 |
|---|---|---|---|---|
| 1. 控制环境 筹资业务的计划、执行、记录和证券的保管是否分离 | | | | |
| 2. 存在性目标 筹资业务的发生是否签订合同或协议、债券契约、承销协议等 | | | | |
| 3. 完整性目标 借款合同或协议是否由专人保管,并同明细账、总账核对 | | | | |
| 4. 授权目标 借款或发行股票是否经过批准 | | | | |
| 5. 准确性目标 （1）账簿设计是否合理 （2）核算方法是否恰当 | | | | |
| 6. 分类目标 筹资业务是否分类记录 | | | | |
| 7. 时期的恰当性目标 应计利息是否计入恰当的期间 | | | | |
| 8. 过账和汇总目标 筹资业务是否正确地计入总账和明细账 | | | | |

③ 穿行测试。

审计人员应当选一笔或几笔筹资交易进行穿行测试。例如针对借款业务，追踪借款申请表的批准、借款合同编号、综合授信协议编号、记录借款和收款凭证的日期、借款合同金额和期限等内容与借款申请表内容的一致性，短期借款明细账贷方的记录、借款备查账的登记、明细账记录内容与借款备查账内容的一致性等，以证实之前对筹资交易流程和相关控制的了解是否正确和完整，并确定相关控制是否得到执行。

（2）猴王公司破产的原因可以说是"剪不断，理还乱"，存在的问题固然是多方面的，从财务角度分析，不可否认有财务杠杆的消极作用。所谓财务杠杆，是指由于固定性财务费用的存在，使企业息税前利润（EBIT）的微量变化引起每股收益（EPS）大幅度变动的现象。也就是银行借款规模和利率水平一旦确定，企业负担的利息水平也就固定不变。因此，企业盈利水平越高，扣除债权人拿走的某一固定利息之后，投资者得到的回报也就越多；相反，企业盈利水平越低，债权人依旧拿走某一固定利息之后，剩余给股东的回报也就越少；在盈利水平低于利率水平的情况下，投资者不但得不到回报，甚至可能倒贴。

由于利息是固定的，因此，举债具有财务杠杆效应。而财务杠杆效应是一把"双刃剑"，既可以给企业带来正面、积极的影响，也可以带来负面、消极的影响。其前提是：总资产利润率是否大于利润率水平。当总资产利润率大于利润率水平时，举债给企业带来的是积极的正面影响。相反，当总资产利润率小于利润率时，举债给企业带来的是负面的消极影响。

猴王公司在政府政策和银行信贷的支持下，试图通过扩大企业规模来实现提高企业盈利水平的目的，最后实现扩大市场占有率的目标。如前所述，举债经营能否给企业带来积极效应，关键是两条：一是资金利用效果如何，二是资金回收速度快慢。猴王公司所面临的是逆水行舟、不进则退的局面，且资金没有得到有效利用而难以实现相应的效益，这将产生消极的财务杠杆作用，加速将企业推向亏损甚至破产的境地。猴王公司没有对投资项目进行严格的可行性研究，未通过可行性研究把握市场和把握项目的盈利能力；未能进一步依据项目的盈利能力来选择相应的筹资模式，从而不能充分合理地利用财务杠杆的积极效应，提高企业的 EPS 水平，巨大的偿付压力使猴王公司陷于难以自拔的财务困境。

从审计的角度看，猴王公司股票被终止上市交易事件的发生，除公司的管理控制制度名存实亡和对信息披露极其不负责任以外，与注册会计师的服务质量低劣也不无关系。若注册会计师能及时关注、发现或及时通过审计报告意见类型来提醒外界认识或注意，真正发挥监督作用，也许能阻止猴王公司由大变空、由空变垮，最终走向破产。

## 案例小结

**1. 筹资业务及主要流程**

筹资业务是指企业为满足生存和发展的需要，通过改变企业资本及债务的规模和构成而筹集资金的业务，其流程如下。

（1）审批授权。

（2）签订合同或协议。

（3）取得资金。

（4）计算利息或股利。

（5）偿还本息或支付股利。

**2. 筹资业务所涉及的主要凭证与记录**

（1）债券或股票。

（2）债券契约。

（3）股东名册。

（4）公司债券存根簿。

（5）承销或包销协议或合同。

（6）借款合同或协议。

（7）有关记账凭证。

（8）有关会计科目的明细账和总账。

**3. 筹资活动的关键控制**

（1）职责分工。合理的职责分工包括以下三个方面：①筹资计划的编制与审批分离，有利于审批人从独立的立场评判计划的优劣；②业务的执行人员与记录人员分离，通常由独立的机构代理发行债券和股票；③记录人员与证券保管人员分离。

（2）授权审批。借款和发行股票均应经过批准。筹资业务一般是由董事会事先授权财务经理编制筹资计划，再由董事会批准。适当授权及审批可明显地提高筹资活动效率，降低筹资风险，防止由于缺乏授权审批而出现舞弊现象。

（3）签订合同或协议。借款和发行股票应签订借款合同或协议、债券契约、承销协议等文件。

（4）会计记录。应建立完善的账簿体系和记录制度。必须保证及时地按正确的金额、采用适当的方法在相应的账户中予以记录。对债券的溢价、折价，应选用适当的摊销方法。对发行在外的股票要设置股东明细账加以控制。利息、股利的支付必须计算正确后记入对应账户，对未领利息、股利也必须全面反映，单独列示。除设立明细账和总账之外，还应设立债券登记簿与股票登记簿，详细登记核准已发行的债券和股票有关事项，如签发日期、到期日期、支付方式、支付利率、当时市场利率、金额等，详细记录债务和股票增减变动及利息的计提和股利的发放等情况。

# 第9章 货币资金审计

## 9.1 联大实业股份有限公司货币资金控制测试审计案例

### 案例背景

诚信会计师事务所的注册会计师于2019年1月2日进驻联大实业股份有限公司（以下简称"联大实业"），对其2018年度财务报表进行审计。

审计组对联大实业的货币资金的内部控制制度进行了了解和测试，并在审计工作底稿中记录了相关情况，具体如下：

财务专用章由专人保管，分管财务的总经理个人印章由其授权办公室助理张某保管；对重要货币资金支付业务，实行集体决策；现金收入及时存入银行，特殊情况下，经公司领导班子集体研究批准后，方可坐支现金；银行存款余额调节表由出纳员李某负责定期编制。

联大实业财务部的人员要重新分工，在与审计组交换意见时，该公司就下列问题提出咨询。该公司财务部门有3位员工要进行重新分工，以承担以下8项工作，分工结果要符合内部控制制度的要求：
① 记录并保管总账；
② 记录并保管应付账款明细账；
③ 记录并保管应收账款明细账；
④ 记录货币资金日记账；
⑤ 记录、填写支票；
⑥ 发出销货退回及折让的贷项通知书；
⑦ 调节银行存款日记账和银行存款对账单；
⑧ 保管并送存现金收入。

### 案例提示

（1）分析联大实业货币资金的内部控制制度存在的缺陷。
（2）作为注册会计师，请思考如何对联大实业的财务人员进行分工，并简述理由。

### 案例分析

**1. 联大实业货币资金的内部控制制度存在的缺陷**

（1）现金收入经公司领导班子集体研究决定之后可以坐支。这违反了《中华人民共和国现金管理暂行条例》中现金不能坐支的规定。

（2）银行存款余额调节表由出纳员李某定期编制。这违反了不相容职务分离的原则，银行存款余额调节表应由出纳员以外的人员定期编制。

**2. 联大实业财务人员的分工和理由**

（1）分工如下：

① 第1、6、7项工作由总账会计或综合会计人员承担；

② 第2、3项工作由管明细账的会计承担；

③ 第4、5、8项工作由出纳员承担。

（2）理由如下：

① 内部控制制度对分工的总体原则是将不相容职务恰当划分；

② 记录并保管总账的工作应与记录并保管明细账、日记账的工作分开，所以第1项工作与第2、3、4项工作应由不同的人承担；

③ 记录应收账款明细账的工作应与发出销货退回及折让的贷项通知书的工作分开，否则可能出现贪污或挪用货款等舞弊行为，即第3项工作与第6项工作要分开；

④ 调节银行存款日记账和银行存款对账单的工作要与记录、保管送存货币的工作分开，否则可能出现偷借银行账户等违法行为，即第7项工作与第4、5、8项工作要分开。

### 案例小结

**1. 货币资金的控制测试**

货币资金内部控制的关键控制点主要包括：审批控制点、复核控制点、收付控制点、记账控制点、对账控制点、保管控制点、银行账户管理控制点、票据与印章管理控制点等。

**2. 货币资金的实质性测试**

货币资金的实质性测试内容包括：库存现金盘点、银行存款函证。

**3. 货币资金涉及的主要活动**

货币资金是被审计单位资产的重要组成部分，是经营活动的起点和终点，其增减变动与被审计单位的日常经营活动密切相关。货币资金与各业务循环均直接相关，成为各个循环的枢纽，起到资金池的作用（详情如图9-1所示）。

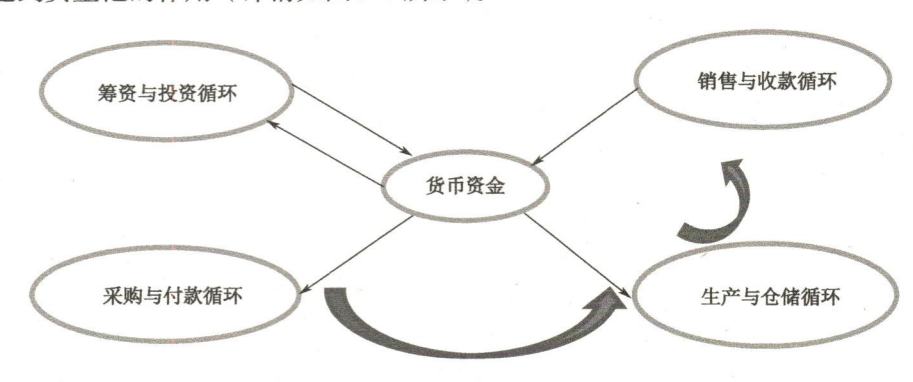

图9-1 货币资金与业务循环的关系

## 9.2 联大实业股份有限公司银行存款审计案例

### 案例背景

注册会计师在了解、评价和测试了联大实业存款内部控制的相关情况后，对该公司的银行存款余额进行了审查，现将相关资料摘录如下。

联大实业银行存款情况如表 9-1 所示。

**表 9-1 联大实业银行存款情况**

截止日期：2018 年 12 月 31 日　　　　　　　　　　　　　　　　单位：元

| 开户银行 | 银行账面余额 | 银行存款日记账余额 | 差额 |
| --- | --- | --- | --- |
| 中国农业银行朝阳支行 | 689 704.89 | 698 769.94 | 9 065.05 |
| 中国建设银行朝阳支行 | 478 534.98 | 268 951.68 | −209 583.30 |
| 北京银行安定门支行 | 311 505.38 | 311 505.38 | 0.00 |
| 中国人民银行朝阳支行 | 569 865.74 | 589 023.56 | 19 157.82 |
| 合计 | 2 049 610.99 | 1 868 250.56 | — |

联大实业 2018 年 12 月末银行存款日记账余额为 1 868 250.56 元，银行对账单上企业存款余额为 2 049 610.99 元。下面以中国农业银行账户为例说明差额形成的原因。

经逐笔核对，在中国农业银行朝阳支行账户中发现以下未达账项：

（1）2018 年 12 月 27 日，诚信公司以电汇方式向联大实业汇入代垫的产品运输费用 71 434.95 元，中国农业银行已经入账，公司未收到到账通知，尚未入账。

（2）2018 年 12 月 20 日，在中国农业银行对账单上有编号 1122888 号的转账支票划出资金 50 000 元，而公司的银行存款日记账中无此记录。审计人员是在查阅公司支票登记簿时发现此支票存根的，经查证为出纳员私自将款项借与亲友使用，待其归还后直接销账。

（3）2018 年 12 月 24 日，公司送存中国农业银行转账支票一张由联合公司开具，面值 20 000 元，联大实业已按进账单入账，银行尚未入账。

（4）根据委托收款凭证，2018 年 12 月 31 日，中国农业银行代公司支付水费 10 500 元，已从公司存款账户划出，企业未收到付款通知和水利部门开具的发票，因而未入账。

### 案例提示

（1）编制银行询证函。
（2）注册会计师向开户银行函证的作用有哪些？
（3）注册会计师应采取什么方式才能直接收回开户银行的询证函？目的是什么？
（4）编制联大实业农业银行存款余额调节表。

# 案例分析

## 1. 银行询证函格式

索引号_____

**银行询证函**

编号：××

_____

本公司聘请的_____会计师事务所正在对本公司 20××年财务报表进行审计，按照中国注册会计师审计准则的要求，应当询证本公司与贵行相关的信息。下列信息出自本公司记录，如与贵行记录相符，请在本函下端"信息证明无误"处签章证明；如有不符，请在"信息不符"处列明不符项目及具体内容；如存在与本公司有关的未列入本函的其他重要信息，也请在"信息不符"处列出其详细资料。回函请直接寄至_____会计师事务所。

回函地址：　　　　　　　　　　　　　邮编：

电话：　　　　　传真：　　　　　联系人：

截至 20××年12月31日止，本公司与贵行相关的信息列示如下。

（1）银行存款。

| 账户名称 | 银行账号 | 币种 | 利率 | 余额 | 起止日期 | 是否被质押、用于担保或存在其他使用限制 | 备注 |
|---|---|---|---|---|---|---|---|
|  |  |  |  |  |  |  |  |

除上述列示的银行存款外，本公司并无在贵行的其他存款。
注："起止日期"一栏仅适用于定期存款，如为活期或保证金存款，可填写"活期"或"保证金"字样。

（2）银行借款。

| 借款人名称 | 币种 | 本息余额 | 借款日期 | 到期日期 | 利率 | 借款条件 | 抵（质）押品/担保人 | 备注 |
|---|---|---|---|---|---|---|---|---|
|  |  |  |  |  |  |  |  |  |

除上述列示的银行借款外，本公司并无在贵行的其他借款。
注：此项仅函证截至资产负债表日本公司尚未归还的借款。

（3）截至函证日之前12个月内注销的账户。

| 账户名称 | 银行账号 | 币种 | 注销账户日 |
|---|---|---|---|
|  |  |  |  |

除上述列示的账户外，本公司并无截至函证日之前12个月内在贵行注销的其他账户。

（4）担保。

① 本公司为其他单位提供的、以贵行为担保受益人的担保。

| 被担保人 | 担保方式 | 担保金额 | 担保期限 | 担保事由 | 担保合同编号 | 被担保人与贵行就担保事项往来的内容（贷款等） | 备注 |
|---|---|---|---|---|---|---|---|
|  |  |  |  |  |  |  |  |

除上述列示的担保外，本公司并无其他以贵行为担保受益人的担保。

注：如采用抵押或质押方式提供担保的，应在备注中说明抵押或质押物情况。

② 贵行向本公司提供的担保。

| 被担保人 | 担保方式 | 担保金额 | 担保期限 | 担保事由 | 担保合同编号 | 备注 |
|---|---|---|---|---|---|---|
|  |  |  |  |  |  |  |

除上述列示的担保外，本公司并无贵行提供的其他担保。

（5）本公司存放于贵行的有价证券或其他产权文件。

| 有价证券或其他产权文件名称 | 产权文件编号 | 数量 | 金额 |
|---|---|---|---|
|  |  |  |  |
|  |  |  |  |

除上述列示的有价证券或其他产权文件外，本公司并无存放于贵行的其他有价证券或其他产权文件。

（6）其他重大事项。

|  |
|---|
|  |

注：此项应填列注册会计师认为重大且应予函证的其他事项，如信托存款等；如无则应填写"不适用"。

（公司盖章）

20××年××月××日

_____以下仅供被询证银行使用_____

结论：

| 1. 信息证明无误。 | 2. 信息不符，请列明不符项目及具体内容（对于在本函前述第 1 项至第 6 项中漏列的其他重要信息，请列出详细资料）。 |
|---|---|
| （银行盖章）<br>　　年　　月　　日<br>经办人： | （银行盖章）<br>　　年　　月　　日<br>经办人： |

第 9 章　货币资金审计　　95

## 银行存款函证结果汇总表

被审计单位：_____　　　索引号：_____

项目：_____　　　所审计会计期间：_____

编制：_____　　　复核：_____

日期：_____　　　日期：_____

| 开户银行 | 账号 | 币种 | 函证情况 ||||| 冻结、质押等事项说明 | 备注 |
|---|---|---|---|---|---|---|---|---|---|
| | | | 账面余额 | 函证日期 | 回函日期 | 回函金额 | 金额差异 | | |
| | | | | | | | | | |
| 合计 | | | | | | | | | |
| 审计结论： |||||||||||

### 2. 注册会计师向开户银行函证的作用

注册会计师通过向开户银行函证，不仅可以查明公司的银行存款、借款的情况，还可以发现企业未登记入账的银行存款、借款的情况，甚至还可以发现未披露的或有负债。

### 3. 注册会计师收回询证函的方式和目的

为收回函证注册会计师可以在询证函内指明回函直接寄往注册会计师所在的会计师事务所，或在询证函内附上贴足邮票的、以注册会计师所在的会计师事务所为回函地址的信封。

注册会计师直接收回开户银行询证函的目的是防止被审计单位截留或更改回函。

### 4. 联大实业银行存款余额调节表（如表 9-2 所示）

表 9-2　联大实业银行存款余额调节表

开户银行：中国农业银行朝阳支行　　账号：45 123　　币种：人民币

| 项目 | 金额（元） | 调节项目说明 | 是否需要审计调整 |
|---|---|---|---|
| 银行对账单余额 | 689 704.89 | | |
| 加：企业已收，银行尚未入账合计金额 | 20 000.00 | | |
| 其中：1. 送存转账支票 | 20 000.00 | | 不需要 |
| 2. | | | |
| 减：企业已付，银行尚未入账合计金额 | | | |
| 其中：1. | | | |
| 2. | | | |
| 调整后银行对账单余额 | 709 704.89 | | 不需要 |
| 企业银行存款日记账余额 | 698 769.94 | | |
| 加：银行已收，企业尚未入账合计金额 | 71 434.95 | | |
| 其中：1. 汇入运费 | 71 434.95 | | |
| 2. | | | |
| 减：银行已付，企业尚未入账合计金额 | 60 500.00 | | |
| 其中：1. 银行代付公司水费 | 10 500.00 | 当期水费支出需要及时入账处理 | 需要 |
| 2. 银行转账支票划出资金 | 50 000.00 | 出纳员挪用公款 | 需要 |
| 调整后企业银行存款日记账余额 | 709 704.89 | | |

经办会计人员（签字）：李丽　　　　会计主管（签字）：张南

审计说明：除当期水费支出及经查证为出纳员私自将款项借与亲友使用两笔未达账项需要调整外，其余未达账项经查验凭证属正常时间差异不需调整。

**案例小结**

**1. 注册会计师应该如何获取和检查银行存款余额调节表**

（1）取得被审计单位的银行存款余额对账单，并与银行询证函回函核对，确认是否一致；抽样核对账面记录的已付票据金额及存款余额是否与对账单记录一致。

（2）获取资产负债表日的银行存款余额调节表，检查调节表中加计数是否正确，调节后银行存款日记账余额与银行对账单余额是否一致。

（3）检查调节事项的性质和范围是否合理。

① 检查是否存在跨期收支和跨行转账的调节事项。编制跨行转账业务明细表，检查跨行转账业务是否同时对应转入和转出，未在同一期间完成的转账业务是否反映在银行存款余额调节表的调整事项中。

② 检查大额在途存款和未付票据。检查在途存款的日期，查明发生在途存款的具体原因，追查期后银行对账单存款记录日期，确定被审计单位与银行记账时间差异是否合理，确定在资产负债表日是否需要审计调整；检查被审计单位的未付票据明细清单，查明被审计单位未及时入账的原因，确定账簿记录时间晚于银行对账单的日期是否合理；检查被审计单位未付票据明细清单中有记录，但截至资产负债表日银行对账单无记录且金额较大的未付票据，获取票据领取人的书面说明，确认资产负债表日是否需要进行调整；检查资产负债表日后银行对账单是否完整地记录了调节事项中的银行未付票据金额。

（4）检查是否存在未入账的利息收入和利息支出。

（5）检查是否存在其他跨期收支事项。

（6）（当未经授权或授权不清支付货币资金的现象比较突出时）检查银行存款余额调节表中支付异常的款项（包括没有载明收款人的款项）、签字不全、收款地址不清、金额较大票据的调整事项，确认是否存在舞弊行为。

**2. 货币资金相关凭证及其发生重大错报风险的事项或情形**

（1）货币资金审计涉及的凭证和会计记录主要有：

① 涉及货币资金收支和审核的原始凭证，如销售合同、收款单据、收款结算凭证和票据、支出和报销单据、付款结算凭证和票据、交款单、收款凭证、付款凭证、现金盘点表、银行对账单、银行存款余额调节表；

② 现金/银行存款总账；

③ 其他有关会计账簿。

（2）在实务中，被审计单位货币资金账户如果存在以下事项或情形，可能表明货币资金存在重大错报风险，注册会计师执行相关审计工作时需保持警觉：

① 不能获取银行存款余额调节表；

② 存在多笔银行未达账项；

③ 存在长期银行未达账项；

④ 货币资金收支金额与现金流量表不匹配；

⑤ 存在大量异地银行账户；

⑥ 企业资金存放于管理层或员工个人账户；
⑦ 只能提供定期存款开户证书复印件或不能提供定期存单；
⑧ 库存现金规模明显超过业务所需周转资金；
⑨ 银行账户开立数量与企业实际的业务规模不匹配；
⑩ 违反货币资金存放和使用规定（如上市公司未经批准开立账户转移募集资金、未经许可将募集资金转作其他用途等）。

（3）除上述与货币资金项目直接相关的事项或情形外，注册会计师在审计其他财务报表项目时还可能关注到的事项有：

① 没有具体业务支持或与交易不匹配的大额资金往来；
② 长期大额预付款项挂账；
③ 存在相当比例的定期存款却又向银行高额举债，导致报告期末银行借款余额与银行存款余额双高；
④ 承兑应付银行承兑汇票没有银行承兑协议支持；
⑤ 应付票据规模与采购规模或结算方式不匹配；
⑥ 大量现金采购付款、销售收款或备用金累积发生额较大；
⑦ 其他货币资金中银行承兑票据保证金金额较大，明显超出与应付票据余额的比例关系。

# 第 10 章

# 完成审计工作与审计报告

## 10.1 北京联合创意股份有限公司审计调整案例

### 案例背景

诚信会计师事务所的注册会计师李鑫和王顺对北京联合创意股份有限公司（简称"北联创"）2018 年度的财计报表进行了审计。根据审计计划，2018 年度北联创财务报表审计时确定的报表层次重要性水平为 30 万元。审计外勤工作结束日是 2019 年 3 月 15 日，并于 2019 年 3 月 25 日递交审计报告。北联创 2018 年度审计前财务报表反映的资产总额为 8 000 万元，股东权益总额为 2 400 万元，利润总额为 300 万元。

注册会计师李鑫和王顺经过审计，发现北联创 2018 年度的财务报表存在以下 5 个事项：

（1）2017 年年末和 2018 年年末应收账款余额分别为 1 200 万元和 1 800 万元，北联创的坏账核算方法一直采用备抵法，但坏账准备比例由 2017 年的 5‰变更为 2018 年的 3‰。

（2）2018 年 5 月 1 日，北联创为增加营运资金，按面值发行 2 年期、面值为 4 200 万元、票面利率为年利率 10%的企业债券，当日筹足资金并按规定做了相应的会计处理（债券发行费用忽略不计），但当年未计提债券利息。

（3）2018 年 10 月 31 日，公司盘点成品仓库，发现 Y 产品短缺 40 万元，做了借记待处理财产损益科目 40 万元，贷记库存商品科目 40 万元的会计处理。2019 年 5 月查清短缺原因，其原因属于一般经营损失部分的为 35 万元，属于非常损失部分的为 5 万元，由于结账时间在前，所以公司未在 2018 年度财务报表中对这一经济业务做相应的会计处理。

（4）2018 年 1 月，北联创购买价格为 24 万元的管理部门用轿车 1 辆并入账，当月启用，但当年未计提折旧。北联创采用平均年限法核算固定资产折旧，该类固定资产预计使用年限为 5 年，预计净残值率为 5%。

（5）2019 年 1 月 10 日，北联创原材料仓库因火灾造成 Z 原材料毁损 250 万元，北联创于当月按规定进行了相应的会计处理。

### 案例提示

（1）假定不考虑审计重要性水平因素，分别针对上述 5 个事项，注册会计师李鑫和王顺应提出何种处理建议？若需提出调整建议，请列示审计调整分录（不考虑审计调整分录对税费、期末结转损益及利润分配的影响）。

（2）如果北联创拒绝接受注册会计师李鑫和王顺针对上述 5 个事项提出的处理建议，请指出注册会计师李鑫和王顺应当出具何种意见类型的审计报告，并简要说明理由。

（3）如果北联创只存在事项（4）和（5），并且接受注册会计师李鑫和王顺对事项（5）提出的相应处理建议，但拒绝接受事项（4）提出的相应处理建议，请指出注册会计师李鑫和王顺应当出具何种意见类型的审计报告，并简要说明理由。

（4）如果北联创只存在事项（3）、（4）、（5），并且接受注册会计师李鑫和王顺对事项（5）提出的相应处理建议，但拒绝接受对事项（3）、（4）提出的相应处理建议，请代注册会计师李鑫和王顺编制一份审计报告。

## 案例分析

**1. 对上述 5 个事项提出的处理建议及审计调整分录**

事项（1）属于《企业会计准则——会计政策、会计估计和会计差错更正》规定的"会计估计变更"，李鑫和王顺应建议北联创在会计报表附注中披露会计估计变更的内容和理由，以及会计估计变更的影响数。

事项（2）影响利润总额 280 万元（即 4 200×10%×（8/12））应建议北联创调整。审计调整分录为：

  借：财务费用——利息支出    280
    贷：应付债券——应计利息    280

事项（3）根据《企业会计准则——资产负债表日后事项》的规定，这类"已证实资产发生了减损"的事项属于"调整事项"。该事项影响利润总额 40 万元（即 35+5），应建议北联创调整。审计调整分录为：

  借：管理费用        35
    营业外支出——非常损失    5
    贷：待处理财产损溢      40

事项（4）影响利润总额 4.18 万元（即 24×（1－5%）/5×（11/12）），应建议北联创调整。审计调整分录为：

  借：管理费用——折旧费    4.18
    贷：累计折旧        4.18

事项（5）根据《企业会计准则——资产负债表日后事项》的规定，这类"自然灾害导致的资产损失"事项属于"调整事项"，应建议北联创在会计报表附注中披露。

**2. 李鑫和王顺应当出具否定意见的审计报告的原因**

（1）北联创未予调整或披露事项（1）、（2）、（3）、（5），4 个事项均属金额较重大或性质较严重的事项，其会计处理方法的选用严重违反了《企业会计准则》的有关规定。

（2）北联创审计前利润总额为 300 万元，考虑建议的审计调整，其实际亏损应为 24.18 万元（即 300－280－40－4.18）。如果北联创拒绝接受李鑫和王顺提出的相应的审计调整或披露建议，则虚盈实亏的事实将严重误导会计报表使用者。

**3. 李鑫和王顺应当出具带强调事项段的无保留意见审计报告的原因**

（1）事项（4）仅影响利润总额 4.18 万元，远远小于财务报表层次的重要性水平（30 万元），仅就该事项而言，李鑫和王顺仍应出具无保留意见的审计报告。

（2）事项（5）属于《企业会计准则——资产负债表日后事项》规定的"非调整事项"，由于其金额较大，性质较严重，虽然北联创已经接受建议，同意在会计报表附注中披露，李鑫和王顺仍有必要在审计报告的意见段予以反映。

**4. 审计报告（略）**

## 案例小结

（1）审计报告分为无保留意见的审计报告和非无保留意见的审计报告。非无保留意见是指保留意见、否定意见和无法表示意见。当存在下列情况之一时，注册会计师应当在审计报告中发表非无保留意见。

① 根据获取的审计证据，得出财务报表整体存在重大错报的结论。

② 无法获取充分、适当的审计证据，不能得出财务报表整体是否不存在重大错报的结论。

（2）注册会计师确定恰当的非无保留意见类型，取决于下列事项：

① 导致非无保留意见的事项的性质，是财务报表存在重大错报，还是在无法获取充分、适当的审计证据的情况下，财务报表可能存在重大错报；

② 审计人员就导致非无保留意见的事项对财务报表产生或可能产生影响的广泛性做出的判断。

审计人员对导致发表非无保留意见的事项的性质和这些事项对财务报表产生或可能产生影响的广泛性做出的判断，以及审计人员的判断对审计意见类型的影响，如表10-1列示。

表10-1 导致发表非无保留意见的事项的性质及其对报表产生的影响

| 导致发表非无保留意见事项的性质 | 这些事项对财务报表产生或可能产生影响的广泛性 ||
|---|---|---|
| | 重大但不具有广泛性 | 重大且具有广泛性 |
| 财务报表存在重大错报 | 保留意见 | 否定意见 |
| 无法获取充分、适当的审计证据 | 保留意见 | 无法表示意见 |

## 10.2 华清股份有限公司审计意见类型案例

### 案例背景

诚信会计师事务所于2018年2月6日接受了华清股份有限公司（简称"华清公司"）2017年度财务报表的审计委托。该公司注册资本为2 000万元，2017年12月31日未经审计的资产总额为5 000万元。诚信会计师事务所委派注册会计师张涛、孙奇执行华清公司的审计业务。他们在计划阶段确定的重要性水平为80万元，在完成阶段确定的重要性水平为100万元，并于2018年3月12日完成了审计工作。在复核工作底稿时，发现以下事项，提出了相应的处理建议，但华清公司管理层于3月15日正式答复张涛、孙奇，拒绝接受他们的处理建议。

（1）由于华清公司一座建于1990年（1989年12月完工）、原值200万元、预计使用年限50年、已提折旧104万元的办公大楼因不明原因出现裂缝（采用直线法计提折旧），经过专家鉴定后进行了及时维修，并将原预计使用年限改为40年，因此从2017年起改变年折旧率，并进行了必要的账务调整。但华清公司拒绝在2017年报表中做任何披露。

（2）华清公司在国外一家联营企业内据称有95万元的投资，2017年取得投资收益40万元，这些金额已列入2017年的净收益中，但张涛、孙奇未能取得联营企业经审计的财务报表及函证回函。此外，由于华清公司拒绝提供与此项投资相关的协议、合同和会计记录，张涛、孙奇也未能采取其他程序查明此项投资和投资收益的真实性。

（3）华清公司全部存货总额为3 200万元，放置于邻近单位的仓库内。由于仓库倒塌，尚未清理完毕，不仅无法估计损失，也无法实施监盘程序。

（4）由于华清公司的存货使用受到仓库倒塌的限制，正常业务受到严重影响，因而无力支付2018年4月12日即将到期的120万元债务，也无法预付下年度的60万元广告费。这些情况均已在财务报表附注中做了充分、适当的披露。

（5）2017年11月，华清公司被控侵犯红牛公司的专利权，红牛公司要求收取华清公司专利权费和罚款，截至2017年12月31日尚未解决。经律师估计，华清公司很可能要支付红牛公司180万元的专利权费和罚款，但华清公司未对此进行处理。2018年3月6日，经法院裁决，华清公司应向红牛公司赔偿180万元，华清公司同意并于3月8日支付完毕，但华清公司拒绝就此调整其2017年度财务报表。

## 案例提示

（1）请逐一分析上述五个事项，分别说明注册会计师应当发表何种审计意见类型的审计报告，并简要说明理由。

（2）仅考虑情况（4）、（5），代张涛、孙奇草拟审计报告。

## 案例分析

**1. 对上述五种事项应发表的审计报告类型及理由**

对事项（1），应发表无保留意见的审计报告。所述会计估计变更虽然合理，但未在报表附注中披露，不符合《企业会计准则》的规定，但考虑此项会计估计变更的影响金额远小于财务报表层次的重要性水平，因此应发表无保留意见的审计报告。

对事项（2），应发表保留意见的审计报告。所述情况属于审计范围受限，但尚未达到出具无法表示意见的审计报告。

对事项（3），应发表无法表示意见的审计报告。由于存货总额为3 200万元，占到全部资产总额5 000万元的64%，属于审计范围受到整体性严重限制，因此无法对财务报表整体反映发表意见。

对事项（4），应发表带强调事项段的无保留意见审计报告。涉及的金额超过财务报表重要性，表明公司存在重大的财务困难，虽然公司已进行充分披露，但持续经营假设的合理性已受到怀疑，因此应发表带强调事项段的无保留意见审计报告。

对事项（5），应发表保留意见的审计报告。所述事项已经了结，但该事项属于2017年资产负债表日后调整事项，应调整2017年度财务报表，且涉及金额超过财务报表层次重要性水平，但尚未达到发表否定意见的审计报告。

**2. 仅考虑事项（4）、（5），代为起草的审计报告**

略。

## 案例小结

按照审计准则规定,审计人员在完成审计阶段要评价审计结果,主要是为了确定将要发表的审计意见的类型以及在整个审计工作中是否遵循了审计准则。为此,审计人员必须完成两项工作:一是对重要性和审计风险进行最终的评价;二是对被审计单位已审计财务报表形成审计意见并草拟审计报告。

**1. 对重要性和审计风险进行最终的评价**

对重要性和审计风险进行最终评价,是审计人员决定发表何种类型审计意见的必要过程,该过程可通过以下两个步骤来完成。

第一步,确定可能错报金额。可能错报金额包括已经识别的具体错报和推断误差。

第二步,根据财务报表层次重要性水平,确定可能的错报金额的汇总数(即可能错报总额)对财务报表的影响程度。

**2. 对被审计单位已审计财务报表形成审计意见并草拟审计报告**

在审计过程中,要实施各种测试。这些测试通常是由参与本次审计工作的审计项目组成员来执行的,而每个成员所执行的测试可能只限于某几个领域或账项。所以,在每个功能领域或报表项目的测试都完成之后,审计项目经理应汇总所有成员的审计结果。

在完成审计工作阶段,为了对财务报表整体发表适当的审计意见,必须将这些分散的审计结果加以汇总和评价,综合考虑在审计过程中所收集的全部证据。负责该审计项目的主任会计师对这些工作负有最终责任。在有些情况下,这些工作可以先由审计项目经理初步完成,然后再逐级交给部门经理和主任会计师认真复核。

在对审计意见形成最后决定之前,会计师事务所通常要与被审计单位进行沟通。在沟通过程中,项目经理可口头报告本次审计所发现的问题,并说明建议被审计单位做必要调整或表外披露的理由。当然,管理层也可以在会上申辩其立场。最后,双方通常会对需要被审计单位做出的改变达成协议。如果达成了协议,项目经理一般就可以确定自己发表审计意见的类型,并草拟出审计报告。

# 第二部分 案例训练篇

第 11 章　审计的产生与发展

第 12 章　审计执业规范与法律责任

第 13 章　承接审计业务和风险评估

第 14 章　计划审计工作和风险应对

第 15 章　销售与收款循环审计

第 16 章　购货与付款循环审计

第 17 章　生产与存货循环审计

第 18 章　投资与筹资循环审计

第 19 章　货币资金审计

第 20 章　完成审计工作与审计报告

# 第 11 章

# 审计的产生与发展

## 11.1 审计的产生案例

### 案例背景

我国大多数学者认为，西周时期的审计是我国古代国家审计的开端，因为其在夏商的基础上设立了司会、宰夫等从事审计工作的专职官员，实行了包括审计制度在内的官计制度，开展了审计工作。其实，其产生官计制度的根源与当时的社会环境是密不可分的。在政治上，周朝实行"分土封侯"制度，周王将在战争中夺来的土地和奴隶赐给诸侯、大夫等各级贵族，诸侯再把其中的大部分赏赐给卿大夫，形成"天子－诸侯－卿大夫"的宝塔式奴隶制统治结构。在经济上，西周的主要生产资料是土地，土地所有权属奴隶主贵族所有。西周的农业、手工业和商业同时得以发展，建立起以农业生产为主体的社会经济体系。

随着西周时代的社会政治、经济的进步和发展，经济关系日趋复杂，统治者驾驭经济和实施统治的难度增加，形成了强化财政收支核算和监控的需要。统治者意识到要维护其统治地位，有必要配备官员或设立一种机构来对国家财政收支活动及记录实施严格的监督和控制，为此委派了精明、可靠的官吏开始从事对财政收支的监督工作。

西周时期，由于社会经济政治的进步和发展，经济关系的复杂化，增加了统治者对整个国家经济驾驭和管理的难度。为了加强对财政会计工作的严格控制，规范财政收支活动的核算、控制和监督，西周统治者在注重财政会计方面建设的同时，已经意识到了需要建立一个组织机构和配备一定数量的官员，以对全国的贡赋收入、用度支出等活动进行专门的管理和监督。在这种背景下，据《周礼》记载，当时周王下设天官（冢宰）、地官（司徒）、春官（宗伯）、夏官（司马）、秋官（司寇）、冬官（司空）六官，分掌政令。就国家财计机构来看，主要分为两大系统：一是地官（司徒）系统，掌管国家财税收入；二是天官（冢宰）系统，掌管国家财计支出、会计核算和审计监督之大权。冢宰作为六官之长，有"以八法治官府"之职权，每年受计于岁会，每三年还要对各级官吏进行一次全面考核，并根据其功过予以奖惩。冢宰下设司会和小宰，司会是冢宰之属官，为计官之长，主持内部审计工作，以六典、八法、八则、九贡、九赋、九式等为依据，通过小计和大计等形式，针对日成、月要、岁会等资料，钩考财物收支及其会计记录。小宰也是冢宰之属官，负责以会计文书为依据批准财物出入事项。小宰的下属"宰夫"是西周时期外部审计工作的掌管者，是主管"治朝之法"的官员，他不掌管具体财物收支，只负责对各级官府的财政收支进行全面审查，就地稽查财物收支情况，监督群吏执行朝法，如发现违法乱纪之事，可越级向天官（冢宰）乃至国王报告，加以惩处；对使用财物得当者，治理有方者，给予奖励。"宰夫"一职的出现，标志着我国从西周时期起就有了处于会计之外的官厅的审计（即国家审计或称为政府审计）机构，它比法国政府审计的萌芽（1256年）还早两千年，在世界审计发展史上处于领先地位。正如美国学者切特菲德所说："在内部管理、预算及审计程序方面，古代世界几乎没有别的国家可以与中国周代相比"[①]。

**思考与分析**

（1）结合案例资料谈谈西周时期国家审计形成的政治经济背景及其必要性。
（2）西周时期的审计制度和思想对我国古代审计发展的历史贡献主要体现在哪些方面？
（3）结合案例资料谈谈西周时期审计对后世国家审计发展的深远意义和影响。

**知识点提示**

（1）伴随着国家与阶级的出现，国家审计应运而生，并且不断地完善发展，它是特定历史时期下社会政治的必然产物，同时也是强有力的政治统治工具。

西周时期国家审计的形成也有其特定的政治及经济背景和历史必然性。从周武王灭商到周幽王统治崩溃（公元前11世纪—前771年）史称西周时期。西周时期是我国奴隶制社会发展的鼎盛时期，政治和经济空前发展，国家组织和政治经济体制初步形成。在政治上建立起自上而下层层分封的宝塔式统治制度；在经济上农业有了进一步的发展，促进了手工业和商业的发展，社会财富增加，货币也由贝币发展到铜币。政治经济的发展必然导致国家机构膨胀，致使财政收支迅速增长，周王不可能亲自审理一切财政事务，只能派宰夫代为行使财计监督之权。可见，西周时期国家审计的产生，有其政治经济和社会背景。国家审计在西周时期形成是历史的必然。

（2）西周时期的审计制度和思想对我国古代审计发展的历史贡献主要体现在以下几个方面：①出现了历史上第一个完备的内部审计机构——司会；②出现了独立于会计部门的专职审计机构——宰夫；③财务出纳工作分工细致缜密，体现着分权控制思想；④典型的内部牵制制度——交互考核制度等。

（3）西周时期的审计对后世国家审计的发展具有重大意义和深远影响。西周审计不仅标志着我国国家审计的起源，同时展现了国家审计的初步形态，为后世国家审计确立了良好的开端。西周时期的审计制度在当时具有一定的先进性，如宰夫独立于财计部门，可以审查和考核王朝的各级部门，查出问题可直接呈报冢宰或国王，体现一定的独立性和权威性，其对后世国家审计制度的确立具有重大影响。

## 11.2 审计的发展案例

**案例背景**

区块链技术、"互联网+"、云计算、大数据与会计的深度融合，正在深度影响着审计行业。审计环境的变化必然导致审计目标及技术的重大变化。探索在审计工作中利用大数据审

---

① 切特菲德. 会计思想史. 北京：中国商业出版社，1994。

计技术提高审计质量，不仅是理论界热议的话题，而且已成为当前会计师事务所发展的内在要求和必然选择。那么，会计师事务所到底是如何利用大数据审计技术的？请看联创会计师事务所利用大数据审计技术实施销售收入审计的分析程序。

联创会计师事务所（特殊普通合伙，以下简称"联创"）创立于1998年6月，总部在北京，是一家专注于审计鉴证、资本市场服务、管理咨询、政务咨询、税务服务、法务与清算、信息技术咨询、工程咨询、企业估值的特大型综合性咨询机构，拥有从事证券、期货相关业务，国有特大型企业审计业务，金融相关审计业务，会计司法鉴定，境外上市公司审计业务，军工涉密业务咨询服务安全保密资质等国家实行资质管理的最高执业资质。

联创在利用大数据技术实施审计时，遵循大数据分析的常用方法和一般步骤，根据其质量控制管理和审计对象数据本身的特点，虽然在不同审计领域要有针对性地选取合适的大数据分析方法和工具软件，但基本思路具有共性，其具体过程如图11-1所示。

理解业务数据明确相关问题 → 数据准备及预处理 → 利用大数据技术进行数据训练及建模 → 实际数据分析及结果应用

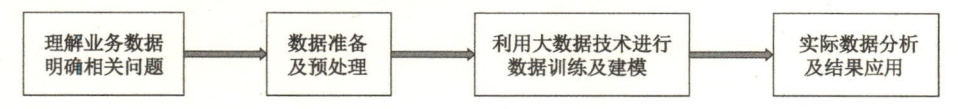

图 11-1　联创利用大数据技术实施审计的基本思路图

1. 理解业务数据，明确相关问题

主要任务是从审计业务角度理解具体分析项目的目标和需求，把理解转化为数据挖掘问题，并制订一个旨在实现具体审计目标的初步计划。

2. 数据准备及预处理

从客户的信息系统中导出数据，对原始未加工的数据进行预处理，构造最终数据集，包括表格、记录和属性选择及对数据的转换和清理。一般的数据预处理方法有数据清洗、数据集成与变换、数据归纳等。

3. 利用大数据技术进行数据训练及建模

利用大数据技术进行数据建模前，首先要利用过去多年审计已分析完成的数据进行数据训练，形成训练数据集，然后再进行不断地测试，结合其他数据进行最初建模，建模后对模型还要进行修正和评估。建模过程中需要不断地测试从而达到最佳。常用的大数据技术有决策树方法、错判矩阵法、增益分析法等深度学习法。

4. 实际数据分析及结果应用

区别于建模阶段的数据测试，此阶段采用的是实际要审计分析的数据，将数据导入模型，产生结果并结合专业知识进行结果分析应用，提高分析结果的精准性。

联创注重对专业研究和创新能力的提高。近年来，随着"互联网+"、云计算、大数据与会计的深度融合，联创主动适应审计环境变化，投入大量的人力和财力，不断地开展研究，建立大数据分析中心，开发数据挖掘软件，逐步应用大数据审计技术。目前，联创在审计客户销售收入、评价客户内部控制的有效性等几个领域已经取得了重大研究成果。

**思考与分析**

（1）相对于传统审计，会计师事务所利用大数据技术具备哪些明显优势？
（2）大数据时代，注册会计师执业将面临哪些挑战？

（3）大数据时代，会计师事务所应当采取哪些措施应对挑战？

**知识点提示**

（1）相对于传统审计，会计师事务所利用大数据技术至少具有以下优势

① 大数据审计可使审计证据全覆盖，提高审计质量。抽样审计是传统审计的重要方法，在运用大数据审计后，可以不再进行抽样调查，而是全面调查，避免抽样误差。大数据审计让审计证据更充分、更准确。目前，事务所在承接新业务前，前后任注册会计师需要进行沟通。而在大数据环境下，数据是公开透明的，后任注册会计师可以直接获取充分的证据，对是否承接新项目进行判断。

② 大数据审计可以促进有效数据的直接取得，缩减审计程序，提高审计效率。在执行实质性审计程序时，部分数据可以从大数据交易所直接购买取得。海量的数据及高效的数据处理，可以解决实质性程序上的诸多问题。充分可靠的数据，让实质性审计程序不再必须一个不漏地执行，提高了审计效率。

③ 大数据的运用可减少会计舞弊，降低审计风险。企业管理层经常为了经营业绩操纵舞弊，而串通舞弊是会计师事务所最难发现的，成为众多审计失败案例的元凶，这是注册会计师很难避免的审计风险。在大数据时代，数据透明度高，使企业通过暗箱操作来修改会计信息以达到非法目的的难度越来越大。伴随着企业数据的透明化，企业在会计政策、会计方法及估计方面将难于调整，人为操纵较难，使会计信息质量提升，注册会计师审计数据来源渠道多元化，数据之间相互佐证，从而降低审计风险。

（2）大数据时代，注册会计师执业将面临诸多挑战

大数据时代的到来，对于注册会计师而言无疑是一次"创造性的破坏"。区块链技术是冲击之一。区块链被定义为一个开放的分布式账本，记录并验证交易，且不再需要任何可信任的权威居间机构。区块链是一个不断增长的列表，形成有序的记录，而这些记录称为区块。每个区块包含一个"时间戳"以及一个利用"指纹"与前一个区块连接起来的链接，是交易双方同时在共享账本中得到的记录。区块链不容许数据修改，即使是会计系统所有者也不能追溯改动。这使得每项交易都得到记录和验证，财务记录的完整性得到了保证。这意味着区块链的可信任度或将大幅减少对审计资源的需求。

同时，审计人员的数据分析等综合能力有待提高。目前，大多数会计师事务所使用审计软件取数工具在财务账套中取数，数据分析及处理通常是对"信息孤岛"产生的数据进行的。而大数据审计对注册会计师提出了更高要求，因为大数据真正的价值是将庞杂的数据量，通过筛选、整理分析及存储，将数据背后的真实信息反映出来。

对于审计人员而言，除专业审计技术外，面对巨大、庞杂的大数据或数据共享交叉使用的云空间平台，还需要具备数据敏感度及数据分析能力。审计人员需要具备操作相关软件、预处理大数据并分析得出可靠结论的能力。在知识结构上，除现有的会计专业知识，审计人员还需要具备法律、经济、管理等方面知识。

（3）大数据时代，会计师事务所应当积极采取措施应对挑战

大数据时代，会计师事务所的基础设施与技术不匹配问题明显突出。在进行大数据预处理、整理分析及存储时，需要配置高端计算机及畅通的网络，为大数据审计提供硬件保证。同时，在预处理及分析过程中，需要购买大数据，这些必然会大幅增加会计师事务所的固定

及变动成本，对会计师事务所转变观念并具体实施提出新要求。面对挑战，会计师事务所应采取如下解决措施：

① 加强大数据审计人才培养和合作。"互联网+"、云计算、大数据等飞速发展，而我国具备大数据分析能力及审计专业技术的人才比较稀缺。我们应从调整注册会计师考核体系、大数据审计后续教育等方面着手，培养大数据审计师。传统审计通过审计软件的取数工具取得的数据，已无法满足客户经营管理的深层次需求。未来，大数据审计还可以由数据科学家和审计人员组成联合项目组，共同完成项目审计。会计师事务所未来对人才的选用，也会在现有基础上弱化会计专业知识，更注重对问题的思考能力。

② 合理调整审计程序。大数据审计在审计技术和方法等方面发生了巨大改变。我国相关审计准则规定，在执行报表审计时，必须执行风险评估、实质性程序。而利用大数据可以代替部分审计程序，也不是所有项目都必须到审计现场，所以应该调整审计准则和审计程序，适应已变革的审计需求。

③ 构建自己的数据云平台，扩大业务范围。有条件的会计师事务所可以自行构建数据云平台，通过分析企业的过去及未来，从事务所的传统业务扩展到企业内审、企业战略等专项咨询、税收代理上，改变会计师事务所的执业范围。

# 第 12 章

# 审计执业规范与法律责任

## 12.1 审计执业规范案例

### 案例 12.1.1

**案例背景**

1999—2001 年,在世界经济增速明显放缓的背景下,我国经济虽然保持了高速增长,但经济结构不够合理已显现出来,因此我国政府开始调整经济结构,包括发展高科技产业,实施了积极的财政政策和稳健的货币政策,持续推进西部大开发战略,全面协调区域经济发展。广夏(银川)实业股份有限公司(以下简称"银广夏")就是在这一时期迅速发展起来的。

**银广夏的发展历史**

银广夏的前身是 1992 年成立的广夏(银川)磁技术有限公司;

1994 年 1 月 28 日,完成了股份制改造,更名为广夏(银川)实业股份有限公司;

1994 年 6 月 17 日,银广夏 A 股在深圳证券交易所上市交易。

公司开始时的主要业务为软磁盘生产,随着资本的积累,然后便逐渐进入了多元化投资阶段。天津广夏(集团)有限公司(以下简称"天津广夏")是银广夏投资额最大的全资子公司,主要经营业务为生物萃取化工产品。天津广夏成立于 1994 年,原名为天津宝洁制品有限公司,1997 年 12 月 31 日更名为天津广夏(集团)有限公司。

**银广夏的经营范围**

上市之后,银广夏的经营范围包括高新技术产品的开发、生产、销售,天然物产的开发、加工、销售,动植物的养殖、种植、加工、销售,食品、日用化工产品、酒的开发、生产、销售,房地产的开发、餐饮、客房服务,以及咨询服务。

**银广夏"传奇"**

从上市到 1999 年年底,银广夏的股价有涨有跌,总体表现还算正常,但从 1999 年 12 月 30 日至 2000 年 4 月 19 日,不到半年的时间,银广夏的股价从 13.97 元涨至 35.83 元,于 2000 年 12 月 29 日完全填权并创下 37.99 元新高,折合为除权前的价格 75.98 元,较一年前启动时的价位上涨 440%。2001 年 3 月,银广夏公布了 2000 年年报,在股本扩大一倍的情况下,每股收益增长超过 60%,达到每股 0.827 元,盈利能力之强令人咋舌:银广夏全年主营业务收入 9.1 亿元,净利润 4.18 亿元,而其利润绝大部分来自天津广夏。

2001 年 3 月,银广夏再度公告,德国诚信公司已经和银广夏签下了连续 3 年、每年 20 亿元人民币的总协议。以此推算,2001 年银广夏的每股收益将达到 2 至 3 元,这将使银广夏成为"两市业绩最好,市盈率却最低的股票"。银广夏"传奇"达到了顶峰。

**银广夏疑点**

银广夏1994年至2001年中期主要财务指标如表12-1所示,1994年至2001年中期的主要资产负债状况如表12-2所示。

表12-1 银广夏主要财务指标

| 时间 | 每股收益/元 | 净资产收益率/% | 主营收入/万元 | 主营利润/万元 | 净利润/万元 |
|---|---|---|---|---|---|
| 2001 中期 | −0.039 | −3.77 | 7 251 | 1 916 | −1 953.36 |
| 2000 年度 | 0.827 | 34.56 | 90 899 | 57 826 | 41 764.64 |
| 1999 年度 | 0.510 | 13.56 | 52 604 | 20 858 | 12 778.66 |
| 1998 年度 | 0.405 | 15.35 | 60 938 | 22 769 | 8 915.45 |
| 1997 年度 | 0.225 | 10.10 | 32 432 | 5 086 | 4 663.60 |
| 1996 年度 | 0.323 | 14.71 | 42 951 | 4 573 | 4 722.65 |
| 1995 年度 | 0.224 | 10.03 | 22 556 | 1 924 | 2 747.30 |
| 1994 年度 | 0.295 | 15.52 | 10 635 | 957 | 2 181.30 |

表12-2 银广夏主要资产负债状况

| 年度 名称 | 2001 年中期 | 2000 年末期 | 2000 年中期 | 1999 年末期 |
|---|---|---|---|---|
| 总资产/万元 | 220 960.88 | 315 129.53 | 269 227.78 | 242 989.64 |
| 流动资产/万元 | 118 023.37 | 204 576.47 | 159 721.06 | 145 286.25 |
| 应收账款/万元 | 53 510.58 | 89 639.60 | 55 440.19 | 58 079.85 |
| 存货净额/万元 | 42 183.10 | 39 482.56 | 46 191.20 | 40 311.06 |
| 长期投资/万元 | 16 485.13 | 13 075.83 | 10 471.52 | 7 582.12 |
| 固定资产/万元 | 79 866.24 | 89 489.93 | 92 363.32 | 83 679.85 |
| 无形资产/万元 | 6 586.14 | 7 987.31 | 6 671.89 | 6 441.43 |
| 流动负债/万元 | 115 132.92 | 146 110.54 | 96 596.83 | 78 285.21 |
| 长期负债/万元 | 48 990.60 | 33 888.81 | 44 517.69 | 52 229.93 |
| 股东权益/万元 | 51 846.90 | 120 852.81 | 110 295.86 | 94 246.00 |
| 资本公积金/万元 | 21 469.86 | 21 469.86 | 21 469.86 | 46 732.93 |
| 盈余公积金/万元 | 15 948.42 | 15 948.42 | 7 595.49 | 7 595.49 |
| 每股净资产/元 | 1.030 0 | 2.390 0 | 2.180 0 | 3.730 0 |
| 调整每股净资产/元 | 0.940 0 | 2.150 0 | 2.020 0 | 3.420 0 |
| 股东权益比率/% | 23.464 | 38.350 | 40.967 | 38.786 |
| 资产负债率/% | 74.277 | 57.119 | 52.415 | 53.712 |
| 每股公积金/元 | 0.424 9 | 0.424 9 | 0.424 9 | 1.849 9 |

**七大疑点:**

根据银广夏对外公布的上述财务资料和其他资料,我国媒体和专家学者分析后提出诸多疑问,普遍归纳为以下7点:

(1)银广夏2000年利润率高达46%,而深沪两市农业类、中草药类和葡萄酿酒类上市公司的利润率鲜有超过20%的。

(2)如果天津广夏宣称的出口属实,按照我国税法应办理几千万的出口退税,但在其相应的年报里根本找不到出口退税的项目。2000年公司工业生产性的收入形成毛利5.43亿元，按17%税率计算，公司应当计交的增值税为9 231万元，但公司披露2000年年末应交增值税余额为负数，不但不欠，而且还没有抵扣完。

（3）公司2000年销售收入与应收款项保持大体比例的同步增长，货币资金和应收款项合计与短期借款也保持大体比例的同步增长，考虑到公司当年销售及资金回笼并不理想，显然公司希望以巨额货币资金的囤积来显示销售及回款情况。

（4）签下总金额达60亿元合同的德国诚信公司只与银广夏单线联系，据称是一家百年老店，经事后证实，事实上却是注册资本仅为10万马克的一家小型贸易公司。

（5）原材料购买批量很大，都是整数吨位，且一次购买上千吨桂皮、生姜，整个厂区恐怕都装不下，而库房、生产线都不许外人察看。

（6）萃取技术的应用需高温、高压、高耗电，但水电费1999年仅20万元，2000年仅70万元。

（7）1998年及之前的财务资料全部神秘"消失"。

**真相大白**

事后经调查发现，银广夏的利润主要来自其子公司天津广夏。天津广夏虚构巨额利润6.826 9亿元，其中1999年1.598 2亿元，2000年5.228 7亿元。天津广夏造假始于1995年，造假利润从1995年的200余万元开始，发展到2000年的5亿多元，创下了惊人的"利润业绩"。而真相是，破产前几年，天津广夏每年亏损1 500万元至2 000万元。除天津广夏，银广夏在各地的主要控股公司几乎都在利润上动过手脚：上海广夏文化发展有限公司通过虚假确认电视片广告收入、拍摄费用等虚增利润；武汉世贸大厦有限公司（银广夏控股子公司）通过虚构售房收入等手段虚增利润；芜湖广夏生物技术股份有限公司虚增利润的手段是多计资本化利息费用、少计经营费用、多提折旧等；在深圳，被称为发展战略支撑点的广夏投资公司，实际上是一家空壳公司；在银川，银广夏用募集资金投资时大动手脚，通过收取高额利息等方式做大利润。各子公司对银广夏虚增利润的影响如表12-3所示。

表12-3　各子公司对银广夏虚增利润的影响

单位：万元

| 银广夏及其子公司名称 | 2000年对银广夏虚增利润的影响数 | 1999年对银广夏虚增利润的影响数 | 1998年对银广夏虚增利润的影响数 | 合计 |
|---|---|---|---|---|
| 天津广夏（集团）有限公司 | 52 287.00 | 15 982.00 | — | 68 269.00 |
| 银广夏（银川）实业股份有限公司（未抵消内部交易数） | 1 470.00 | 1 764.00 | 404.00 | 3 638.00 |
| 上海广夏文化发展有限公司 | 2 670.00 | — | — | 2 670.00 |
| 武汉世界贸易大厦有限公司 | — | — | 1 372.00 | 1 372.00 |
| 芜湖广夏生物技术股份有限公司 | 277.00 | 36.00 | — | 313.00 |
| 合计 | 56 704.00 | 17 782.00 | 1 776.00 | 76 262.00 |

实际上，1998—2001年期间，银广夏累计虚构销售收入104 962.6万元，少计费用4945.34万元，导致虚增利润77 156.7万元，其中1998年虚增利润1 776.1万元；1999年、2000年、2001年上半年分别虚增利润17 781.86万元、56 704.74万元、894万元，当期实际亏损分别为5 003.2万元、14 940.1万元、2 557.1万元，如表12-4所示。

表 12-4 银广夏利润操纵数据表

单位：万元

| 项目 | 1998 年 | 1999 年 | 2000 年 | 2001 年（1~6 月） | 合计 |
|---|---|---|---|---|---|
| 虚报盈利数 | 1 776.10 | 17 781.86 | 56 704.74 | 894.00 | 77 156.70 |
| 实际亏损数 | — | 5 003.20 | 14 940.10 | 2 557.10 | 22 500.40 |

7.71 亿元的巨大利润气球就这样通过中报、年报在股市升空，打造出了银广夏中国大蓝筹股的形象，让众多投资者怦然心动，掉进了陷阱。

**罪有应得**

银广夏公司造假问题被媒体披露后，经中国财政部、中国证监会调查，查明其主要通过伪造购销合同、伪造出口报关单、虚开增值税专用发票、伪造免税文件和伪造金融票据等手段，虚构主营业务收入，虚构巨额利润，损害了广大中小投资者的利益。

之后，我国监管机构对银广夏进行了处罚，相关责任人员受到了相应的法律制裁。也查明深圳中天勤会计师事务所及其签字注册会计师违反法律法规和职业道德，为银广夏公司出具了严重失实的无保留意见的审计报告。这些问题严重损害了广大投资者的合法权益和证券市场公开、公平、公正的原则。为此，财政部对该案所涉及的会计师事务所和注册会计师依法进行了处罚。

### 思考与分析

（1）银广夏财务造假的原因是什么？
（2）深圳中天勤会计师事务所及注册会计师在对银广夏审计中的重大过失有哪些？

### 知识点提示

（1）银广夏财务造假的原因有以下六点。

① 融资圈钱，避免被摘牌。《终止证券发行与交易暂行条例》规定，上市公司如果连续三年亏损，其股票将被停牌，限期不能扭亏为盈的公司股票将被终止上市。银广夏取得发行额度并获得上市相当不易，若被摘牌，意味着一种稀缺资源的白白浪费，所以银广夏宁愿在账务处理上弄虚作假也不愿意被摘牌。

② 个别领导捞取政治资本。地方政府或主管部门为维护地方或部门形象，有意识地引导企业会计造假，并行政干预银行贷款给企业，以解决企业虚报利润应上缴税款的资金。

③ 二级市场炒作，便于内幕交易，从中牟利。银广夏管理层通过对会计报表的业绩进行粉饰，配合二级市场庄家操纵股票价格，从中谋取巨额利润。

④ 造假收益大于造假成本。我国的证券市场监管体系不健全，监管手段落后。监管部门主要依靠行政处罚手段来打击上市公司的会计造假行为，对直接责任人追究刑事责任的少之又少，民事赔偿更是微乎其微。因此，即使会计造假被发现了所付出的代价也是极其有限的。

⑤ 公司治理结构不完善。银广夏的财务报告由管理层负责编制和提供，而管理层的聘任受大股东意志的支配和影响，造成公司财务造假行为无法得到制度上的约束。

⑥ 会计审计制度的缺陷。长期以来我国审计聘任制度存在严重的缺陷，危及注册会计

师审计的独立性。

（2）银广夏通过虚增销售收入、虚列应收账款、多计存货、低估负债、过度资本化及费用的延期处理虚增当期利润等一系列的手段进行造假。事实上，银广夏只是采用了一些简单的造假手段就骗过了自称是"业务精湛、品行高尚"的中国注册会计师，这可能吗？在对银广夏的审计中，深圳中天勤会计师事务所及注册会计师的重大过失行为如下。

① 没有到银广夏的天津子公司实地考察所谓二氧化碳超临界萃取技术，只是简单地翻翻账本就相信了天津子公司高额利润的骗局，事实上，创造高利润的天津分公司的机器设备根本没有完全运转起来。

② 注册会计师未能有效执行应收账款函证程序，在对天津广夏的审计过程中，将所有询证函交由被审计单位发出，而并未要求公司债务人将回函直接寄达注册会计师处。2000年发出 14 封询证函，没有收到一封回函。对于无法执行函证程序的应收账款，审计人员在执行替代程序时，未取得海关报关单、运单、提单等外部证据，仅根据被审计单位内部证据便确认了应收账款。

③ 注册会计师未有效执行分析性测试程序。例如，对于银广夏在 2000 年度主营业务收入大幅增长的同时生产用电的电费反而降低的情况竟没有发现或报告；对银广夏 2000 年度生产卵磷脂的投入产出比率较 1999 年度大幅下降的异常情况，注册会计师既未实地考察，又未咨询专家意见，而轻信了银广夏管理层声称的"生产进入成熟期"的谎言。

④ 没有对银广夏的其他子公司的利润造假事实进行认真核实。

⑤ 审计项目负责人由非注册会计师担任，审计人员普遍缺乏外贸业务知识，不具备专业胜任能力。

## 案例 12.1.2

### 案例背景

审计人员王某在对 A 公司 2019 年度财务报表审计时，发现一张装修发票上的金额与原合同规定金额有出入，发票金额比合同金额少了 50 000 元。A 公司接到发票后也没有发现与合同有出入，并将款项付讫。之后，执行该装修业务的 B 公司也没有来讨账。

### 思考与分析

假设 B 公司在 2019 年也聘请王某审核他们的财务报表，王某能否利用他掌握的 A 公司的审计资料建议 B 公司向 A 公司催讨这一差额款？

### 知识点提示

不能。如果王某这么做了，那么，他就违背了审计人员职业道德规定中的保密原则。但是，王某可以利用 B 公司的资料，如该公司所有的合同资料（当然包括与 A 公司的合同）以及有关发票（当然也包括 B 公司开给 A 公司的发票），找出上述错误，指明其内部控制制度的不足，并要求其更正上述错误，并做出调整分录。

## 12.2　审计法律责任案例

### 案例 12.2.1

**案例背景**

ABC 商行经营批发零售业务。由于进货太多一时造成资金周转困难，拟向银行申请贷款 50 万元。银行方面要求商行提供经审定的财务报表，否则不予考虑。于是商行聘请注册会计师进行审计，并申明审计的目的是为了向银行证明该商行的财务状况健康，以期获得银行的贷款。在整个审计过程中审计人员的工作作风马虎，没有发现存货价值高估，以及部分存货因质量问题长期积压的情况，最后出具了一份无保留意见的审计报告。银行根据该商行呈送的经审定的财务报告后提供了 30 万元的贷款。商行最后又向其他公司折借了 10 万元。后者因为信赖了审定的财务报表才把款借给商行供临时周转使用。不久该商行终因存货报废、积压资不抵债无力偿还而宣告破产。提供贷款的银行，以及借款 10 万元的公司向注册会计师提出指控要求赔偿损失，理由是他们相信了令人误解的财务报表。

**思考与分析**

请您根据上述资料，结合专业知识，分析会计师事务所是否要对银行和业务约定书没有指明的第三方承担法律责任，为什么？

**知识点提示**

在本案中审计人员的行为已经构成了重大过失，会计师事务所应对与委托单位享有同等追索权的收益第三方负赔偿责任。至于对未在业务约定书中指明的公司来说，则不享有业务约定书中特定的权利，但是由于《中华人民共和国注册会计师法》规定注册会计师应对利害关系人承担法律责任，因此注册会计师也应对其负责。

# 第 13 章

# 承接审计业务和风险评估

## 13.1 承接审计业务案例

### 案例 13.1.1

**案例背景**

2019 年 2 月 3 日,诚信会计师事务所的注册会计师李林接到妻子的电话,说她弟弟王宇开办的专门收购和买卖古董字画的 ABC 文化贸易公司越做越大,拟委托会计师事务所对其 2018 年度的财务报表进行审计,正在寻找合适的会计师事务所。王宇希望李林所在的诚信会计师事务所能够与他们公司签订委托协议。李林听了,一方面为弟弟扬眉吐气,另一方面也认为是开拓一个新客户的机会,于是非常爽快地答应了,并于 2019 年 2 月 6 日亲自带领审计小组到 ABC 文化贸易公司实施审计。

ABC 文化贸易公司属于私营公司,自开业 5 年来经营状况良好,但从没有接受过注册会计师审计。注册会计师李林是会计师事务所的出资人之一,业务专长是对国有工业企业进行财务报表审计。

**思考与分析**

(1)本案例中诚信会计师事务所承接业务存在哪些不当之处?

(2)请给诚信会计师事务所如何正确承接此项业务(包括承接业务的质量控制、创建业务、签订业务约定书等)提出建议。

**知识点提示**

(1)本案例中委托李林作为 ABC 文化贸易公司的项目负责人不恰当,因为其与王宇存在亲戚关系,为有关联关系,与独立性相违背,且李林的业务专长是对国有工业企业的财务报表进行审计。如果让李林作为该业务的项目经理,其独立性和胜任能力都存在问题。

(2)承接此项审计业务的建议:

① 在综合考虑注册会计师胜任能力和独立性的基础上,建议李林实施回避,并且委派具有专业胜任能力和相关经验的注册会计师承担该项审计业务。

② 了解和评价收购和买卖古董字画的特殊业务风险,并且聘请专家一起工作。

③ 在签订业务约定书时需要与被审计单位沟通,对于审计时间、利用其他专家,以及被审计单位提供的相关资料等方面详细约定,以保证审计工作顺利进行。

## 案例 13.1.2

### 案例背景

王超是一家国有公司的承包经营负责人,在承包经营两年期结束之后,他请了当地一家会计师事务所对其经营期内的财务报表进行了审计。该会计师事务所经过审计,出具了无保留意见的审计报告,即认为该公司在承包经营期内的财务报表已公允地反映其财务状况。不久,检察机关接到举报,有人反映王超在承包经营期内勾结财务经理与出纳,暗自收受回扣,侵吞国家财产。为此,检察机关传讯了王超,王超到了检察机关后,手持会计师事务所的审计报告,振振有词地说:"会计师事务所已出具了审计报告,证明我没有经济问题。如果不信,你们可以去问注册会计师。"

### 思考与分析

王超的话是否有道理,如果有错,错在哪里?

### 知识点提示

王超的话没有道理,主要错在以下两个方面。

首先,王超没有认识到注册会计师审计只是一种合理保证,而不是绝对保证,经过注册会计师审计的财务报表,尽管可以提高其可信性,但这种提高只是一种合理的提高,对于那些精心伪造的虚假财务报表,注册会计师在遵循了必要的审计程序之后,仍然可能无法查出这些虚假会计信息。因此,王超的话是没有道理的。

其次,王超的话没有分清会计责任与审计责任。编制与出具财务报表是企业管理层的会计责任。只要这些报表中有错误或舞弊,不论审计与否,企业管理层均要承担法律责任。而注册会计师则主要承担审计责任。不管财务报表有无问题,注册会计师均按照公认审计准则进行审计工作。如果遵循了公认审计准则,即使还存在虚假会计信息,注册会计师也可能不必承担责任。反之,如果财务报表没有任何问题,但注册会计师在审计过程中不按照公认审计准则进行工作,则也有可能要承担责任。因此,王超的话是没有道理的。

## 案例 13.1.3

### 案例背景

月光股份有限公司(以下简称"月光公司")是纺织行业的上市公司,2005 年发行社会公众股并上市交易,得益于政府的优惠政策的支持业绩相当不错,上市当年的每股收益为 0.433 元,但在 2015 年企业开始出现下滑的趋势,每股收益为 0.200 元。公司目前在准备 2018 年的年度财务报表审计,并打算聘请诚信会计师事务所进行审计。诚信会计师事务所在接受该公司委托前通过公开渠道了解到如下信息:

(1) 2016 年、2017 年两年的业绩相当不理想,每股收益分别为 0.155 元和 0.100 元;

(2) 2016 年、2017 年从事该公司年度报表审计的是大胜会计师事务所;

（3）公司在 2018 年 2 月 26 日宣布组建电子商务网络公司，并处于控股地位；

（4）2018 年未经审计的中期报表的每股收益为 0.090 元；

（5）2018 年 12 月 5 日公告了其进行资产重组的消息。

### 思考与分析

（1）假如你是该项目的负责人，在接受委托前会如何处理？

（2）如果接受委托，你在制订审计计划时会采用何种手段来防范因上述信息可能带来的审计风险？

### 知识点提示

（1）在接受委托前，作为注册会计师有以下几项工作要进行。

首先，要在征得客户月光公司同意之后，向前任大胜会计师事务所进行了解，寻找月光公司更换会计师事务所的原因。如果月光公司不同意与前任会计师事务所接触，或者大胜会计师事务所是因坚持会计原则而被月光公司更换的话，则诚信会计师事务所就要考虑是否放弃与月光公司的合作。

其次，从月光公司近两年的年报及当年的中报来看，通过分析性程序，经营业绩持续下滑，要考虑月光公司在经营过程中，是否会出现无法持续经营的情况。如果经过判断，认为月光公司很有可能出现无法持续经营的情况，那么注册会计师就要事先告知月光公司，就公司目前状况，很可能会被出具无保留意见的审计报告，并在签约书中有所表示。

（2）在制订审计计划时，要重点对 2018 年 12 月发生的资产重组事件进行关注，并进行专项审计；要查明该项资产重组是否实质上完成；要防止月光公司利用资产重组进行盈余管理。

对月光公司宣布组建电子商务网络公司一事，注册会计师除了要查清所有的合同、文件，以及董事会纪要之外，还应要求公司在会计报表中以附注的形式进行中肯的说明。注册会计师在审计计划中还要对上述资料予以重点复核，并要求在审计报告中用解释段再一次强调，特别是要强调进展程度及其可行性。

## 案例 13.1.4

### 案例背景

隆兴公司自开业以来，其产品市场需求量剧增，准备扩大再生产。为筹措资金，公司决定向银行贷款。但银行希望其出具审计后的财务报表，以做出是否给其贷款的决定。于是，隆兴公司决定聘请诚信会计师事务所进行审计。隆兴公司以前从未进行过审计。

审计一开始就不太顺利，注册会计师王玲刚到隆兴公司就发现，该公司会计账册不齐，而且账也未轧平。于是王玲花费一个星期的时间帮助公司会计整理账簿等。但公司会计人员却向财务经理抱怨，认为注册会计师王玲太苛刻，防碍其正常工作。

第二周，当王玲向会计人员索要客户有关资料以便对应收账款寻函证时，会计人员却以这些资料系公司机密为由加以拒绝。接着，王玲又要求公司在年末这一天停止生产，以便对存货进行盘点。但隆兴公司又以生产任务忙为由加以拒绝。

王玲无奈之下，只得向事务所的合伙人汇报。合伙人张明立即与隆兴公司总经理进行接洽，告知如果无法进行函证或盘点，将迫使注册会计师无法对财务报表表示意见。总经理闻言之后非常生气。他说："我情愿向朋友借钱也不要你们的审计报告！"随后他不但命令注册会计师马上离开隆兴公司，而且拒绝支付注册会计师前两周的审计费用。合伙人张明也很生气，他严肃地告诉总经理，除非付清所有的审计费用，否则，前期由王玲代编的会计账本将不予归还。

### 思考与分析

该会计师事务所的做法是否妥当？如果不妥当，你有什么建议？

### 知识点提示

在上述案例中，诚信会计师事务所犯了如下几项错误。

（1）审计前没有与客户进行充分沟通，以致客户不了解审计的意义、目的及范围。这是造成客户不同意注册会计师进行函证或盘点的原因。

（2）没有与客户签订业务委托书，没有与客户商定审计收费。与客户沟通不足，在客户账未结平之前就贸然前去审计实属不妥。

（3）没有制订审计计划，也没有履行事务所必要的质量控制监督程序。如没有获得公司同意就帮助客户整理账本实属多余。

（4）用扣留客户账本为条件要求客户付款有失职业道德，处理得不好，很可能被客户起诉侵权。应立即归还客户账本，如果整理工作时间不长，可以放弃审计收费；如果审计收费金额巨大，可以通过正常的法律渠道进行申诉，通过合法程序维护自身利益。

## 13.2　审计风险评估案例

### 案例 13.2.1

#### 案例背景

华兴玩具公司是国内最大的玩具生产厂家之一。多年来，这家公司的经营非常成功，利润稳定增长。但在 2017 年，随着行业竞争的加剧及生产线的扩张，华兴玩具公司的盈利能力和变现能力出现了问题。当 2018 年玩具业的销售遭受重大损失时，华兴玩具公司也感受到了威胁，除非可以筹集到额外资金，否则公司将面临资金周转的危机，并可能拖欠债务。

此时，为了筹集到资金，华兴玩具公司管理层认为，如果 2018 年财务报表能够显示公司利润在以前年度的基础上仍有所增长，就能够有办法筹集到资金。为了达到这一目的，华兴玩具公司的财务主管伙同主管市场的副总经理编制了一组 12 月份的销售数据，仅 12 月份的最后一个星期六公司就对外发运了超过 1 800 万元的玩具，并编制了配套的原始凭证，包括对应的订货单、发货单、提货单和销售发票。除了客户是真实的，销售和发运均为子虚乌有。在管理层"创造利润"的不懈努力下，华兴玩具公司 2018 年度的财务报表显示出稳定增长的财务状况。

### 思考与分析

（1）在本案例的风险评估中，审计人员应当发现哪些预警信号？什么程序能够帮助审计人员发现这些预警信号？

（2）结合本案例，思考能够引发公司财务报表舞弊的压力有哪些。

（3）结合本案例，说明注册会计师在年报审计中应当从哪些方面了解被审计单位的经营及其所处环境状况才能不被报表的假象所蒙蔽。

### 知识点提示

（1）审计人员应当发现的预警信号有：

① 压力和动机方面，如2018年玩具业的销售遭受重大损失，公司将面临资金周转的危机，并可能拖欠债务；

② 机会方面，如仅2018年12月的最后一个星期六，公司就对外发运了超过1800万元的玩具。

注册会计师实施下列风险评估程序能够发现这些预警信号：询问；执行分析程序；观察和检查。

（2）引发公司财务报表舞弊的压力有：

① 财务稳定性或盈利能力受到不利经济环境、行业状况，或被审计单位运营状况的影响；

② 管理层为满足外部预期或要求而承受过度的压力；

③ 管理层或治理层的个人经济利益受到被审计单位财务业绩或状况的影响；

④ 管理层或业务人员受到更高职级管理层或治理层对财务或经营指标过高要求的压力等。

（3）注册会计师在年报审计中应当从以下六个方面了解被审计单位的经营及其所处环境状况才能不被报表的假象所蒙蔽：

① 行业状况、法律环境与监管环境，以及其他外部因素；

② 被审计单位的性质；

③ 被审计单位对会计政策的选择和运用；

④ 被审计单位的目标、战略，以及相关经营风险；

⑤ 被审计单位财务业绩的衡量和评价；

⑥ 被审计单位的内部控制。

## 案例 13.2.2

### 案例背景

下列内部控制措施，摘录自某会计师事务所用于评估被审计单位工资和人事系统控制风险的内部控制调查问卷，具体内容如下：

① 在用于计算应付职工薪酬、编制工资单之前，出勤工时卡需经部门负责人审核同意；
② 在签发工资支票之前，连续编号的出勤工时卡已经全部统计完毕；
③ 负责计算应付职工薪酬、编制工资单的员工，不负责其他工资职能（如登记出勤、签发工资支票），并且不接触出勤记录，不接触现金；
④ 在签发工资支票之前，工资单经过了另外一个人的审核；
⑤ 所有作废或已损坏的工资支票都已加盖"作废"专用章，并予以保存；
⑥ 在招聘新员工时，要调查候选人的各种情况，并对其知识水平、工资态度和工资能力进行测试；
⑦ 在解聘员工时，应向其发出书面通知，并在书面通知中说明理由；
⑧ 已经签发但没有送达银行的工资支票，应该交回由出纳保管。

## 思考与分析

（1）对于上述每项控制措施，请分别说明其所属的控制程序类型（如凭证和记录控制、资产接触与记录使用控制等）。

（2）对于上述每项控制措施，请分别说明其对应的审计目标。

（3）对于上述每项控制措施，请分别说明如果它存在并且有效地发挥作用，将防止哪些特定的错误和不法行为的发生。

（4）对于上述每项控制措施，请分别说明如果它不存在，将出现哪些特定的错报。

（5）对于上述每项控制措施，请分别说明为了揭示因该控制措施的不存在而出现的错报，注册会计师可能采用的一项审计测试程序。

## 知识点提示

（1）控制程序类型：独立稽核。

审计目标：记录的交易存在（真实性）；记录的交易按正确的金额反映（计价）。

防止的错误和不法行为：出勤记录被虚构，出勤工时卡上工时统计出现差错。

不存在时可能出现的错报：职工薪酬费用和应付职工薪酬多计，或者应付职工薪酬与实际应付的职工薪酬不一致。

揭示错报的审计测试：检查应付职工薪酬是否有异常的增加，以检查是否有人虚构出勤记录冒领工资；抽查出勤工时卡上的工时统计。

（2）控制程序类型：凭证和记录控制。

审计目标：发生的交易已经记录（完整性）。

防止的错误和不法行为：有些出勤记录没有统计。

不存在时可能出现的错报：应付职工薪酬少计。

揭示错报的审计测试：抽查几个月的工资单和出勤工时卡，看二者的工时数是否一致。

（3）控制程序类型：不相容职务分离，资产接触与记录使用的控制。

审计目标：记录的交易存在（真实性）；记录的交易按正确的金额反映（计价）。

防止的错误和不法行为：出勤记录被篡改，多付现金给自己或与自己相关的人。

不存在时可能出现的错报：职工薪酬费用和应付职工薪酬多计。

揭示错报的审计测试：检查职工薪酬费用的异常变动，检查某些员工职工薪酬的异常增加，追查其出勤记录的真实性。

（4）控制程序类型：独立稽核。
审计目标：记录的交易按正确的金额反映（计价）。
防止的错误和不法行为：职工薪酬单上薪酬计算错误。
不存在时可能出现的错报：职工薪酬费用和应付职工薪酬发生差错。
揭示错报的审计测试：抽查职工薪酬单上薪酬计算的准确性。

（5）控制程序类型：凭证和记录控制。
审计目标：记录的交易按正确的金额反映（计价）。
防止的错误和不法行为：有人持作废或已损坏的工资支票到银行套取现金。
不存在时可能出现的错报：银行存款账面余额大于实际余额。
揭示错报的审计测试：核对银行对账单与银行存款日记账。

（6）不属于控制程序。
（7）不属于控制程序。

（8）控制程序类型：资产接触与记录使用的控制。
审计目标：记录的交易存在（真实性）。
防止的错误和不法行为：职工薪酬支票被他人非法冒领。
不存在时可能出现的错报：应付职工薪酬少计。
揭示错报的审计测试：核对银行对账单与银行存款日记账。

## 案例 13.2.3

### 案例背景

某公司是一家从事食品批发、兼营食品零售的商业企业，去年出现了以下错误和不法行为：

① 货物发出后，为向客户收款而开具的销售发票销售价格不对。因为计算机输入时输入了错误的销售价格。

② 有一笔购货款发生了重复付款。在第一次付款三周后，该公司收到供货商发货单的复印件，因而又付了一次款。

③ 仓库保管员将部分食品带回家。收到购入的食品后，仓库保管员将一小部分食品放入自己的包里，其余部分放入企业的冷库，然后，按照总共收到的数量而不是入库的实际数量填写入库单送交财务部。

④ 对零售商店的存货进行盘点时发现某些柜组将一些商品的数量误记在另一些商品名下，在盘点数量时也出现了错误。

### 思考与分析

（1）对每项错误，指出它缺乏的一种或多种内部控制类型。
（2）对每项错误，指出影响的相关审计目标。
（3）对每项错误，指出能克服它的一项控制措施。

**知识点提示**

（1）缺乏独立稽核。影响的审计目标是"按正确的金额反映（计价）交易"，克服的控制措施如由两个人独立地对同一批商品进行盘点。

（2）缺乏凭证与记录控制（第一次付款没有登记在相应的会计账户中，没有在已经付过款的购货凭证上做记号），经济业务没有经过适当授权（付款应该取得有关负责人的批准，而有关负责人在批准是否付款时应审核发货单）。影响的审计目标是"记录的交易按正确的金额反映（计价）"。克服的控制措施：及时登记会计账户，付款时在购货凭证上做标记，但凡购货付款都应核对购货凭证，并取得有关负责人的审核同意。

（3）不相容职务没有充分分离，仓库保管员一面清点验收货物，一面填写入库单；缺乏必要的资产接触控制，仓库保管员能够将食品带出仓库；缺乏必要的独立稽核，没有不定期盘点存货。影响的审计目标是"记录的交易按正确的金额反映（计价）"。克服的控制措施：设立购货验收部门，由验收部门的员工会同仓库的员工清点入库的货物，填写入库单，入库单上必须有两个部门的人员签字；仓库应设有门卫，员工出入携带物品应接受检查；应有独立部门不定期地对仓库进行抽查。

（4）缺乏独立稽核，没有人对盘点进行监督；影响的审计目标是"交易按正确的金额反映（计价）"和"交易被恰当地分类和反映"；克服的控制措施：由两个人独立地对同一批商品进行盘点。

## 案例 13.2.4

**案例背景**

常诚和王朝是一对好朋友，都是注册会计师，分别供职于不同的会计师事务所。有一天在共进午餐时，他们俩谈起了内部控制在决定应收集的审计证据的数量方面的重要性。

常诚认为，在任何公司，不管其规模如何都应该以类似的方式对内部控制进行细致的调查和评价。他所在的会计师事务所，要求在执行每项审计业务时都要使用本会计师事务所设计的标准内部控制调查问卷，对于每类经济业务都应该编制内部控制流程图。另外，会计师事务所还要求注册会计师仔细评价内部控制制度，根据内部控制的强弱调整拟收集的审计证据的数量。

王朝则指出，他所审计的大量小规模企业，不可能有充分的、严密的内部控制。因此，他在从事审计时，通常假设内部控制不充分，从而忽略内部控制，直接进行大量的实质性测试。他说："当我一开始就知道内部控制制度中存在各种各样的弱点时，我干吗要浪费大量的时间和精力去调查内部控制、评价控制风险？我不愿把时间花在填写内部控制调查评价表格上，而用在测试财务报表的表述是否正确上。"

**思考与分析**

（1）概括大型企业和小型企业内部控制制度的主要区别。
（2）评价注册会计师王朝和常诚的观点。
（3）规模不同的企业，在调查内部控制、评价控制风险方面有何共性和区别？

**知识点提示**

（1）相比大型企业，小型企业的业务相对简单，人员较少，不相容职务分离不充分，业主或管理层积极地参与各种业务，因此，内部控制制度相对不健全、不严密。

（2）常诚和王朝的观点都有些偏颇。常诚认为不管企业规模大小都应该细致地对内部控制制度进行调查和评价，这一点对于大部分小企业来说不适用。审计是需要成本的，当知道小企业内部控制制度不完善、不可能显著地降低控制风险时，还花大量的时间去了解内部控制制度，不符合成本效益原则。

王朝认为小企业的内部控制不充分、不严密，不应该花时间去了解内部控制制度，而应该直接进行实质性测试。王朝忽略了虽然小企业内部控制一般都不够充分严密，但毕竟企业与企业之间情况不同，内部控制的不健全有程度上的差别，不是所有小企业内部控制都不可信赖。而且，评价控制风险、设计恰当的实质性测试程序，不是调查企业的内部控制制度的唯一目的。对小企业的内部控制制度进行初步的调查和分析，有助于注册会计师评估财务报表的可审性，预测企业财务报表中的潜在错误，抓住审计重点。另外，注册会计师除了对企业的财务报表发表审计意见外，还可以就内部控制可以改进的方面向企业提出建议，这也要求对内部控制有所了解。

（3）规模不同的企业，在调查内部控制、评价控制风险方面的共性和区别如下：

共性：不管审计的是大企业还是小企业，都要对内部控制进行调查。

区别：企业的规模不同，对内部控制调查的程度可能不同。大企业内部控制较健全，评估的控制风险较低，因而对内部控制调查的程度较深。小企业内部控制相对不健全，评估的控制风险确定得较高，甚至最高，因而对内部控制调查的程度较浅。

## 案例13.2.5

**案例背景**

朱琳在彩虹公司从事会计工作10年有余，她对工作的忘我精神和高度的责任感，深得公司其他员工和老板的赞誉。最近，公司赋予她更多的职权和责任。然而，当注册会计师查明朱琳在过去的6年中采用非法手段侵吞了10万元巨款时，公司员工和老板都感到吃惊和失望。朱琳的作案手法很简单，就是在向客户发出账单收款时不登记销售日记账，待收到客户的付款时不登记收款，而将款项侵吞的。

**思考与分析**

导致朱琳有机可乘的主要原因是什么？

**知识点提示**

导致朱琳有机可乘的主要原因是该公司内部控制制度不健全，没有执行充分的不相容职务分离制度。寄送账单与登记销售是不相容职务，收款与登记也是不相容职务，而这些都集朱琳于一身，给她创造了侵吞销售款而又不容易被发现的机会。

## 案例 13.2.6

### 案例背景

最近，当您和您的家人到永和豆浆店吃早点时，会发现该店有一套特殊的管理方法。您先到点菜台点菜，服务小姐问您一共几位、坐哪一桌，点好菜后她用电脑打印出一张清单，上面列出桌号、客人数、您点的各种菜的数量、价格，以及最后的总金额。然后，您坐在座位上等待服务员将各种菜肴送过来供您和您的家人享用。后来，您想再加几个菜。结果，您又来到点菜台，服务小姐又打印出一张类似清单，让您拿出原来的清单，将他们装订在一起交给您。当您和您的家人用餐完毕要离开时，您将两张清单交给收银台，收银台的服务小姐对清单进行复核后加出总金额让您付款。

### 思考与分析

（1）永和豆浆店设立的控制措施属于何种类型？
（2）假如您是永和豆浆店的老板，应如何评价该控制措施的效果？
（3）永和豆浆店设立这些控制措施，需要增加哪些成本？收到的效益体现在哪些方面？

### 知识点提示

（1）永和豆浆店设立的控制措施属于控制程序，如不相容职务分离，点菜台可以对收银台形成牵制，收银台收到的款项必须与点菜台电脑中的总金额相符。
（2）评价该控制措施的效果应该看菜是否会被误送，收款是否会发生差错，以及当天的点菜台电脑中的总金额与当天的收款总额是否相符。
（3）成本是需要添置一台电脑，同时设立点菜台和收银台增加了人工成本。收益在于使店内运转通畅，菜能准确及时地送到客人桌上，客人离开时不会忘记向客人收钱，提高了经营效率和效果，最重要的是收银台收到的现金能够得到控制，不至于被收银台的服务小姐中饱私囊。

## 案例 13.2.7

### 案例背景

爱乐者协会每周一至周五晚上在文化宫举办音乐会。音乐会开始前，协会的一名员工会在入场处售票：协会的会员出示会员卡后可以免费入场；非会员观众，需要当场支付 30 元，换取到一张式样统一的入场券后才能入场。

每晚演出结束，这位售票的员工将收到的现金交给协会的出纳。出纳当面清点将现金存入保险柜。每周六上午，出纳和售票的员工一起将保险柜中存放的所有现金送存银行，之后将银行出具的存款证明作为每周登记账目的依据。

爱乐者协会的管理层认识到门票收入的内部控制需要改进，想聘请您帮助出谋划策。

## 思考与分析

指出门票收入现有内部控制中存在的缺陷，针对每个缺陷各提供一项改进建议。

### 知识点提示

| 缺陷 | 建议 |
| --- | --- |
| 无法确定购票入场的非会员观众人数；无法确定售票的员工在收钱的同时有没有出票；无法确定售票的员工是否将当晚的门票收入全部交给出纳；无法确定出纳在周六送存银行前不动用存放在保险柜里的票款；将银行提供的存款证明作为每周登记账目的依据，缺乏核对手段。 | 门票应当连续编号，并按照售票顺序依次出票；增加另外一名员工专门负责收票（撕下票根）；演出结束后，售票的员工填写收入报告单一式两份，售票员工将之与自己收到的门票数核对相符后签字，售票的员工将门票款和收入报告单交给出纳；要求出纳在演出结束的第二天上午就将票款送存银行；在票根、收入报告单，以及银行的存款证明三者核对无误后，据此登记账目。 |

# 第 14 章

# 计划审计工作和风险应对

## 14.1 计划审计工作案例

### 案例 14.1.1

**案例背景**

H 会计师事务所的注册会计师 A、B 接受指派，审计 X 公司 2018 年度财务报表，现正编制审计计划。

资料一：X 公司未经审计的财务报表显示，2018 年度资产总额 180 000 万元，净资产 88 000 万元，营业收入 240 000 万元，利润总额 36 000 万元，净利润 24 120 万元。

资料二：根据 X 公司的具体情况和审计质量控制及审计成本的要求，H 会计师事务所要求 A 和 B 注册会计师将 X 公司年报审计业务的可接受总体审计风险水平控制在 5%的水平。按 H 会计师事务所的业务指导手册规定，10%（含）以下的风险水平为低水平，10%~40%（含）的风险水平为中等水平，超过 40%的风险水平为高水平。

资料三：在编制 X 公司的具体审计计划时，为确定财务报表各主要项目的实质性程序，A 和 B 注册会计师根据以往经验和控制测试的结果，分别确定了各类交易、余额的固有风险和控制风险水平，表 14-1 列示了其中五个账户的情况。

表 14-1 各类交易、余额的固有风险和控制风险水平

| 风险要素 | 应收票据 | 应收账款 | 固定资产 | 存货 | 短期借款 |
| --- | --- | --- | --- | --- | --- |
| 固有风险 | 难以确定 | 20% | 30% | 30% | 80% |
| 控制风险 | 6% | 25% | 90% | 40% | 90% |

**思考与分析**

（1）针对资料一，为了确定报表层次的重要性水平，A 和 B 注册会计师决定以资产总额、净资产、营业收入和净利润作为判断基础，采用固定比率法，并假定资产总额、净资产、营业收入和净利润的固定百分比数值分别为 0.5%、1%、0.5%和 5%。请代 A 和 B 注册会计师计算并确定 X 公司 2018 年度财务报表层次的重要性水平（请列示计算过程），简要说明重要性水平与审计风险之间的关系，简要说明重要性水平与审计证据之间的关系。

（2）根据资料二和资料三，代 A 和 B 注册会计师谨慎地估计应收票据项目的可接受检查风险水平（请列示计算过程），并简要说明理由。

（3）针对资料三，代 A 和 B 注册会计师确定各财务报表项目的审计风险水平，进而运用审计风险模型公式计算应收账款、固定资产、存货和短期借款项目的可接受检查风险水平（请列示计算过程）。根据以上风险评估的结果，请代 A 和 B 注册会计师确定下表所列各项目的实质性程序的性质、时间和所需审计证据数量的多少。其中对于实质性程序的性质请写明具体的名称，对于实质性程序的时间请写明报表日、报表日前或报表日后，对于所需审计证据的数量请按较多、较少或适中填写。

| 报表项目 | 实质性程序的性质 | 实质性程序的时间 | 所需审计证据的数量 |
| --- | --- | --- | --- |
| 应收票据 |  |  |  |
| 应收账款 |  |  |  |
| 固定资产 |  |  |  |
| 存货 |  |  |  |
| 短期借款 |  |  |  |

## 知识点提示

**1. 重要性水平**

（1）含义：重要性水平取决于具体环境下对错报金额和性质的判断，如果一项错报单独或连同其他错报可能影响财务报表使用者依据财务报表做出的经济决策，则该项错报是重大的。

重要性概念可从以下方面进行理解。

① 如果合理预期错报（包括漏报）单独或汇总起来可能影响财务报表使用者依据财务报表做出的经济决策，则通常认为错报是重大的。

② 对重要性的判断是根据具体环境做出的，并受错报的金额或性质的影响，或受两者共同作用的影响。

③ 判断某项错报对财务报表使用者的影响是否重大，是在考虑财务报表使用者对整体的财务信息需求的基础上做出的。由于不同财务报表使用者对财务信息的需求差异可能很大，因此不考虑错报对个别财务报表使用者可能产生的影响。

（2）确定：确定报表层次的重要性水平时应考虑的因素如下：

① 对被审计单位及其环境的了解；

② 审计的目标，包括特定报告要求；

③ 财务报表各项目的性质及其相互关系；

④ 财务报表项目的金额及其波动幅度。

（3）两个层次的重要性水平。

① 财务报表层次的重要性水平：在制定总体审计策略时，注册会计师应当确定财务报表整体的重要性。

② 各类交易、账户余额、列报认定层次的重要性水平（可容忍错报）：根据被审计单位的特定情况，如果存在一个或多个特定类别的交易、账户余额或披露，其发生的错报金额虽然低于财务报表整体的重要性，但合理预期可能影响财务报表使用者依据财务报表做出的经济决策，注册会计师还应当确定适用于这些交易、账户余额或披露的一个或多个重要性水平。

（4）从数量和性质两个方面考虑重要性。
① 从数量方面考虑重要性：通常依据会计师事务所的惯例及自己的经验予以考虑。
（考虑的因素：被审计单位的性质及所在行业、单位规模、所有权性质、融资方式、报表使用者的关注。）
报表层次重要性水平=基准×适当百分比。
基准包括：总资产、净资产、销售收入、费用总额、毛利、净利润等。
百分比：对以盈利为目的的企业，来自经常性业务的税前利润或税后净利润的 5%或总收入的 0.5%，在适当情况下，也可采用总资产或净资产的一定比例等；对非营利组织，来自费用总额或总收入的 0.5%；对共同基金公司，来自净资产的 0.5%。
② 从性质方面考虑重要性：
  a. 错报对遵守法律法规、债务契约或其他合同的影响程度；
  b. 错报对掩盖收益或其他趋势变化的程度；
  c. 错报对用于评价被审计单位财务状况经营成果或现金流量的有关比率的影响程度；
  e. 错报对增加管理层报酬的影响程度；
  f. 错报对某些账户余额之间错误分类的影响程度。

**2. 重要性与审计风险、审计证据之间的关系**

重要性与审计风险呈反向关系，即重要性水平高，审计风险低；重要性水平低，审计风险高。重要性水平与所需审计证据也呈反向关系，即重要性水平越高，所需的审计证据越少；重要性水平越低，所需的审计证据越多。

**3. 审计风险**

审计风险是指财务报表存在重大错报而注册会计师发表不恰当审计意见的可能性。
审计风险=重大错报风险×检查风险。
审计风险取决于重大错报风险和检查风险。
评估的重大错报风险越高，可接受的检查风险越低（反向关系）。
注册会计师应当实施适当的审计程序来评估重大错报风险。

## 案例 14.1.2

### 案例背景

光大会计师事务所钱某接受云翔有限责任公司（以下简称"云翔公司"）董事会委托，对该公司 2018 年财务报表进行审计。根据钱某的调查，云翔公司 2018 年 12 月 31 日的资产负债表如表 14-2 所示。

表 14-2 云翔公司 2018 年 12 月 31 日资产负债表

单位：元

| 资产 | 金额 | 负债及所有者权益 | 金额 |
|---|---|---|---|
| 货币性资金 | 41 000 | 应付账款 | 236 000 |
| 应收账款 | 948 000 | 应付票据 | 1 415 000 |
| 存货 | 1 493 000 | 应付职工薪酬 | 73 000 |

续表

| 资产 | 金额 | 负债及所有者权益 | 金额 |
|---|---|---|---|
| 其他流动资产 | 68 000 | 应付股利 | 102 000 |
| 固定资产净额 | 517 000 | 其他负债 | 117 000 |
|  |  | 股本 | 425 000 |
|  |  | 盈余公积 | 699 000 |
| 合计 | 3 067 000 | 合计 | 3 067 000 |

该公司 2018 年度的利润总额为 411 111 元。

### 思考与分析

请根据上述资料，代钱某初步确定重要性水平。

### 知识点提示

假设根据以上资料，钱某认为该公司的资产总额较少，准备以 1.8% 的比例确定重要性水平（3 067 000×1.8%=55 206）；利润总额水平也属于较少水平，准备以 9% 的比例确定重要性水平（411 111×9%=37 000）。两者相比较选取较小的一个（即 37 000 元）作为报表总体的计划重要性水平。

钱某准备以资产负债表项目为基础分配重要性水平。根据以往的审计经验，他确定了各项目的可容忍误差，如表 14-3 所示。

表 14-3　各项目可容忍误差

单位：元

| 资产 | 可容忍误差 | 负债及所有者权益 | 可容忍误差 |
|---|---|---|---|
| 货币性资金 | 1000 | 应付账款 | 9 000 |
| 应收账款 | 22 000 | 应付票据 | 0 |
| 存货 | 22 000 | 应付职工薪酬 | 5 000 |
| 其他流动资产 | 5000 | 应付股利 | 0 |
| 固定资产净额 | 4000 | 其他负债 | 6 000 |
|  |  | 股本 | 0 |
|  |  | 盈余公积 | 0 |

钱某在进行分配时采取了以下分配原则：

（1）避免将重要性水平全部分配至一个项目中。这是因为不可能要求其他项目不产生任何误差。因此他设定：任何一个项目的可容忍误差不能超过报表总体重要性水平的 60%。

（2）所有项目可容忍误差之和不能超过报表总体重要性水平的 2 倍。这是基于以下两点考虑：①不可能所有被审项目的实际误差都同时达到所分配的可容忍误差的标准，因此，这样的安排可以使每个项目都留有一定的余地；②有的项目的高估与有的项目的低估可能相互抵消，从而使整个项目或报表的误差不是太大。

（3）现金、应付票据、应付股利及股本等项目能够进行详细逐笔审计，或者审计产生的误差的概率很小，因此不允许产生误差或仅分配很少的可容忍误差。

（4）应收账款、存货的审计需要较复杂的审计程序，成本较大，因此分配最大的可容忍误差（总体重要性水平的 60%）。

（5）其他流动资产、应付职工薪酬一般应用分析性复核即可检验其总体合理性，审计成本较低，但仅用分析性复核程序时应允许有较大的可容忍误差。

（6）固定资产与上一年度相比，一般情况下不会出现较大的变动，可能不需要对其实施审计程序，因而分配较少的可容忍误差。

（7）应付账款存在低估的可能性，预期的误差较大，应分配较多的可容忍误差。

（8）盈余公积利润的误差来自其他项目产生的误差。对其他项目误差控制的同时也就控制了该项目的误差，因此不需要对该项目进行专项审计，也就不需要为它分配可容忍误差。

## 14.2 风险应对案例

### 案例 14.2.1

#### 案例背景

A 注册会计师作为正华股份有限公司（以下简称"正华公司"）2018 年度财务报表审计项目负责人，通过了解正华公司及其环境，发现当年正华公司所处行业由于一些新竞争者的加入，不仅分割了一部分市场，还导致产品价格下降了 10%。正华公司 2017 年年末制定的 2018 年度的经营目标是：以稳定发展为前提，力争收入、利润等主要指标在 2017 年度的基础上保持稳定或略有提高。

已审计的 2017 年度财务报表显示，收入 100 000 万元，成本 85 000 万元，应收账款 3 000 万元。

未经审计的 2018 年度财务报表显示，收入 105 000 万元，成本 89 000 万元，应收账款 15 000 万元。

要求：在不考虑其他情况的条件下，根据上述资料完成表 14-4。

表 14-4 重大错报风险评估与应对

| 描述识别的风险 | 识别的重大错报风险 || 认定 | 是否属于特别风险 | 重大错报风险水平（高/中/低） | 提高不可预见性的审计程序 | 进一步审计程序的总体方案 |
|---|---|---|---|---|---|---|---|
|  | 交易 | 账户 |  |  |  |  |  |
|  |  |  |  |  |  |  |  |

#### 思考与分析

（1）思考如何理解风险导向审计，并简述其基本流程。

（2）确定特别风险应考虑哪些因素？

（3）增加审计程序不可预见的方法有哪些？

（4）针对评估的重大错报风险注册会计师应采取哪些应对措施？

**知识点提示**

（1）风险导向审计是指注册会计师以审计风险模型为基础进行的审计，是审计专用术语。其核心思想可以概括为：审计风险主要来源于企业财务报告的重大错报风险，而错报风险主要来源于整个企业的经营风险和舞弊风险。

风险导向审计的基本流程包括：

① 了解被审计单位及其环境（包括内部控制），以评估财务报表整体层次和认定层次的重大措报风险；

② 必要时进行控制测试，以测试内部控制在防止、发现和纠正认定层次重大错报方面的有效性；

③ 实施实质性程序，以发现认定层次的重大错报。

（2）注册会计师应根据风险的性质、潜在错报的重要程度（包括该风险是否可能导致多项错报）和发生的可能性，判断风险是否属于特别风险。

确定特别风险应考虑的因素包括：

① 风险是否属于舞弊风险；

② 风险是否与近期经济环境、会计处理方法和其他方面的重大变化有关；

③ 交易的复杂程度；

④ 风险是否涉及重大的关联方交易；

⑤ 财务信息计量的主观程度，特别是对不确定事项的计量存在较大区间；

⑥ 风险是否涉及异常或超出正常经营过程的重大交易。

（3）以下方法可以增加审计程序不可预见性：

① 对某些以前未测试的低于设定的重要性水平或风险较小的账户余额和认定实施实质性程序；

② 调整实施审计程序的时间，使其超出被审计单位的预期；

③ 采取不同的审计抽样方法，使当年抽取的测试样本与以前有所不同；

④ 选取不同的地点实施审计程序，或预先不告知被审计单位所选定的测试地点。

（4）针对评估的财务报表层次的重大错报风险，注册会计师应当设计和实施总体应对措施。针对评估的认定层次的重大错报风险，注册会计师应当设计和实施进一步审计程序，包括审计程序的性质、时间安排和范围。

进一步审计程序按性质分为实质性方案和综合性方案：

① 实质性方案是指注册会计师实施的进一步审计程序以实质性程序为主；

② 综合性方案是指注册会计师在实施进一步审计程序时，将控制测试与实质性程序结合使用。

当评估的财务报表层次的重大错报风险属于高风险水平（并相应采取更强调审计程序不可预见性、重视调整审计程序的性质、时间和范围等总体应对措施）时，拟实施进一步审计程序的总体方案往往更倾向于实质性方案。

## 案例 14.2.2

### 案例背景

广生公司 2017 年 12 月 31 日的财务报表显示，其应收账款余额为 200 000 元，备抵坏账 6 000 元。注册会计师小王运用所有的审计程序审核了上述两个账户，认为表述恰当，符合企业会计准则要求。但在 2018 年 1 月 15 日外勤工作尚未结束时得知，广生公司的主要客户隆兴公司因遭受火灾而无力偿还应付广生公司的债务。2017 年 12 月 31 日的账面显示，当时应收隆兴公司的账款金额为 44 000 元。现注册会计师小王与广生公司的财务经理讨论有关火灾情况。小王认为报表上要调整这一火灾损失。而财务经理认为不应调整这一损失，因为火灾发生在 2018 年。

### 思考与分析

（1）小王应如何取得证据证明这一损失确实是发生在 2018 年而不是在 2017 年？
（2）哪些证据将成为调整 2017 年财务报表的依据？

### 知识点提示

（1）注册会计师应通过取得有关部门（如消防保险及公安部门等）对火灾的鉴定报告，来证实火灾确实不是发生在 2017 年而是在 2018 年。

（2）根据取得的鉴定报告，假如可以确认火灾确实发生在 2017 年，广生公司就应当调整 2017 年财务报表，增加提取坏账准备，鉴定报告就成为调整 2017 年财务报表的最主要的证据。假如确认火灾确实发生在 2017 年的年度财务报表决算日之后，且可以确认 2017 年隆兴公司财务状况良好，欠款可以收回，故广生公司 2017 年可以不增加提取坏账准备，但由于该项损失相对重大，隆兴公司又无力偿债，广生公司就应在 2018 年财务报表的附注中予以说明，以披露隆兴公司无力偿债对其财务状况的影响。

## 案例 14.2.3

### 案例背景

2018 年 2 月 28 日，助理人员小张经注册会计师王玲的安排到广生公司验证存货的账面余额。盘点前，小张在过道上听到几个工人的议论，得知存货中可能存在不少无法出售的变质产品。对此，小张对存货进行实地抽点，并比较库存量与最近销量。抽点结果表明，存货数量合理，收发也较为有序。由于该产品技术含量较高，小张无法鉴别出存货中是否有变质产品，于是他不得不询问该公司的存货部高级主管。高级主管的答复是该产品无质量问题。

小张在盘点工作结束后，开始编制工作底稿。在备注中，小张将听说有变质产品的事填入其中，并建议在下阶段的存货审计程序中特别注意是否存在变质产品。王玲在复核工作底稿时再次向小张详细了解了存货盘点情况，特别是有关变质产品的情况，对此，还特别对当时议论此事的工人进行了询问。但这些工人矢口否认了此事。于是，王玲与存货部高级主管商讨后，得出结论，认为"存货价值公允且均可出售"。底稿复核后，王玲在备注栏填写了"变质产品问题经核尚无证据，但下次审计时应加以考虑"的字眼，但由于广生公司总经理抱怨王玲前几次出具了有保留意见的审计报告，使得他们贷款遇到了不少麻烦，因此审计结束后，注册会计师王玲对该年的财务报表出具了无保留意见的审计报告。

两个月后，广生公司资金周转出现问题，主要是存货中存在大量的变质产品无法出售，致使到期的银行贷款无法偿还。银行拟向会计师事务所索赔，认为注册会计师在审核存货时有重大过失。债权人在法庭上出示了王玲的工作底稿，认为注册会计师明知存货高估，但迫于总经理的压力没有揭示财务报表中存在的问题，因此，应该承担银行的贷款损失。

**思考与分析**

（1）工人在过道上关于产品变质的议论是否应列入工作底稿？
（2）注册会计师王玲是否已尽到了责任？
（3）对于银行的指控，这些工作底稿能否支持或不利于注册会计师的抗辩立场？
（4）从审计工作的角度分析，银行的指控是否有一定的道理？注册会计师应当如何应对？

**知识点提示**

（1）工人的议论并非是有效证据，因此不应列入工作底稿。但这些议论却提供了审计线索与范围，然而注册会计师不但没有扩大审计程序反而只是简单地询问公司主管，实属冒昧。如果注册会计师已对存货有明确结论，就不应再将上述不负责任的议论留在工作底稿中，更不应该将"下次审计时应加以考虑"的字眼留在工作底稿中。

（2）王玲没有尽到责任。这是因为她既没有利用专门的审计程序去追查、审核存货中是否有变质产品的问题，又没有在工作底稿上删除那些不负责任的字眼，以致混淆了工作底稿与审计结论之间的关系。

（3）有损注册会计师的抗辩立场。从工作底稿看，说明注册会计师缺乏信心，且对证据的判断有误，致使已有的审计证据无法支持审计结论。

（4）从审计工作的角度看，银行的指控是有一定的道理，因为注册会计师实施的审计程序虽然基本合理，但没有完全遵守公认审计准则，特别是在证据方面，缺乏专业判断能力。因此，尽管注册会计师在审计工作中没有重大过失，但还是存在一般过失的。在此情况下，注册会计师可以依据委托目的来进行应对。如果注册会计师事先知道委托人用该报告向银行贷款，按照规则，应当承担责任。如果事先并不知道委托人用该报告向银行贷款，注册会计师可以适当抗辩，以不是预期第三者进行反驳。

## 案例 14.2.4

**案例背景**

北京东方会计师事务所注册会计师王豪、李民在对 ABC 股份有限公司（上市公司）2018 年度财务报表进行审计的过程中，获取的该公司 2018 年 12 月 31 日的相关会计记录资料，整理后如表 14-5 所示。

表 14-5　ABC 股份有限公司 2018 年 12 月 31 日相关会计记录资料

| 项目名称 | 金额/万元 |
|---|---|
| 银行存款 | 6 000 |
| 短期投资 | 600 |
| 应收票据 | 22 000 |
| 应收账款（净额） | 95 000 |
| 其他应收款 | 24 000 |
| 存货 | 84 000 |
| 固定资产（净值） | 99 800 |
| 在建工程 | 26 800 |
| 应付账款 | 84 000 |
| 银行借款（抵押借款部分） | 56 800 |
| 实收股本 | 48 000 |
| 资本公积 | 48 950 |
| 主营业务收入净额 | 695 000 |
| 主营业务利润 | 69 898 |
| 利息支出 | 5 464 |

## 思考与分析

请根据上述资料，思考下列问题：

（1）上述项目中适用函证程序的有哪些？
（2）接受函证的对象有哪些？
（3）函证的主要内容是什么？
（4）可选用的函证方式是哪种？

## 知识点提示

| 适用函证程序的项目 | 接受函证的对象 | 函证的主要内容 | 函证方式 |
|---|---|---|---|
| 银行存款 | 所审计期间所有与被审计单位有往来的金融机构 | 存款账户、账号、性质及余额等；贷款性质，担保或抵押品，贷款期限，利率及余额等 | 肯定式函证 |
| 应收票据 | 票据开出人 | 付款日，到期金额抵押担保物说明 | 肯定式函证 |
| 应收账款 | 债务人 | 应收金额 | 肯定或否定式函证 |
| 其他应收款 | 债务人 | 应收金额 | 肯定或否定式函证 |
| 应付账款 | 债权人 | 应付金额 | 肯定或否定式函证 |
| 抵押借款 | 债权人，抵押人 | 债权金额，抵押物说明，对是否遵守抵押或契约表示意见 | 肯定式函证 |
| 实收股本 | 证券交易所，证券托管机构 | 股份数额 | 肯定式函证 |

# 第15章

# 销售与收款循环审计

## 15.1 销售审计案例

### 案例15.1.1

**案例背景**

**东方不败的"神话"**

东方电子股份有限公司(以下简称"东方电子",股票代码000682)是由烟台东方电子信息产业集团公司作为独家发起人,于1993年3月采用定向募集方式设立的。公司于1994年1月正式成立,总股本5 800万股,每股面值1元,发行价1.60元,其中国家股2 200万股,社会法人股150万股,内部职工股3 450万股。1996年12月17日,经中国证监会批准,东方电子向社会公开发行1 030万股,发行价7.88元,总股本变为6 830万股,其中国家股2 200万股,社会法人股150万股,社会公众股1 720万股(包括原内部职工股690万股),内部职工股2 760万股。1997年1月21日,公司1 720万股社会公众股在深交所挂牌上市交易,内部职工股2 760万股预计三年后上市交易。

根据东方电子公告的数字显示,自1997年1月21日上市以来,东方电子股本连年高速扩张:1996年度每10股送4股转增6股,1997年度每10股配1.667股,1998年中期每10股送8股,1999年中期和年终连续推出每10股送6股转增4股和每10股送2.5股转增3.5股。而在股本大比例扩张的基础上,公司业绩与股本扩张保持了同步增长,其业绩表现如表15-1所示,创造了东方电子的"神话"。

表15-1 1997—2000年东方电子的业绩表现

| 项目 | 1997年 | 1998年 | 1999年 | 2000年 |
|---|---|---|---|---|
| 主营业务收入(亿元) | 2.37 | 4.50 | 8.56 | 13.75 |
| 主营业务毛利率(%) | 47.30 | 47.30 | 52.90 | 47.10 |
| 每股收益(元) | 0.51 | 0.56 | 0.53 | 0.52 |

**对优良业绩的质疑**

伴随着东方电子的高速增长,许多质疑声出现了。

1. 不现实的收入与利润增长

东方电子对外称公司涉足电力、通信、计算机等行业,但真正能够给东方电子带来丰厚利润的却是其主业——电网调度自动化。在调度自动化行业中,清华大学下属企业、电科院、东方电子等几十家企事业单位都从事此项业务，在市场份额方面，东方电子未能占据半壁江山。1998年以后，中国高压电网自动化改造业务的一般利润率在10%～30%，而农村电网自动化改造业务的一般利润率在8%～10%，但东方电子1997—2000年电网自动化改造业务的平均利润率为48.65%。

2. 惊人的存款数额

东方电子自1999年配股完成后，存款数额一直很惊人：1999年为6亿多元，2000年为8亿多元，2001年上半年存款余额为5.5亿元。同时，其贷款和融资需求也很旺盛。

**查证的事实**

2001年7月，中国证监会对东方电子展开调查。同年9月7日，东方电子披露正在接受中国证监会检查，11月8日，东方电子发布因重大会计差错可能导致经营业绩下滑的风险预警公告。

经查证，1997年4月至2001年6月，东方电子先后利用公司购买的1 044万股内部职工股的股票收益和投入资金6.8亿元炒股的收益，共计17.08亿元，通过虚开销售发票、伪造销售合同等手段，将其中的15.95亿元记入"主营业务收入"，虚构了业绩。

东方电子到底如何虚构收入的呢？

东方电子上市后，每年年初都制订一个年增长速度在50%以上的发展计划和利润目标，而按公司的实际生产情况是不可能完成的，于是在每年年中和年底，东方电子都会根据实际完成情况与计划目标的差异，用抛售股票的收入来弥补，具体操作如下：

（1）证券部负责抛售股票提供资金。公司从1998年开始抛售持有的内部职工股，一直到2001年8月份，每年抛售的时间大约都集中在中期报告和年度报告披露前，每次抛售的数量由公司业绩的需要而定。证券公司抛售股票，并将所得收入转入公司在银行的账户。

（2）公司经营销售部门负责伪造合同与发票。销售部门人员采取修改客户合同、私刻客户印章、向客户索要空白合同、粘贴复印伪造合同等手段，从1997年开始，先后伪造销售合同1 242份，合同金额17.296 8亿元，虚开销售发票2 079张，金额17.082 3亿元。同时为了应付审计，销售部门还伪造客户的函证。

（3）公司财务部负责拆分资金和做假账。为掩盖资金的真实来源，财务部负责人通过在烟台某银行南大街分理处设立的东方电子户头、账户，在该行工作人员的配合下，中转、拆分由证券公司所得的收入，并根据伪造的客户合同、发票，伪造了1 509份银行进账单，以及相应的对账单，金额共计17.047 5亿元。

（4）销售部门人员与个别客户串通，通过向客户汇款再由客户汇回的方式，虚增销售收入。

**违规的内幕**

1994年1月9日，即定向募集的第二天，时任公司董事长兼总经理的隋元柏与当时负责股票发行的董事会秘书高峰等人商议，由公司自己购买部分内部职工股，减小公司分红压力。于是，隋元柏就让当时的财务处负责人以烟台振东高新技术发展公司（以下简称"振东公司"）的名义购买了公司内部职工股1 000万股，每股价格为1.6元。

振东公司是专门为购买内部职工股成立的一家空壳公司，属于东方集团的全资公司，注册资本52万元，主要管理人员均为东方电子的职工。该公司在购买股票时没有足够的资金，购买股票所需资金是以东方电子的名义在银行借贷的1 600万元。1996年东方电子报送社会公开发行股票的材料时，按照国家有关政策规定，需要对公司当时存在的"二化"现象（法人股个人化、内部职工股社会化）进行规范。隋元柏、高峰找到担任股票主承销商的烟台某证券公司老总商量对策，决定将1 000万股内部职工股过户至个人账户。隋元柏从老家山东省文登市收集了40个身份证，在原山东证券公司北马路营业部开立了40个自然人账户，将振东公司持有的1 000万股内部职工股分别过户至这40个自然人账户中。此后，为了奖励部分优秀职工，东方电子在1996年从市场上另行购买了44万股内部职工股。为处理好这部分股票，高峰回老家山东省龙口市收集了4个身份证，在山东证券公司北马路营业部开立账户，将44万股内部职工股过户至这些个人账户中。此后分散在44个个人账户中的1 044万股内部职工股，均由东方电子的证券部掌管，此事在公司内部只有隋元柏、高峰等极少数人知情。

在1997年东方电子上市前，隋元柏、高峰等看准东方电子盘子小、流动性强、具有较大的升值空间的特点，在1997年1月20日（即公司股票挂牌交易的前一天），隋元柏指使财务人员将公司自有资金5 000多万元打进了公司掌控的上述44个账户中。随后又在1月24日（即公司股票上市流通的第2个交易日）买入了200多万股。该批股票于当年11月底抛出，获利5 000多万元，全部计入了当年主营业务收入，为当年大比例分红送股打下了基础。

**审计情况**

1997—2000年东方电子的年报审计均由山东省烟台市的乾聚会计师事务所（当时烟台市唯一一家具有证券期货审计资格的会计师事务所）负责，出具的均为无保留意见的审计报告。

2001年乾聚会计师事务所对东方电子出具了保留意见的审计报告。该报告称："贵公司于2001年9月开始接受中国证监会的调查，调查结果尚未公布。公司将近几年出售股票收入作为重大会计差错更正，将全部收入扣除税收以外的其他部分暂挂'其他应付款'科目，待中国证监会的处理决定下达后再行调整。对上述收入的取得及其涉及的金额，我们无法核实。"

### 思考与分析

（1）利用"舞弊三角"理论分析东方电子虚构收入的原因。

（2）分析东方电子虚构收入的手段与其他收入造假手段的不同及其隐蔽性。

（3）有人认为东方电子把出售初始股票收益转为收入，既有现金流入，又有销售发票、销售合同等，可谓账证齐全、账钱相符，利用检查原始凭证等常规审计程序很难查出。对此应如何查证？并以此讨论实施风险导向审计的实质要求。

### 知识点提示

（1）根据"舞弊三角"理论的原理，东方电子虚构收入的原因有如下几点：

① 压力方面：不切合实际的公司发展增长计划（年增长速度在50%以上），在不占优势的市场格局中亟须赢得优势等。

② 机会方面：公司治理存在缺陷（买卖内部职工股只有内部少数人知道）。

③ 合理化解释方面：隋元柏等认为，将巨额股票收益做成主营业务收入，收益是实实在在的，并没有虚增，是不违法的。这样做既提高了公司形象，为公司发展提供原始积累，

又给广大股东分配了优厚的红利，而且分文没有装入自己的腰包。

（2）东方电子虚构收入的手段与其他收入造假手段的不同主要表现在配合现金流虚构收入等方面，具体方法如下：

① 配合现金流虚构收入，难以通过对比收入与现金流来发现问题。

② 由公司最高层董事长隋元柏指挥，由证券部、财务部和经营销售部组成的"造假小组"分工合作，虚构销售合同、销售发票等，账证齐全，难以通过检查原始凭证等常规程序发现问题。

（3）依据现有的审计准则，可以通过合理运用分析程序进行风险评估，在此基础上，主要通过追加不可预见的审计程序来查证，如：

① 在了解东方电子的基本情况时，关注东方电子上市运作中曾经由于存在法人股个人化、内部职工股社会化等而被中国证监会要求规范过这一线索追查下去。

② 收集电网调度自动化行业情况，把东方电子与同行业情况进行对比分析。

由于中国高压电网自动化改造业务的一般利润率在10%～30%，而农村电网自动化改造业务的一般利润率在8%～10%，但东方电子1997—2000年电网自动化改造业务的利润率却在48.65%，审计人员应当把这种超出行业一般水平的情况作为特殊情况，追加针对性的审计程序。

③ 收集人们对东方电子的质疑，并对被质疑的领域追加不可预见的审计程序。

通过分析东方电子虚构收入的案例，可以看出实施风险导向审计的实质要求是：风险评估贯穿审计的整个过程，识别、评估风险并针对性地应对风险，才是执行审计程序的逻辑过程，不能简单地执行制定好的审计程序。

## 案例15.1.2

### 案例背景

1998年11月19日，中国证监会宣布了对成都红光实业股份有限公司（以下简称"红光实业"）管理部门、负责该公司上市前审计及盈利预测审核的蜀都会计师事务所、资产评估所、证券承销商，以及相关的其他信息中介机构和有关执业人员进行的行政处罚决定，以惩罚他们在红光实业上市过程中颁布虚假会计信息所犯的错误。

红光实业在上市过程中，没有在其财务报表中披露真实的财务信息。在1997年6月上市前3年中，红光实业已经是巨额亏损了，如1996年实际亏损金额为1亿多元，1997年上半年亏损6 500万元。即使在上市后的1997年，全年实际亏损为2.2亿元，而不是其报表上披露的1.9亿元。但是，为了获得上市资格，红光实业在股票发行上市的申报材料中，采取虚构产品销售、虚增产品库存和违规账务处理等手段，将1996年实际亏损1亿多元，虚报为盈利5 400万元。

首先，从已揭露的违规账务处理来看，红光实业主要采取了虚构产品销售、虚增产品库存的方法掩盖虚盈实亏的真相。对于这种在企业界已沿用近70年的造假手法，审计界早已有所防备。远在1938年，美国的罗宾逊药材公司就是通过虚构销售收入、虚构应收账款，以及虚构存货而成为美国证券界轰动一时的诈骗案。为此，当美国在1947年创建公认审计准则时，首当其冲的就是必须对应收账款进行询证，必须对存货进行盘点，否则的话，就不能对财务报表发表无保留意见的报告。因为，这两种审计程序是揭露虚构销售收入及虚假存货的最有效的方法。而且，这两种程序也成为审计界最重视的两种方法。我国的独立审计准则也将这两种审计程序列为检查报表的法定方法。如果会计师事务所在审核上市公司前3年的财务报表时执行了这两个程序的话，就不可能出现虚构销售收入、存货，以及应收账款的现象，或者说至少，不应当出现如此巨额的虚假利润。由此可见，注册会计师在审核前3年的财务报表时在程序上存在过失，以至于没有发现重大差错，不能给报表使用者提供一个合理保证。对此，注册会计师是难辞其咎的。

其次，在从盈利预测数据与1997年年度报告数据的对比中可以发现，导致盈利预测与实际完成业绩产生重大差异的主要项目是主营业务收入和营业成本。原先预计主营业务收入为59 326万元，但实际完成额为27 066万元，实际完成额仅为预计额的45.62%。与此同时，营业成本却并未按比例地下降，其实际发生额与预计额基本持平（实际发生额为36 476万元，预计额为39 184万元）。也就是说，收入与预计数相比减少了一半多，而成本却并没有减少，这样的话，主营业务利润自然与预计数产生很大的差异，进而导致净利润预计数7 055万元与实际完成数-19 840万元之间的重大出入。

对于近2亿元的亏损，红光实业在事后的解释是存在两方面主要原因。其一，行业内的激烈竞争使公司处于非常不利的位置。由于近几年电视机大幅度降价，作为整机的基础元器件生产厂也遭受了巨大冲击，公司的主导产品售价大幅下跌，如1997年同1996年相比，44厘米的黑白显像管售价下跌51%，彩管玻壳售价下跌33%，跌价损失巨大。其二，公司的产品成本却在加大。公司彩管玻壳屏炉和锥炉于1990年12月底点火投产，原设计寿命为5年，到1995年12月底满期，满期后，公司对炉子进行了"热修"并获得成功（所谓"热修"，就是边生产，边检修；与之对应的是"冷修"，即停产检修），公司由此相信自己有足够的技术实力和经验，通过不断热修保证炉子维持正常生产状态并再安全持续地运转几年，故没有在招股说明书、上市公告书、1997年度中期报告中予以披露。但1997年8月以后，热修已不能解决问题，炉子严重老化，产出大量废品，使产品合格率大幅降低，生产成本猛增。1998年2月，炉子全面停火。

综合红光实业以上这些风险因素，我们可以发现其中许多因素会对红光实业的生产经营业绩产生很大影响，比如：原材料价格上涨；行业竞争激烈，产品售价下调导致跌价损失；对公司产品的主要客户依赖性过大；主要生产设备超龄使用等。种种迹象都表明，1997年红光实业的发展前景不容乐观。但注册会计师、资产评估师，以及证券承销商等在对红光实业前3年财务报表及1997年盈利预测进行审核时，并未保持应有的足够的谨慎。请看表15-2。

表15-2 红光实业1994—1996年财务报表及1997年盈利预测

单位：万元

| 项目 | 1994年度（母公司） | 1995年度（母公司） | 1996年度（母公司） | 1996年度（合并） | 1997年度（合并预计） | 1997年度（合并实际） |
|---|---|---|---|---|---|---|
| 主营业务收入 | 81 222 | 86 636 | 33 072 | 42 492 | 59 326 | 27 066 |
| 净利润 | 6 070 | 7 859 | 5 436 | 5 428 | 7 055 | -19 840 |

从表 15-2 中主营业务收入和净利润的走势可以发现，1994 年至 1996 年，红光实业的经营业绩先小幅上升，后大幅下降，而在 1997 年将面临如此多不利因素的前提下，盈利预测中主营业务收入和净利润的预计值却都是上升的。可见，注册会计师在审核盈利预测时没有充分考虑到可能存在的风险因素，在执行业务过程中没有很好地贯彻谨慎性原则，致使盈利预测严重失真，给投资者造成了损失。因此，注册会计师对于盈利预测严重失真应该承担责任。

## 15.2　收款审计案例

### 案例 15.2.1

**案例背景**

审计人员李宏审查某电扇厂 2018 年应收账款账户时，发现有两个明细账户有异常情况。其中一个是宏达商场明细账，2018 年 12 月 31 日借方余额 80 000 元，本年无发生额。经查，此款是 2015 年宏达商场向该电扇厂购买电扇发生的货款。另一个是市水泥厂明细账，2018 年 12 月 31 日贷方余额 75 000 元，本年无发生额。经查，2017 年 12 月 31 日仍为贷方余额 75 000 元。

**思考与分析**

（1）请指出宏达商场明细账中可能存在的问题，并提出相应的处理意见。

（2）市水泥厂明细账中可能存在什么问题，如何进一步审查此款的真实性并进行账项调整？

**知识点提示**

（1）宏达商场明细账中可能存在的问题有：货款因质量纠纷导致商场全部拒付；货款纯属虚构；可能是记账错误，应向其他单位收取；可能货款已收回，未及时销账。

李宏应发询证函，或亲自去宏达商场了解情况。如果是质量纠纷，应组织双方协商解决；如果是记账错误，应予以更正，未销账的也应立即销账；如果是虚构的货款，应提请被审计单位调整有关账目，提请管理层予以足够的关注，并严肃处理有关人员。

（2）市水泥厂明细账中的货款可能是 2017 年（或之前）预收的货款，考虑到电扇的性质，一般不可能预收货款一年后仍不发货。李宏应深入成品仓库审查发售产品的情况，并查阅有关产成品明细账、产品销售收入明细账、产品销售成本明细账等，看是否有货物已发出未入销售收入账的情况。

如果存在上述情况，应提请被审计单位调整增加销售收入，计算并补缴增值税和所得税并进行相应的账项调整。

## 案例 15.2.2

### 案例背景

注册会计师王成在审查某企业的应收账款账户时发现:
(1) 有一笔会计分录为

借:应收账款　　　　　　　　65 000
　　贷:应付职工薪酬　　　　　　65 000

(2) 该年 12 月 31 日销售产品 3 000 台,以应收账款 600 000 元入账。经查,当日仓库中没有这么多产品。

(3) 12 月 20 日 565 号转账凭证的会计分录为:

借:应收账款——A 公司　　　800 000
　　贷:产品销售收入　　　　　　　800 000

经查,转账凭证下未附原始单据。

### 思考与分析

分析该企业可能存在什么问题,王成应如何审查上述账项?

### 知识点提示

通过分析案例中的 3 个账项,发现该企业可能存在以下问题:

(1) 该笔分录中贷方科目为应付职工薪酬,不符合企业会计制度规定,有可能是企业利用这笔销货款作为奖金发放给职工。王成应进一步审查产成品明细账、产品销售收入明细账,确认该项销售收入的真实性;审查应付职工薪酬明细账、现金明细账,确认该笔货款发放的真实性;还可询问有关人员、职工等。

(2) 仓库中没有这么多产成品,有可能是虚构销售收入。王成应进一步审查产成品明细账、应收账款明细账、产品销售收入明细账等,还应检查下年初是否有退货业务,核对退货的入库凭证和退给对方货款取得的收据,以查明问题的真相。

(3) 转账凭证下未附原始单据,可能是虚构应收账款,以虚增销售收入粉饰利润。王成应了解企业的利润计划完成情况,询问有关会计人员,发询证函给 A 公司。如果未回函,则采用如(2)所述的其他替代审计程序。

对于发现的问题,王成应提请被审计单位进行有关的账项调整。

## 案例 15.2.3

### 案例背景

审计人员对某企业的应收账款进行审计,该企业应收账款账户有 100 户,每户的应收账款金额除 10 户超过 10 万元外,其余 90 户都在 5 万元左右。审计人员首先对应收账款内部控制进行了调查、研究和评价,发现各控制点均有良好的控制。

## 思考与分析

（1）请确定函证的范围和对象，并说明理由。

（2）起草一份肯定式询证函。

（3）假定回函全部收到，但复函中有6户提出如下意见：

① 无法复核；

② 所欠余额 20 000 元已于当年 12 月 25 日支付；

③ 大体一致；

④ 经查，12 月 30 日第 456 号发票（金额为 25 000 元）是目的地交货，本公司收货日期是次年 1 月 5 日，因此询证函所称 12 月 30 日欠款之事与事实不符；

⑤ 本公司曾于 10 月份预付 7 500 元，足以抵付对账单所列两张发票的金额 5 000 元；

⑥ 所购货物从未收到。

针对上述意见，审计人员应如何处理？

## 知识点提示

（1）函证范围为 10 万元以上的客户和一定比例的其他客户。

函证对象：　　10 户　　　10 万元以上

　　　　　　　18 户（90 户 × 20%）　　（随机抽取 20% 的其他客户）

理由：各控制点均有良好的控制，因而不需要对 100 户全部进行函证，只需对 10 万元以上账户和其余账户的 20% 即 18 户进行函证即可。如果对 28 户的函证和进一步审查中发现有问题，可扩大抽查范围。

（2）肯定式询证函（略）。

（3）审计人员针对这 6 户的意见，做如下处理：

① 在这种情况下应采用替代审计程序，主要审查客户订货单、销售合同、销售发票副本、货运文件等资料，验证构成应收账款的销货交易是否确实发生。

② 这种情况可能是由于时间差异造成的，审计人员应审查收款凭证，查看货款是否及时收到及收到日期。如果货款函证发出日之前已收到则可能是记账错误，即收到货款时错误贷记另一客户的明细账户，审计人员应审查账户记录并对贷记的账户进行核实后予以更正。

③ 该客户的回答很不清楚。审计人员应重新函证，请其准确回答，如有不一致要具体说明。

④ 这种情况很有可能是客户在货物所有权尚未转移前就确定为销售实现。审计人员应审查销货发票的副本和有关的购销合同、协议。

⑤ 审计人员应查明预收货款是否确实收到并已入账，如查明确能抵付应提请客户进行相应的账务处理。

⑥ 审核货运文件等资料以查明货物是否确已运出，如确实未运出应提请客户做调账处理。

## 案例 15.2.4

### 案例背景

某企业于春节前给职工代购肉、鱼、蔬菜和果品等，货款及运杂费全部由企业垫付。年货分发完毕后，无人负责向职工收款，上述垫付款长期挂账。年终决算时，财务部门请示企业领导，职工欠的食品款是向职工收取还是做坏账损失处理。经领导研究认为，因职工拖欠的时间太长，人员又有变动，分发食品的记录也已丢失，不好收取，决定做坏账损失处理。财务部门根据领导指示，将为职工代购食品的垫付款项，以无法收回为由作为坏账损失进行了转账处理。会计分录如下：

借：管理费用——坏账损失
　　贷：其他应收款

### 思考与分析

审计人员应怎样分析上述业务，怎样审查上述业务？

### 知识点提示

企业为职工代购物品，应按原价和运杂费计入其他应收款科目，物品分发给职工后，本应向职工收取垫付款项，但由于长期未清算，年终时做了坏账损失处理。对上述业务主要采用审阅法、调查法和核实法进行审查。首先审阅其他应收款明细账，依据账簿登记，深入审查记账凭证及原始凭证，查明垫付款的具体内容及垫付款做坏账损失处理的依据。并在此基础上，向有关负责人和承办人员做详细调查，进一步核实。

## 案例 15.2.5

### 案例背景

某企业由于产品适销对路，企业效益较好，企业领导人为了做到稳中有增，便人为地控制利润增长幅度，授意财务部门将 200 万元的销售收入不予入账，长期做未达账项处理；将 1 400 万元的销售收入挂在往来账上，长期做预收款处理。会计分录如下：

借：银行存款　　　　　　14 000 000
　　贷：预收账款　　　　　　　　14 000 000

### 思考与分析

审计人员应怎样分析上述业务，怎样审查上述业务？
（提示：应区分收入业务是当年发生的还是以前年度发生的，应分别进行处理。）

### 知识点提示

对已实现的销售收入，企业会计人员未按现行企业会计准则的规定而是按领导的旨意进行了不恰当的账务处理。对上述事项的审查，首先核对银行存款未达账项及应收应付账款的余额，并加以分析。在正常情况下，银行未达账项一般不会拖得太长，长时间的未达账项必须查明原因。如果应收应付款的贷方余额较大，就要查对应收应付款明细账，并通过对明细账的分析和判断加以确定。还要注意：预收款一般不会通过托收承付和委托银行收款结算方式。如果以上弊端发生在当年，应调增销售，再分别计算和结转主营业务成本和税金，将营业利润转至"利润分配"科目。如果属于以前年度发生的则直接通过"利润分配——未分配利润"科目调账。

## 案例 15.2.6

### 案例背景

注册会计师在审查某年的应收账款时，发现 12 月份的记账凭证中有如下一张记账凭证：

借：管理费用　　　　　　　　　　3 000
　　贷：应收账款——××公司　　　　3 000

该记账凭证下附一张王会计写的应收账款注销报告，会计科长钱**签的字。此外，还发现 10 月、8 月、6 月、4 月、2 月中有类似的会计分录。

### 思考与分析

审计人员应怎样分析上述业务，怎样审查上述业务？

### 知识点提示

应收账款的注销业务不可能平均 2 个月发生一次，上述情况存在反常现象；应收账款的注销必须经过有关领导的核准，会计科长没有此项权利；王会计写的注销报告，钱科长批准，违反内部牵制原则。注册会计师应审查应收账款注销的理由，找供销科调查有关购货单位，进一步与购货单位核实还款情况。根据购货单位提供的还款时间，查核还款单据及相应的会计分录，以查明真相。

# 第 16 章

# 购货与付款循环审计

## 16.1 购货审计案例

### 案例 16.1.1

#### 案例背景

诚信会计师事务所接受联合股份有限公司（以下简称"联合股份"）董事会的委托，对联合股份进行年度财务报表审计。

诚信会计师事务所在对联合股份的内部控制进行了解和测试时，获得以下信息。

① 被审计单位的材料采购需经授权批准后方可进行。所有采购均需由采购部编制请购单，请购单经批准后，由采购人员货比三家，再向经审批同意的供应商发出订购单。

② 货物运达后，验收部门根据订购单的要求验收货物，并编制一式多联的验收单。

③ 仓库根据验收单验收货物，在验收单上签字后，将货物移入仓库加以保管。验收单上有数量、品名、单价等项目。验收单一联交采购部登记采购明细账和编制付款凭单，付款凭单经批准后，月末交会计部门；一联交会计部门登记材料明细账；一联由仓库保留并登记材料明细账。

④ 会计部门根据附有验收单的付款凭单登记有关账簿。

#### 思考与分析

请综合上述资料，分析购货与付款循环的内部控制目标、关键控制点及常用的控制测试有哪些？

#### 知识点提示

购货与付款循环的内部控制目标、关键控制点及常用的控制测试如表 16-1 所示。

表 16-1 购货与付款循环的内部控制目标、关键控制点及常用的控制测试

| 内部控制目标 | 关键控制点 | 常用的控制测试 |
| --- | --- | --- |
| 所记录的采购都确已收到商品或已接受劳务（发生） | 请购单、订购单、验收单和卖方发票一应俱全，并附在付款凭单后；<br>采购经适当级别批准；<br>注销凭证以防止重复使用；<br>对卖方发票、验收单、订购单和请购单做内部核查 | 查验付款凭单后是否附有完整的相关单据；<br>检查批准采购的标记；<br>检查注销凭证的标记；<br>检查内部核查的标记 |

续表

| 内部控制目标 | 关键控制点 | 常用的控制测试 |
| --- | --- | --- |
| 已发生的采购交易均已记录（完整性） | 订购单均经过事先连续编号并将已经完成的采购登记入账；<br>验收单均经事先连续编号并已登记入账；<br>应付凭单均经事先连续编号并已登记入账 | 检查订购单连续编号的完整性；<br>检查验收单连续编号的完整性；<br>检查应付凭单连续编号的完整性 |
| 所记录的采购交易价格正确（准确性、计价和分摊） | 对计算准确性进行内部核查；<br>采购价格和折扣的批准 | 检查内部核查的标记；<br>检查批准采购价格和折扣的标记 |
| 采购交易的分类正确 | 采用适当的会计科目表；<br>分类的内部核查 | 检查工作手册和会计科目表；<br>检查有关凭证上内部核查的标记 |
| 采购交易按照正确的日期记录（截止） | 要求收到商品或接受劳务后及时记录采购交易；<br>内部核查 | 检查工作手册并观察有无未记录的卖方发票存在；<br>检查内部核查的标记 |
| 采购交易 | 应付账款明细账内容的内部核查 | 检查内部核查的标记 |

## 案例 16.1.2

### 案例背景

审计人员在对某公司 2009 年 12 月 31 日的固定资产进行清点时，发现下列情况，如表 16-2 所示。

表 16-2 固定资产盘点表

| 固定资产名称 | 固定资产明细账 | 固定资产卡片 | 实存价值 | 每台单价 |
| --- | --- | --- | --- | --- |
| 甲 | 80 000 | 80 000 | 78 000 | 2 000 |
| 乙 | 70 000 | 70 000 | 80 000 | 10 000 |
| 丙 | 100 000 | 90 000 | 100 000 | 10 000 |
| 丁 | 29 500 | 28 000 | 28 000 | 500 |

### 思考与分析

根据表 16-2 发现的情况，分析可能存在的问题，并提出审计意见。

### 知识点提示

可能存在的问题及审计意见如下。

（1）甲种设备账卡相符，实物短缺一台。①可能是该设备已做报废处理，但是账卡未注销，查明后应注销账卡；②可能因保管不善，设备被盗，查明后要追究保管者的责任；③可能是设备出租，但没有记入出租固定资产账户，应补记。

（2）乙种设备账卡相符，实物多出一台。①可能是该设备已做报废处理，账卡已注销，但实物仍在使用；②可能是购进时未作固定资产入账而作低值易耗品入账，但盘点时作为固定资产，查明后，应对照其价值和使用年限，确认其符合标准，补记固定资产明细账和卡片账；若不符合标准，则不作盘盈，不记入固定资产账簿；③可能是将租入固定资产误作为盘盈，查明后应将设备在备查簿上登记。

（3）丙种设备明细账与实物相符，但卡片少一台。有可能是购进时，有一台没有在卡片上登记，查明后要补记卡片。

（4）丁种设备卡片和实物相符，但固定资产明细账多出三台。有可能是这三台设备已出售，但明细账没有注销，查明后应予注销。

## 案例 16.1.3

### 案例背景

审计人员在审查华润股份有限公司 2018 年度固定资产折旧时，发现上年度 12 月新增已投入生产使用的机床一台，原价为 100 000 元，预计净残值为 10 000 元，预计使用年限为 5 年，使用年数总和法对该项固定资产进行折旧，其余各类固定资产均用直线法折旧，且该公司对这一事项未在报表附注中披露。

### 思考与分析

根据上述情况，审计人员应如何确定这一事项对被审计单位资产负债表和损益表的影响？

### 知识点提示

采用直线法计提折旧时，每年应提折旧为：
年折旧=（100 000–10 000）/5=18 000（元）
采用年数总和法计提折旧时，各年应提折旧为：
2018 年：（100 000–10 000）×5/15=30 000（元）
2019 年：（100 000–10 000）×4/15=24 000（元）
2020 年：（100 000–10 000）×3/15=18 000（元）
2021 年：（100 000–10 000）×2/15=12 000（元）
2022 年：（100 000–10 000）×1/15=6 000（元）

从以上计算可以看出采用年数总和统计提折旧，比采用直线法计提折旧：2018 年多提折旧 12 000 元，导致资产负债表中资产少计 12 000 元，损益表中费用多计 12 000 元，导致利润减少 12 000 元；2019 年多提折旧 6 000 元，导致资产负债表中资产少计 6 000 元，损益表中费用多计 6 000 元，导致利润减少 6 000 元；2020 年两种折旧方法计算出的折旧额相等，对资产负债表和损益表没有影响；2021 年少提折旧 6 000 元，导致资产负债表中资产多计 12 000 元，损益表中费用少计 6 000 元，导致利润增加 6 000 元；2022 年少提折旧 12 000 元，导致资产负债表中资产多计 12 000 元，损益表中费用少计 12 000 元，导致利润增加 12 000 元。

## 16.2 付款审计案例

### 案例 16.2.1

**案例背景**

某审计组长让两位审计人员审查应付账款。这两位审计人员查阅了所有应付账款的会计记录，并向被审计单位索取了有关应付账款的无漏记债务声明书，进而做出如下结论：被审计单位的应付账款已全部入账，且入账应付账款均存在。

**思考与分析**

（1）上述结论是否正确？
（2）审计组长应让两位审计人员补充执行哪些审计程序？

**知识点提示**

（1）上述结论中被审计单位的应付账款已全部入账的结论不正确。因为审计人员对此除索取有关应付账款的无漏记债务声明书外，未采取任何其他审计程序，而被审计单位的无漏记债务声明书是出自被审计单位的承诺书，是内部证据，证明力较弱，不能替代、减轻审计人员的审计责任，审计人员不能因此而减少相应的审计查证程序。

（2）审计组长应让两位审计人员补充执行的审计程序包括：①审阅结账日之前签发的验收单，追查应付账款明细账，检查是否有货物已收，而负债未入账的应付账款；②检查被审计单位决算日后收到的购货发票，确定这些发票记录的负债是否应记入所审计的会计期间；③检查被审计单位决算日后应付账款明细账贷方发生额的相应凭证，确定其入账时间是否正确；④其他程序，如询问被审计单位会计和采购人员等。

### 案例 16.2.2

**案例背景**

某审计人员接受指派，对某被审计单位进行年度财务审计。假定：①该审计人员目前正在对应付账款项目的审计编制计划；②上年度工作底稿显示共寄发 100 封询证函，对该客户的 1 000 家供货商进行抽样函证，样本从余额较大的各明细账中抽取。为了解决函证结果与被审计单位会计记录间的较小差异，审计人员和被审计单位均花费较多时间。对于未回复的供货商，均运用其他审计程序进行了审计，没有发现异议。

**思考与分析**

（1）说明该审计人员在制定将予实施的审计程序时，应考虑哪些审计目的。
（2）说明该审计人员是否应使用函证，如应函证，列举使用函证的各种情况。
（3）说明上年度进行函证时，选取有较大年末余额的供货商进行函证为何不一定是最有效的方法。审计人员本年度在抽样函证应付账款时,该审计人员应采用何种更有效的程序?

**知识点提示**

(1)该审计人员已对应付账款项目编制计划,在制定审计程序时,应考虑以下审计目的:
① 确定相关的内部控制是否完善有效;
② 证明资产负债表上所列负债是否和账册所载相符,并代表已经发生的所有交易;
③ 确定应付账款的负债是否完整,以保证一切现有债务均经记载;
④ 查明所有应付账款是否适当披露,并特别注意低估的可能性;
⑤ 确定资产负债表的表达是否适当。

(2)在主要的供货商并未提供月结单,或定期对账单,或虽有这类账单但是被审计单位未曾用于调节应付账款账户时,或在应付账款内部控制不健全时,该审计人员应使用函证程序。

(3)函证应付账款目的在于揭示未入账的负债,函证具有较大年末余额的供应商不一定能达到上述目标。审计人员应邮寄询证函给予被审计单位有实际交往或往来频繁的债权人(不论决算日有无余额)。此外,也应函证供货商及具有非常交易的供货商——或许这些都是未曾入账应付款的来源。

## 案例 16.2.3

**案例背景**

某审计人员正在对甲公司的应付账款项目进行审计。根据风险评估结果,该审计人员决定对甲公司下列四个明细账户中的两个进行函证:

| | 应付账款年末余额 | 本年度进货总额 |
|---|---|---|
| A 公司 | 22 650 元 | 46 100 元 |
| B 公司 | — | 1 980 000 元 |
| C 公司 | 65 000 元 | 75 000 元 |
| D 公司 | 200 000 元 | 2 123 000 元 |

**思考与分析**

(1)该审计人员应该选择哪两家公司进行函证?为什么?
(2)假定上述四家公司均为甲公司的购货人,上表中后两栏分别是应收账款年末余额和本年销货总额,该审计人员应选择哪两家公司进行函证?为什么?

**知识点提示**

(1)该审计人员应选择 B 公司和 D 公司进行应付账款余额的函证。因为函证客户的应付账款,应选择那些可能存在较大余额而并非在会计决算日有较大余额的债权人。函证的目的在于查实有无未入账负债，而不在于验证具有较大年末余额的债务。本年度甲公司从 B、D 两家公司采购了大量商品，存在漏记负债业务的可能性更大。

（2）该审计人员应选择 C 公司和 D 公司作为应收账款的函证对象。因为函证应收账款的目的在于验证各期末余额的准确性，防止客户高记应收款，夸大资产。C、D 两家公司在会计决算日欠客户货款最多，因而高估的风险最大。

## 案例 16.2.4

### 案例背景

注册会计师郭佳在审计 A 公司 2018 年度财务报表将近结束时，A 公司财务主管提出不必抽查 2019 年付款记账凭证来证实 2018 年的会计记录要求，其理由如下：①2018 年度的有些发票因收到太迟，不能记入 12 月份的付款记账凭证，公司已经全部用转账分录入账；②年后有公司内部审计人员进行了抽查；③公司愿意提供无漏记负债业务的声明书。

### 思考与分析

（1）注册会计师郭佳在执行抽查未入账债务程序时，能否因客户已利用转账分录将 2018 年迟收发票入账的事实改变原定程序？

（2）注册会计师郭佳抽查未入账债务时，能否因客户愿意提供无漏记债务声明书而受影响？

（3）注册会计师郭佳在抽查未入账债务程序时，能否因内部审计人员的工作而取消或减少该程序？

（4）除 2019 年付款记账凭证外，注册会计师郭佳还可以从何种途径审查是否存在未入账的债务？

### 知识点提示

（1）尽管被审计单位对迟收账单以转账方式入账，简化了注册会计师对未入账债务的抽查，也减少了进一步调整的可能性，但这不影响注册会计师抽查 2019 年付款记账凭证。注册会计师通过执行抽查未入账债务程序，可以查明有关 2018 年的验收单、卖方发票是否均已包括在转账分录内。执行该程序的理由与被审计单位自信十分完整、正确的报表仍须审核的理由是相同的。

（2）客户提供的无漏记债务声明书不能作为正当审计程序，它仅提供给注册会计师额外的保证，作为一种内部证据，其证明力较弱，故无法减轻注册会计师应承担的抽查责任。

（3）如果注册会计师已查明内部审计人员具有专业胜任能力和合理的独立性，并且已抽查了入账的债务，在和内部审计人员讨论其程序的性质、时间、范围并审阅其工作底稿后，注册会计师可减少本身拟进行的未入账债务抽查工作，但只是减少，绝不能取消该项工作。

（4）注册会计师审查未入账债务还可以通过以下途径：①未归档的购货发票；②被审计

单位以前年度未曾核定的所得税结算申报表；③与被审计单位职员商讨；④被审计单位管理层的声明书；⑤与上年账户余额相比较；⑥期后对期内相关付款的审核；⑦现有的契约、合约、议事录、律师的账单和信件往来；⑧主要供货商间的信件往来；⑨抽查截止日期的有关账户，如存货、固定资产等。

# 第 17 章

# 生产与存货循环审计

## 17.1 生产环节审计案例

### 案例 17.1.1

**案例背景**

2018 年，诚信会计师事务所接受委托对某公司的生产环节进行账面业务抽查分析时，发现下列事项。

（1）该公司职工反映公司领导只抓利润忽视安全，该公司 2018 年木工车间失火，损失巨大。经查修复厂房及核销火灾损失共计 105 000 元，该公司将这项支出列入管理费用——其他管理费用。

（2）该公司技术科 2018 年租入试验设备 4 台，按合同规定每月支付租金 50 000 元，并按设备原价 6 000 000 元逐月计提折旧，折旧率为 5%，共计 300 000 元，两项合计 900 000 元，已计入管理费用。

（3）由于 2018 年出纳员轮岗，全年银行存款利息收入 25 000 元一直未做处理。

（4）职工宿舍全年生活用水用电共计 87 000 元，社会摊派款 30 000 元，公司自行组织职工外出休养所支出的车船费、住宿费等共计 5 660 元，均已列入管理费用。

**思考与分析**

指出上列事项中存在的问题，并提出审计意见。

**知识点提示**

可能存在的问题及审计意见如下：

（1）该公司木材车间失火，按企业会计准则规定其损失应列入营业外支出，而该公司将损失列入管理费用，虚增管理费用 105 000 元，对此应提请该公司予以更正。

（2）经营性租赁租入的固定资产不应计提折旧，该公司多计提折旧 300 000 元，虚增管理费用，虚减利润，属于漏缴所得税的行为，对此审计人员应提请该公司予以调整。

（3）未处理的存款利息 25 000 元，属应冲未冲财务费用，导致期间费用虚增 25 000 元。

（4）职工宿舍水电费用应由职工个人承担，社会摊派款应从税后利润中列支或向摊派单位索回，职工修养支出应由职工福利费列支，这三项共虚增管理费用 122 660 元，调增当年的利润总额。

以上情况致使期间费用虚增 552 660 元，其中（1）项应由营业外支出负担 105 000 元，（2）（3）（4）项多计期间费用合计 447 660 元，使利润少计 447 660 元，对此应提请企业调整并补交所得税及滞纳金。

## 案例 17.1.2

### 案例背景

2018 年，诚信会计师事务所接受委托对 A 公司 2017 年的财务报表进行了审计。该公司是特大型工业企业，2017 年年产原油 1 000 万吨，销售收入 80 亿元，利润总额 3 000 万元，年末资产总额 320 亿元，负债总额 278.4 亿元，所有者权益总额 41.6 亿元，年末职工人数 80 000 人。在对生产成本与存货等项目进行账面业务抽查分析时，发现下列事项：

（1）流动资产项下发出商品余额 1 200 万元，是企业 2017 年以前为购货单位代垫的各项运杂费用。几年来，企业对此项债务没有进行催讨和处理。

（2）资产负债表预收账款余额 8 500 万元，经向对方函证，购货方已全部收到产品，未收到销货发票。经实地盘点，库存产成品与账面记录不符。

（3）资产负债表预提费用余额 12 000 万元，系企业预提的固定资产大修理费用，已报经主管单位批准，报表附注中未做说明。

（4）通过对利润分配表中利润分配合规性的审查，发现应付利润金额 500 万元，属于税后弥补 D 公司 2017 年度亏损的利润。D 公司是 C 公司的控股子公司。

（5）会计报表附注中列明公司 2017 年年末的资产负债率是 87%，资本利润率是 1%。

（6）资产负债表长期投资余额 8 000 万元。投资项目 8 个，其中 7 个占控股地位，没有编制合并会计报表。

### 思考与分析

指出上列事项中存在的问题，并提出审计意见。

### 知识点提示

可能存在的问题及审计意见如下。

（1）为购货单位代垫的各项运杂费用属于债权，应作为应收账款反映，而不是作为发出商品。公司作为发出商品处理，一方面导致存货虚增 1 200 万元，另一方面导致债权虚减 1 200 万元。另外，对该项债权应查明不能及时收回的原因，若确实无法收回，应转作营业外支出处理，防止资产虚增。

（2）在预收账款销售方式下，产品发出即作为销售实现。因购货方已收到全部产品，销售已经实现，所以应冲销预收账款，同时增加销售收入，并结转成本。该企业用预收账款挂账，一方面使负债虚增，另一方面隐瞒了利润。

（3）预提费用因金额巨大，所以应在报表附注中反映。

（4）母公司与子公司各为独立法人，子公司的亏损应由子公司自己弥补，不应由母公司弥补。C 公司为 D 公司弥补 2017 年度亏损将使 C 公司权益减少，负债增加，造成资金转移。

（5）资本利润率应为 0.72%。
（6）占控股地位的投资项目应纳入合并财务报表范围。

## 17.2　存货审计案例

**案例背景**

2018年，诚信会计师事务所接受联合集团委托，对其下属单位进行了审计。审计人员在观察集团下属单位 A 公司的存货实地盘点时，注意到下列特殊项目。

（1）产成品储存室有数台电动机没有悬挂盘点单，经查询，据说属于被审计单位承销品。

（2）验收部门有切片机一台（为被审计单位主要产品之一），盘点单上标明"重做"字样。

（3）运输部门有一台已装箱的切片机，没有悬挂盘点单，据称该机已售出。

（4）一小型仓库内有五种布满灰尘的原材料，每种原材料均挂有盘点单，经审计人员抽点，与盘点单的记录相符。

**思考与分析**

对于上述项目，审计人员应进一步实施哪些审计程序？

**知识点提示**

对于上述项目，审计人员应进一步实施的审计程序如下：

（1）承销品的口头凭证应通过下列步骤证实：审查承销品记录、寄销合同和往来信函、向寄销人直接函证。

（2）从切片机的存放地点和盘点单上的"重做"字样看，这台切片机可能是退回的货物，应审核验收报告、销货退回和折让通知单、应收账款函证回函等，查明切片机的所有权。如果所有权仍属于顾客，则不应将其列入被审计单位的存货。

（3）查阅有关购销协议、结算凭证，查证装箱切片机的所有权，如果销售尚未实现，则应将切片机列入被审计单位的存货。

（4）应向生产主管查询这些原材料还能否用于生产，如果属于毁损、报废材料，则不应列入被审计单位的存货。

# 第18章

# 投资与筹资循环审计

## 18.1 投资审计案例

**案例背景**

联大实业股份有限公司（以下简称"联大实业"）2017年度财务报表净利润为1800万元，注册会计师李浩审计联大实业2017年度财务报表时发现以下事项：

（1）由于投资后联大实业长期占用被投资单位N公司的资金，于是联大实业根据占用资金数额冲减了长期股权投资——N公司的账面价值。

（2）E公司是联大实业于2017年1月1日在国外投资设立的联营公司，其2017年度会计报表反映的净利润为3600万元。联大实业拥有E公司45%的股权，对其财务和经营政策具有重大影响，故在2017年度会计报表中采用权益法确认了该项投资收益1620万元。E公司2017年度会计报表未经任何注册会计师审计。

（3）联大实业拥有K公司一项长期股权投资，账面价值为500万元，持股比例为30%。2017年12月31日，联大实业与Y公司签署投资转让协议，拟以450万元的价格转让该项长期股权投资，已收到价款300万元，但尚未办理产权过户手续。联大实业以该项长期股权投资正在转让中为由，不再计提减值准备。

（4）联大实业2017年7月1日以资金1500万元投资于M公司，拥有M公司30%的股份。2017年12月31日联大实业根据M公司的报表确认净利润750万元，所有者权益2250万元，免交所得税，确认了225万元的投资收益。注册会计师审计时发现M公司经审计的报表净利润为-750万元，所有者权益为750万元。

（5）联大实业于2017年9月1日和H公司签订并实施了金额为5000万元、期限为3个月的委托理财协议，该协议规定H公司负责股票投资运作，联大实业可随时核查。2017年12月1日，联大实业对上述委托理财协议办理了展期手续，并于同日收到H公司汇来的标明用途为投资收益的3000万元款项，联大实业据此确认投资收益3000万元。

（6）联大实业对I公司的长期股权投资为5000万元，I公司在2017年8月已经进入清算程序。在编制2017年度会计报表时，联大实业对该项长期股权投资计提了1000万元的减值准备。

**思考与分析**

（1）针对事项（1），注册会计师应当提出什么建议？

（2）针对事项（2），注册会计师应当考虑发表什么意见类型的审计报告？为什么？

（3）针对事项（3），注册会计师下一步应当采取什么措施？

（4）针对事项（4），判断联大实业已经确认的投资收益能否确认，若尚不能确认，请列出调整分录。

（5）针对事项（5），判断联大实业已经确认的投资收益能否确认，若尚不能确认，请指出注册会计师应进一步实施哪些审计程序。

（6）针对事项（6），讨论联大实业对此长期股权计提的减值准备是否适当，为什么，应如何进行查证。

**知识点提示**

（1）联大实业不能随意冲减长期股权投资，且不同性质的科目不能随意冲销。注册会计师应当建议联大实业把占款与长期股权投资的冲销按原渠道冲回，但需要在财务报表附注中披露关联方占用资金的事项。

（2）因为 E 公司 2017 年度财务报表未经任何注册会计师审计且在海外，注册会计师无法获取充分、适当的审计证据证实 2017 年度财务报表中采用权益法确认了该项投资收益 1 620 万元，审计范围受到限制。联大实业股份有限公司的年利润才 1800 万元，注册会计师应考虑发表无法表示意见的审计报告。

（3）由于尚未办理产权转移手续，不知道股权转让是否完成，所以注册会计师应当追加审计程序，以查明联大实业长期股权转让是否真正完成。如果查明股权转让确实已经完成，应当建议联大实业处置该项长期股权投资，如果股权转让尚未真正完成，应当建议联大实业根据长期股权投资的可收回性计提减值准备。

（4）联大实业不能确认投资收益。因为被投资公司经审计的财务报表净利润和所有者权益均发生变化，应按经审计的报表确认投资收益，其调整分录为：

借：投资收益　　　　　　　　　　　　　　　　　　2 250 000
　　贷：长期股权投资——损益调整　　　　　　　　　　　2 250 000

（5）联大实业不能确认投资收益。由于注册会计师尚未获取充分、适当的审计证据支持。注册会计师应当取得并审查委托理财资金账户及股票账户对账单，并向 H 公司发询证函以证明此笔投资收益是否真实。

（6）联大实业对此长期股权计提的减值准备不适当。因为 I 公司已经进入了清算程序，应当考虑全额计提减值准备或确认投资损失。

应当实施的审计程序如下。

① 核对长期股权投资减值准备本期与以前年度计提方法是否一致，如有差异，查明政策调整的原因，并确定政策改变对本期损益的影响，提请被审计单位做适当披露。

② 对长期股权投资进行逐项检查，根据被投资单位经营政策、法律环境、市场需求、行业及盈利能力等的各种变化判断长期股权投资是否存在减值迹象。当长期股权投资可收回金额低于账面价值时，应将可收回金额低于账面价值的差额作为长期股权投资减值准备予以计提，并应与被审计单位已计提数相核对，如有差异，查明原因。

③ 将本期减值准备计提金额与利润表资产减值损失中的相应数字进行核对。

④ 长期股权投资减值准备按单项资产计提，计提依据应充分，并得到批准。

## 18.2 筹资审计案例

### 案例 18.2.1

#### 案例背景

审计人：立新会计师事务所。该会计师事务所派出了以王英为组长及以王军、张明、刘佳为组员的项目组。

被审计人：联大实业。该公司主营业务是节能电光源、照明电器、仪器设备的开发、制造和销售；照明电器技术以及生产所需原材料和设备的销售及进出口国际贸易等。

审计方法与过程如下。

（1）通过了解、调查、描述、测试与评价对被审计单位进行了控制测试。

（2）进行实质性测试：编制借款明细表并与有关会计资料核对，审阅借款的明细账；函证开户银行，核实借款的实有额；审查借款的使用情况；审查借款费用的列支情况；审查溢价发行企业债券的会计处理等情况。

审计人员王军在对联大实业负债业务进行审查时，发现该公司于 2017 年 4 月 1 日向北京市海淀区工商银行取得流动资金借款 200 000 元，期限是 3 个月，借款月利率为 5.5‰，该公司的会计处理为：

取得借款时：

  借：银行存款　　　　　　　200 000
    贷：短期借款　　　　　　　　200 000

4月、5月、6月底预提利息时：

  借：营业外支出　　　　　　　1 100
    贷：短期借款　　　　　　　　1 100

6月底归还借款时：

  借：短期借款　　　　　　　　203 300
    贷：银行存款　　　　　　　　203 300

#### 思考与分析

（1）指出该公司会计处理的不当之处。

（2）分析该公司对这项业务的不当处理是否会影响年度的损益状况，并进行相应的账项调整。

#### 知识点提示

（1）该公司对预提借款利息每月 1 100 元的会计处理不当。按企业会计准则的规定，每月预提 1 100 元的借款利息的入账会计分录为：

  借：财务费用　　　　　　1 100
    贷：预提费用　　　　　　　1 100

因此，该公司三个月共少记财务费用和预提费用各 3 300 元，同时又错误地多记营业外支出和短期借款各 3 300 元。

（2）因为无论把利息费用记入营业外支出，还是财务费用科目，其数额都在该年度损益中抵减。因此，尽管该公司的会计分录中使用的科目不对，但不会影响该公司该年度的损益。

账项调整：

借：财务费用　　　　　　　　3 300
　　贷：营业外支出　　　　　　　3 300

## 案例 18.2.2

### 案例背景

审计人：新化会计师事务所。该会计师事务所派出了以李华为组长及以张颖、赵超、刘敬军为组员的项目组。

被审计人：联合创投股份有限公司。该公司主营水产品养殖、加工、销售及深度综合开发，生物工程研究、开发及食品、饮料的销售。

审计方法和过程如下。

（1）通过了解、调查、描述、测试与评价对被审计单位进行了控制测试。

（2）实质性测试：审查投资成本，发现不实问题；审查股利的会计处理情况，发现虚减投资收益问题；审查长期投资的核算，发现核算方法运用不当问题；盘点和询证了有价证券等；审查确认了长期债券投资的溢价摊销是否正确。

审计人员张颖在审查联大实业 2017 年 12 月 31 日的资产负债表和该年度利润表时发现，长期债权投资——债券投资项目数额为 10 万元，投资收益项目数额 8 700 元，该公司无短期投资和长期股权投资。张颖进一步审查"长期债权投资"账簿及有关资料得知，2017 年 1 月初，瑞丰公司用银行存款溢价购入还款期为 3 年的长期债券，债券面值为 10 万元，实际支付的价款为 10.6 万元，债券的票面利率为 8.7%，溢价金额按直线法摊销（该债券为到期一次还本付息债券）。

### 思考与分析

根据上述资料，核实 2017 年 12 月 31 日长期债权投资和该年度投资收益项目的实有数。

### 知识点提示

审计人员张颖认为该公司对长期债权投资和投资收益的核算是不符合企业会计制度的。长期债权投资项目 2017 年 12 月 31 日的实有数为 112 700 元（100 000+6 000+8 700−2 000）。投资收益项目 2017 年 12 月 31 日的实有数为 6 700 元（100 000×8.7%−6 000/3）。（持有的一次还本付息的债权投资，应计未收利息于确认投资收益时增加投资的账面价值；分期付息的债权投资，应计未收利息于确认投资收益时作为应收利息单独核算，不增加投资的账面价值。）

## 案例 18.2.3

### 案例背景

审计人员在对某企业的短期借款进行审计时，计划将企业的短期借款项目与发放贷款的银行对账。查阅企业短期借款明细账，发现一部分借款项目有余额，另外一些年度内发生的和以前年度发生的借款项目，借贷方已结平，没有余额。

### 思考与分析

（1）审计人员应就审查时有余额的短期借款项目与银行对账，还是应将对账范围扩大到所有发生过业务的借款项目？为什么？

（2）对账时应向银行征询哪些内容？

### 知识点提示

（1）审计人员应就所有发生过业务的短期借款项目与银行对账。这是因为对短期借款的审计不仅要查明借款的正确性，还要查明各项借款的真实性与合理性，并查明有无未入账的负债。与银行的全面对账，有利于完成这些审计目标。

（2）与银行进行账目核对时，应向银行征询的内容有：银行对企业发生过哪些放贷款项，有无超出企业短期借款明细账记录的借款项目，并说明各项借款的借出及其偿还时间、用途、金额、利率与利息、担保或抵押情况，是否拖欠还款，等等。

## 案例 18.2.4

### 案例背景

审计人员对某公司 2018 年度会计报表进行审计。2018 年度公司向银行借入一笔长期贷款，贷款合同规定：①公司以固定资产和存货为贷款担保；②公司债务总额与所有者权益之比不得超过 2∶1；③非经银行同意不得派发股利；④自 2019 年 7 月 1 日起分期归还贷款。

### 思考与分析

如果不考虑相关的内部控制，请说明审计人员对上述借款项目应采用哪些审计程序。

### 知识点提示

审计人员应采取的审计程序如下：

（1）查阅该公司有关会议记录，查明借款是否经相应的负责人批准；

（2）取得该公司长期借款合同，核实合同的所有限制性条款；

（3）复核长期借款利息的计算；

（4）计算公司债务与所有者权益的比例，查明是否低于2：1；

（5）计算并重新分类长期借款中一年内到期的部分，查实资产负债表对负债反映的适当性；

（6）审阅资产负债表附注，查实对借款限制条款的披露；

（7）询证管理层企业的存货与固定资产有无充当其他担保（重复担保）的情况。

# 第 19 章

# 货币资金审计

## 19.1 货币资金测试案例

### 案例背景

注册会计师在对联大实业 2018 年度财务报表的货币资金进行审计时，实施的部分程序有：

（1）2019 年 3 月 5 日对联大实业全部现金进行盘点后，确认实有现金数额为 1 000 元，3 月 4 日账面库存现金余额为 2 000 元，3 月 5 日发生的现金收支全部未登记入账，其中收入金额为 3 000 元、支出金额为 4 000 元，2019 年 1 月 1 日至 3 月 4 日现金收入总额为 165 200 元、现金支出总额为 165 500 元；

（2）取得 2018 年 12 月 31 日的银行存款余额调节表；

（3）向所有开户银行寄发询证函，并直接收取寄回的询证函回函；

（4）取得开户银行 2019 年 1 月 31 日的银行对账单。

### 思考与分析

（1）2018 年 12 月 31 日库存现金余额是多少？

（2）注册会计师取得银行存款余额调节表后，应检查哪些内容？

（3）注册会计师索取开户银行 2019 年 1 月 31 日的银行对账单能证实 2018 年 12 月 31 日银行存款余额调节表的哪些内容？

### 知识点提示

（1）货币资金的控制测试。

货币资金内部控制的关键控制点主要包括：审批控制点、复合控制点、收付控制点、记账控制点、对账控制点、保管控制点、银行账户管理控制点、票据与印章管理控制点。

（2）货币资金的实质性测试。

货币资金的实质性测试包括：库存现金盘点、银行存款函证。

## 19.2 库存现金监盘案例

### 案例背景

联大实业是联合会计师事务所的审计客户，在对联大实业 2018 年度财务报表进行审计时，注册会计师李明负责审计货币资金项目。联大实业在总部和业务部均设有出纳部。

注册会计师李明于 2019 年 2 月 5 日对联大实业库存现金进行监盘。为顺利监盘库存现金，注册会计师李明在监盘前一天已通知联大实业会计主管张扬做好监盘准备。考虑到出纳日常工作安排，对总部和业务部库存现金的监盘时间分别定在上午 10 点和下午 5 点。业务部监盘时，联大实业下属门市部送业务部当天零售货款 2 580 元（25 张 100 元，8 张 10 元），附发票副本 16 张，未送存银行，未包括在盘点实有数内，也没有入账，放在出纳李海的办公桌抽屉里。注册会计师李明当场盘点现金，在与现金日记账核对后填写库存现金监盘表，并在签字后直接形成审计工作底稿。

监盘中注册会计师李明注意到以下事项。

（1）保险柜里现金盘点实有数为 5 108.70 元（50 张 100 元，2 张 50 元，8 张 1 元，1 张 5 角，1 张 2 角），另有单独包封的未领工资 1 480 元（10 张 100 元，8 张 50 元，8 张 10 元）没有包括在盘点实有数内。

（2）下列凭证已付款但尚未制证入账：

① 职工小张 1 月 14 日借差旅费 643.30 元，已经领导批准；

② 职工小林 1 月 8 日借款 600 元，未经批准，也未说明用途。

（3）银行核定库存现金限额 5 000 元。

联大实业 2019 年 1 月 1 日至 2 月 4 日的现金收入总额为 165 200 元，现金支出总额为 165 500 元。2019 年 2 月 4 日的账面库存现金余额为 6 832 元，2 月 5 日发生的现金收支全部未登记入账，其中收入金额为 5 580 元，支出金额为 2 000 元。

### 思考与分析

（1）讨论库存现金盘点的注意事项。

（2）指出上述库存现金监盘工作中有哪些不当之处，并提出改进建议。

（3）根据盘点结果，编制正确的库存现金盘点表。

（4）讨论联大实业现金业务中存在的问题，并提出审计意见。

### 知识点提示

盘点库存现金是证实资产负债表所列现金是否存在的一项重要程序，在执行该程序时，应注意以下问题：

（1）盘点方式。突击盘点，即不事先通知出纳员，防止出纳员在盘点前采取措施掩盖舞弊行为。

（2）盘点时间。一般应安排在外勤工作时间即企业营业时间的上午上班前或下午下班后进行，避开现金收支的高峰时间，如遇发放工资日，应将盘点提前或错后。

（3）盘点范围。一般包括企业各部门经管的现金，在盘点前应由出纳员将现金集中起来，以备清点。如企业现金存放部门有两处或两处以上，则应同时进行盘点。

（4）盘点人员。被审计单位主管会计和出纳必须参加，由注册会计师进行盘点。如遇出纳人员临时外出，可先暂封现金柜，待其返回后再盘点；如发现差错，应及时提请管理层注意并查明原因，做出处理决定后，注册会计师再据此提出审计意见。

（5）盘点确认。注册会计师填制库存现金监盘表，由企业财务负责人和出纳员在盘点表上签字，并加盖单位公章或财务专用章。

在实际操作中，盘点一般在资产负债表日后进行，注册会计师可逆推出报表日库存现金余额，即"报表日库存现金余额=盘点库存现金余额+报表日至盘点日的现金支出−报表日至盘点日现金收入"。由于现金日记账是逐笔序时登记的，如注册会计师能确认盘点日的余额及报表日至盘点日的收支发生额是正确的，则可以判定报表日的库存现金余额也是正确的。

# 第20章

# 完成审计工作与审计报告

## 20.1 审计沟通案例

### 案例背景

李鑫是联创会计师事务所的审计人员,他带领六名审计助理人员正对数字移云股份有限公司进行审计。在审计完成阶段,李鑫作为该审计小组的项目经理,汇总了外勤工作中所有的审计工作底稿,形成了审计差异汇总表和试算平衡表等审计工作底稿后,按照审计准则的规定,就有关会计报表的分歧、重大审计调整事项、会计信息披露中存在的可能导致修改审计报告的重大问题,与数字移云股份有限公司管理层进行了沟通。根据未调整审计差异汇总表和重要性水平的比较,李鑫带领的审计项目组拟出具保留意见的审计报告。当把审计意见的类型及审计报告的措辞再次与数字移云股份有限公司商讨和沟通时,数字移云股份有限公司不同意出具保留意见的审计报告,并通知审计项目组,说若不改审计意见,则会变更会计师事务所,李鑫带领的审计项目组迫于压力出具了无保留意见的审计报告。

### 思考与分析

(1)审计沟通有几个层面的沟通?其中哪个层面的沟通最重要?
(2)面对我国当前资本市场的现状,在新形势下如何提高注册会计师的审计沟通技巧?

### 知识点提示

根据现行审计准则的规定,注册会计师迫于被审计单位变更会计师事务所的压力,随意更改审计意见,显然是不正确的。注册会计师丧失了独立性,很难保证审计工作质量。审计沟通贯穿审计工作的方方面面。注册会计师在审计中如遇到不合作的客户时,不仅要做到职业化地与不合作的客户员工进行耐心细致的沟通,同时,也需要及时与客户中更高一级的管理人员进行有效沟通。除此以外,还可以与事务所内部高一级审计人员汇报与沟通,以寻求解决问题的更好途径。基本的原则是完成阶段的沟通仅仅是向管理当局告知和解释审计意见的类型及审计报告的措辞,并非商讨。注册会计师在审计完成阶段,为了保证执业质量和职业声誉,即使面对来自外部的威胁,也应坚持自己的立场,否则,其独立性和客观公正性就会遭到社会公众的质疑。

## 20.2 审计意见类型案例

### 案例背景

ABC 会计师事务所接受委托对 A 股份有限公司（以下简称"A 公司"）2018 年度财务报表进行审计。注册会计师于 2019 年 3 月 18 日完成了外勤审计工作，按审计业务约定书的要求，应于 2019 年 3 月 28 日提交审计报告。A 公司 2018 年度审计前的利润总额为 120 万元。注册会计师确定的财务报表层次的重要性水平为 10 万元。现假定存在以下几种情况。

（1）A 公司 2018 年度变更了发出存货的计价方法，并在财务报表附注中做了充分披露。注册会计师认为变更是合法和合理的。

（2）在某诉讼案中，A 公司于 2018 年 4 月被 H 公司起诉侵权，H 公司要求赔偿 75 万元。此案至 2018 年 12 月 31 日胜负仍难以预料，截至 2019 年 3 月 28 日尚未判决。A 公司预计的可能赔偿的金额为 10 万元，诉讼案和可能的影响均已列示在财务报表附注中。

（3）注册会计师得知 A 公司 2018 年涉及的 M 公司起诉 A 公司侵权案于 2019 年 3 月 20 日判决，A 公司败诉，应向原告赔偿 45 万元，A 公司对判决结果没有提出异议，并在财务报表附注中进行了披露。注册会计师在 3 月 26 日完成了对该事项的审计工作，提请 A 公司调整 2018 年财务报表（A 公司已在 2018 年 12 月 31 日预计了可能的赔偿金额 25 万元）被 A 公司拒绝。

（4）A 公司在 2018 年 11 月购入一台设备，当月投入使用，2018 年年末提取折旧。该设备原始价值为 50 万元，月折旧率为 1.5%。

（5）A 公司利润总额中 70% 是由其境外子公司提供的，注册会计师无法赴国外对子公司的财务报表进行审查，也无法通过其他审计程序进行验证。

（6）对应收账款项目进行函证时，其中对余额为 16 万元的客户 B 公司的函证未收到回函，注册会计师运用替代审计程序收集了相关的审计证据。

### 思考与分析

（1）假定上述六种情况是相互独立的，请分别说明注册会计师应当发表何种审计意见类型的审计报告，并简要说明理由。

（2）针对每种情况，若注册会计师认为需要调整财务报表（包括披露），但 A 公司不接受 CPA 的调整意见，请代 CPA 写出审计报告的"导致发表××意见的事项"段（若有）和"审计意见"段。

### 知识点提示

对情况（1），应发表无保留意见的审计报告。公司的做法不影响财务报表的合法性和公允性。

审计意见：我们认为，A 公司财务报表在所有重大方面按照企业会计准则的规定编制，公允反映了 A 公司 2018 年 12 月 31 日财务状况，以及 2018 年度的经营成果和现金流量。

对情况（2），应发表带强调事项段的无保留意见的审计报告。A 公司的做法符合企业会计准则的要求，已预计了损失，并充分披露，符合发表无保留意见的要求。但因属于重大诉讼案件，为提醒审计报告使用者关注，应当对诉讼进行强调。

审计意见：我们认为，A 公司财务报表在所有重大方面按照企业会计准则的规定编制，公允反映了 A 公司 2018 年 12 月 31 日财务状况，以及 2018 年度的经营成果和现金流量。

强调事项：我们提醒财务报表使用者关注，如财务报表附注所述，A 公司于 2018 年 4 月被 H 公司起诉侵权，H 公司要求赔偿 75 万元，截至 2019 年 3 月 28 日尚未判决。本段内容不影响发表的审计意见。

对情况（3），应发表保留意见的审计报告。A 公司拒绝调整 2018 年度的财务报表，影响了财务报表的合法性和公允性。应调整的金额 20 万元（45-25=20），超过了财务报表重要性水平 10 万元，但不具有广泛性，还不至于导致注册会计师发表否定意见。

导致保留意见的事项：经审计，我们发现，A 公司 2018 年涉及的诉讼案于 2019 年 3 月 20 日判决，A 公司应向原告赔偿 45 万元，A 公司仅在财务报表附注中进行了披露，未进行相应的调整，导致利润被虚增 20 万元。

保留意见：我们认为，除"导致保留意见的事项"所述事项产生的影响外，A 公司财务报表在所有重大方面按照企业会计准则的规定编制，公允反映了 A 公司 2018 年 12 月 31 日财务状况，以及 2018 年度的经营成果和现金流量。

对情况（4），应发表无保留意见的审计报告。A 公司当年应计提设备折旧 0.75 万元（50×1.5%=0.75 万元，一个月），远远低于重要性水平，这一错报不影响财务报表使用者的决策，因此不影响注册会计师的审计意见。

审计意见：我们认为，A 公司财务报表在所有重大方面按照企业会计准则的规定编制，公允反映了 A 公司 2018 年 12 月 31 日财务状况以，及 2018 年度的经营成果和现金流量。

对情况（5），应发表无法表示意见的审计报告。因为 A 公司利润总额中的 70%无法验证，所以无法判断财务报表整体的公允性。

导致无法表示意见的事项：A 公司利润总额中的 70%由其境外子公司提供。A 公司没有委托境外会计师事务所对该子公司财务报表进行审计，我们因时间和其他方面条件限制无法赴国外对该子公司进行审计，也无法通过其他审计程序获取该子公司财务报表公允性的充分、适当的审计证据。

无法表示意见：由于"导致无法表示意见的事项"所述事项的重要性，我们无法获取充分、适当的审计证据为发表审计意见提供基础，因此，我们不对 A 公司财务报表发表意见。

对情况（6），应发表无保留意见的审计报告。当应收账款的函证没有结果时，可以采用替代审计程序证实应收账款的真实性。

审计意见：我们认为，A 公司财务报表在所有重大方面按照企业会计准则的规定编制，公允反映了 A 公司 2018 年 12 月 31 日财务状况，以及 2018 年度的经营成果和现金流量。